제2판

SMART TOURISM

다양한 관점에서의 스마트 관광 조망

스마트 관광

구철모·정남호 공저

(주)백산출판사

이 책은 2019년 대한민국 교육부와 한국연구재단의 지원을 받아 수행된 연구임(NRF-2019S1A3A2098438)

머리말

새로운 모빌리티 패러다임은 인간의 모든 장소가 실제로는 각각의 장소를 넘어서 어떤 곳이든 가상과 물리적 네트워크에 묶여 있으며 여행을 통하여 역동적으로 지리적 경계를 넘나들 뿐 아니라 학문적 경계 또한 뛰어넘는 정보와 기술 그리고 모바일기기, 즉 모빌리티로 개념을 확장한다. 정보통신 혁명으로 이동성과 간편성 그리고 편리성이 가능해지면서 여행과 관광지역성을 뛰어넘어 글로벌한 형태를 보여주고 있다. 현대사회의 새로운 모빌리티 패러다임은 인간의 정착행동과는 반대로 새로운 곳과 가보지 못한 곳에 대한 욕구를 해결하는 두 가지 모두의 공존을 의미하게 되었다. 관광에서 모빌리티는 단순한 걷기, 등산 같은 육체적 이동뿐만 아니라 자전거, 버스, 자동차 및 기차, 선박 및 비행기 등 이동수단의 움직임과 19세기 전보, 팩스, 전화, 20세기 컴퓨터 네트워크, 그리고 21세기 스마트폰을 통해 이루어지는 새로운 형태의 관광의 등장으로 이어지고 있다. 따라서 여행을 통한 움직임은 인구와 문화의 역사적 관점에서 일상적인 운송, 문화, 모빌리티와 결합되며 물리적 · 공간적 관계에 대한 '지역적' 관심뿐만 아니라 모바일 정보와 통신기술 및 신흥기술에 대한 '기술적' 관심이 함께 제기되어야 한다.

스마트는 고통 속에서 새로운 것이 창조된다는 함의를 담고 있으며 일을 수행하는 데 있어 귀찮거나 고통을 주는 과정을 간편화하거나 제거하기 위해 스마트 기술을 발명하게 된 것이다. 이와 같은 어원을 갖는 스마트가 특정 대상에 수식어로 붙으면 디지털 환경 내에서 이용이 쉽고 참여 가능하며 효과적인 시스템을 갖추었다는 것을 뜻하게 되는 것이다. 스마트는 유비쿼터스(Ubiquitous: 어디에나 있음)와 인텔리전스(Intelligence: 배우고, 이해하고, 합리적인 결정을 할 수 있는 능력)의 개념을 포함하고 있다. 2007년 애플의 아이폰으로 대표되는 스마트폰의 등장은 전 세계의 모든 비즈니스가 손안의 비즈니스 방식으로 혁신되었으며 관광산업과 관광학 분야에도 스마트폰의 영향은 매우 크고 지대하게 영향을 미치고 있다. 1990년대 초반 인터넷은 가상공간을 창출하며 결제의 편리성과 가격의 투명성으로 관광 비즈니스가 충격과 혁신으로 관광산업 전체를 급속하게 변화시켰다. 최근에 등장한 스마트폰 기반의 모바일 혁명은 인공지능기술의 발전과 더불어 지도와 관광객 그리고 공간 투명성과 예측성 그리고 상황에 대한 이해로 더욱 지능화되고 스마트화되고 있다.

스마트 관광은 정보기술을 토대로 한 디지털 혁명을 통해 산업과 산업을 융합함으로써 관광산업의 전체 사업범위가 계속 확장되고 있다. 스마트 관광은 인터넷과 정보기술 그리고 스마트폰으로 앱과 데이터 그리고 사물인터넷, 증강현실과 가상현실, 로봇 등 다양한 핵심적 기술이 적용되어 관광객과 여행객에게 많은 혜택을 주고 있다. 스마트 관광은 관광 소비자에게는 효율과 효과성 및 편리성을 주고, 관광산업에는 핵심적 인프라를 담당하는 호텔, 관광지, 교통, 그리고 음식 산업에 하나의 커다란 스마트 관광 생태계를 만들었으며 온라인 리뷰와 소셜미디어 마케팅의 서비스 제공은 스마트 관광 생태계를 운영하는 새로운 비즈니스 방법으로 관광산업의 변화를 이끌고 있다.

관광산업은 글로벌 및 지역사회와 밀접한 관계가 있다. 스마트 관광 생태계는 글로벌과 로컬의 결합으로 관광산업의 이해관계를 가진 구성체들의 협력 및 협동으로 구성되어 있으며, 지능적으로 관광서비스나 경험의 창출, 관리, 전달에서 스마트 기술의 이점을 가진 관광 시스템으로, 집약적 정보공유와 공유가치의 창출을 특징으로 한다. 따라서 스마트 관광 생태계가 생성 · 유지되고 경쟁력을 갖추어 지속적 성장과 생존을 가능하게 하려면 글로벌과 로컬의 주요 이해관계자가 생태계 안에서 매우 효과적으로 시스템을 운영할 수 있어야 한다. 스마트 관광 생태계는 관광기업, 결제기업, 공공기관, 정부가 관광자원의 개발과 재배치되고, 사람의 이동을 간편하고 가능하게 하며 관광활동을 효과적으로 할 수 있는 정보 찾기와 예약 및 결제의 역할이 스마트하게 수행될 수 있는 환경을 갖추고 역량을 창출해야 할 것이다. 스마트 관광의 학문분야는 다양한 학제적 성격을 띤다. 관광학이라는 전통적 학문분야인 지리학, 경영학, 역사학, 심리학 등의 다양한 학문분야와 함께 정보통신분야의 핵심적 요소인 데이터, 정보, 그리고 정보기술과 밀접한 연관을 맺고 있는 다학제적 학문으로 간주된다.

본서는 스마트 관광을 다양한 관점에서 조망하고 최근 이슈가 되는 내용을 모두 망라하여 정리하였다. 1장에서는 스마트 관광의 이해, 2장에서는 스마트의 개념, 3장에서는 스마트 관광 기술, 4장에서는 스마트 관광 앱, 5장에서는 스마트 관광과 온라인 리뷰, 6장에서는 스마트 관광 생태계, 7장에서는 스마트 관광 도시, 8장에서는 스마트 관광 경쟁력, 9장에서는 호텔 관광산업의 스마트화, 10장에서는 핀테크와 스마트 관광, 11장에서는 스마트 관광 거버넌스, 12장에서는 스마트 관광의 공유경제 이슈에 대해 정리하였다. 끝으로 13장에서는 스마트 관광의 경제적 파급효과의 추정 및 활용방법에 대해 제시하였다. 본서는 스마트 관광의 개념적 소개와 운영방식 그리고 비즈니스 기회와 사회적 이슈에 대하여 전반적으로 논의하였으며 관광학을 전공하는 학생과 관광산업 관련자 그리고 정부 및 관계기관 등에게 스마트 관광이란 무엇이며 어떤 이슈가 있고 왜 관심을 가져야 하는지에 대한 의문에 답을 줄 것으로 기대한다.

본서는 한국연구재단의 한국사회과학연구지원사업(Social Science Korea: SSK)으로 설립된 경희대학교 스마트관광연구소(http://strc.khu.ac.kr)가 약 8년간 성취한 연구결과를 바탕으로 이루어낸 성과에 기반을 두고 있다. 한국연구재단의 연구비 지원이 없었으면 본서는 빛을 보기 어려웠을 것이다. 한국연구재단이 미래를 이끌어낼 새로운 학문분야에 대해 연구비를 꾸준히 지원해 줌으로써 한국사회 발전을 도모하는 지식의 생성과 창출 그리고 축적과 배포에 충분히 기여할 수 있는 스마트관광연구소가 탄생할 수 있었다는 점에서 한국연구재단과 SSK사업은 매우 중요한 기관이며 또한 매우 중요한 지원사업이라 하겠다.

본서를 집필하는 데 직접적인 도움을 준 스마트관광연구소의 함주연 박사, 이선영 박사, 윤아영 박사, 황경호 박사, 이팜 박사, 최수정 박사, 전유희 박사, 이경민 박사, 이현애 박사, 정희정 박사, 한희정, 엄태휘, 신승훈, 김효영, 김성민, 배채윤, 이지민, 김윤정, 박성혜, 송유미, 이은지, 정민희, 김현지, 최정원, 이주미, 김현규 등 제자들에게 감사를 드린다. 부디 본서가 국내 호텔관광산업의 스마트화에 도움이 되기를 바라며 우리나라 전체 관광산업의 새로운 비즈니스 기회 모색과 경제적 성과 그리고 일자리 창출에 도움이 되기 바란다.

2021년 2월

구철모, 정남호

차례

01

스마트 관광의 이해

이 장에서는 스마트 관광에 대한 개념과 정보기술의 발전에 대해 살펴보고, 스마트 관광의 특징과 관련 학문분야에 대해 알아본다.

스 · 마 · 트 · 관 · 광

CHAPTER 01

스마트 관광의 이해

1. 관광과 모빌리티

최근 사회과학분야에서 '새로운 모빌리티(New Mobilities)' 패러다임이 대두되고 있다.[1] 이 같은 새로운 패러다임은 인류학, 문화 연구, 지리학, 이주 연구, 과학기술 연구, 관광 및 운송 연구, 사회학 등 다양한 분야에서 형성 · 발전하고 있다. 그 이유는 사람과 장소의 모빌리티를 향상시키고, 특히 국경을 넘으려는 사람들의 부동성을 강화하는 새로운 장소와 기술이 발달하였기 때문이다. 또한 처음 있는 곳에서 다른 곳으로 움직이거나 근접해지는 등의 다양한 움직임이 존재한다. 인터넷은 이전의 어떤 기술보다 빠르게 발전하여 전 세계에 걸쳐 막대한 영향을 미치고 있다. '가상'의 그리고 '창의적인' 여행이 생겨나고, 이러한 새로운 형태의 여행은 예상치 못한 방식으로 물리적인 여행과 결합된다. 이런 새로운 기술에 직접적으로 뛰어든 이동전화기술은 특히 사람이 이동할 때 의사소통 및 상호작용을 가능하게 한다. 더불어 이러한 정보 및 통신 기술의 발전은 새로운 형태의 사람, 회의 및 이벤트 등의 결합을 가능하게 한다. 현대의 모빌리티는 여행과 밀접한 관련이 있다. [그림 1-1]은 모바일 사회와 인간의 움직임을 보여주는 것이다.

---

1) Sheller, M., and Urry, J.(2006), "The new mobilities paradigm", *Environment and Planning*, 38: 207-226.

[그림 1-1] 여행과 모빌리티

새로운 모빌리티 패러다임은 인간의 두 가지 관점에서 동시에 존재할 것을 요구한다. 인간은 정착을 통하여, 정착주의(Sedentarism), 안정성으로, 집에서 살거나 머무르고, 평화롭게 지내며, 만족하거나, 말 그대로 집에서 지내는 것을 의미한다.[2] 반면에, 모빌리티 패러다임은 실제로 모든 장소가 각각의 장소를 넘어서 어떤 곳이든 네트워크에 묶여 있음을 강조한다. '새로운 모빌리티 패러다임'에 대한 주장은 '액체 현대(Liquid Modernity)' 이론과 비슷하다고 볼 수 있다.[3] 액체 현대는 현 세상의 정적 구조로부터 이동 시스템 안에서 사회 자체가 어떻게 사람과 기계, 정보와 이미지를 구성하는지에 관한 연구로 무겁고 견고한 것처럼 보이는 현대성이 빛과 액체의 움직임과 같이 사람, 돈, 이미지, 정보의 이동속도가 최우선시되는 변화가 있다. 특히 노마딕 이론(Nomadic Theory)은 여행을 통하여 점차적으로 지리적 경계를 넘나들 뿐 아니라 학문적 경계 또한 뛰어넘는 모빌리티로 개념을 확장한다. 정보통신 혁명으로 이동성과 간편성 그리고 편리

2) Heidegger, M.(2002), "Building dwelling thinking", in Basic Writings(London: Routledge), pp. 347-363.

3) Bauman, Z.(2000), *Liquid Modernity*, Cambridge: Polity Press.

성이 가능해지면서 여행과 관광 지역성을 뛰어넘어 글로벌한 형태를 보여주고 있다. 현대사회의 새로운 모빌리티 패러다임은 사회적 세계의 정착성 및 새로운 곳과 가보지 못한 곳에 대한 욕구를 해결하는 두 가지 모두의 공존을 의미하게 될 것이다. 새로운 패러다임의 모빌리티는 단순한 걷기, 등산 같은 육체적인 이동뿐 아니라 자전거, 버스, 자동차 및 기차, 선박 및 비행기 등의 발전된 움직임에 이르기까지 매우 광범위하게 적용된다. 이 개념은 전보, 팩스, 전화, 이동전화와 같은 일대일 통신뿐만 아니라 점점 더 많은 컴퓨터 네트워크를 통해 이루어지는 다자간 통신을 포함한다. 따라서 여행을 통한 움직임은 일상적인 운송, 문화, 모빌리티와 비모빌리티의 공간적 관계에 대한 '지역적' 관심뿐만 아니라 모바일 정보와 통신기술 및 신흥기술에 대한 '기술적' 관심이 함께 제기되어야 한다.

	산업사회	정보화 사회	스마트 사회
모빌리티	• 자전거 • 버스 • 자동차 • 기차 • 선박 • 비행기	• 전보 • 팩스 • 전화 • 이동전화 • 이메일 • 웹사이트 검색 • 웹사이트 발권	• 소유 및 공유 개념의 모빌리티 환경 • 앱, 웹사이트, 지도의 결합 • 플랫폼 공유경제 • 검색과 결제 • 소셜 미디어 경험공유

[그림 1-2] 모빌리티의 수단과 변화

실제로 정보통신 '도구'의 확산이 커지면서 네트워킹이 가능해질수록 '연결된 사회(Networked Society)'가 깊숙이 만들어지고 있으며 모빌리티의 개념이 보다 더 역동적으로 확대되고 복잡해지는 메커니즘이 만들어지고 있다. 모빌리티는 예를 들어 기차역, 호텔, 고속도로, 리조트, 공항, 리조트 단지, 국제도시, 해변, 화랑 및 공원과 같은 노드(Node, 중심점) 주변에서 새로운 형태의 사회생활을 형성하는 독특한 사회적 공간을 수반한다. 이제 여행은 하나의 네트워크를 다루는 것이 아니라 다른 속도, 규모 및 점성이 이동하는 '무한한 흐름의 체제(Endless Regimes of Flow)'의 복합적인 교차점을 다루어야 할 것이다. 새로운 모빌리티 패러다임 관련 연구는 다양한 형태의 여행 경험과 통합적인 본질을 물질적인 부분과 사회적인 거주, 다양한 활동을 위한 장소 등의 관점으로 접근해야 한다.

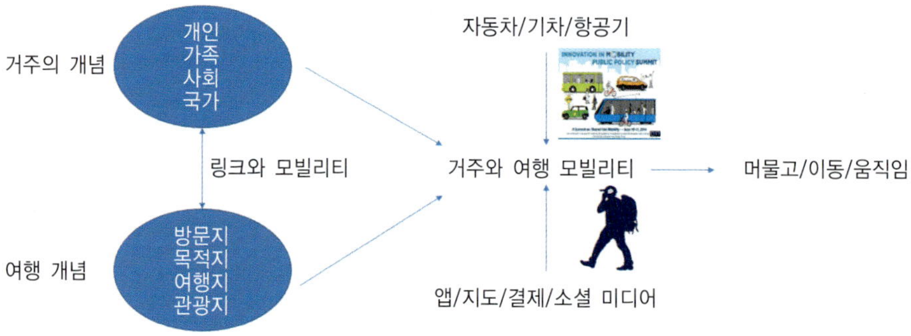

[그림 1-3] 거주와 여행, 그리고 모빌리티

따라서 장소는 동적으로 '움직이는 곳(Places of Movement)'이며, 장소 자체는 인간과 사물 간의 네트워크 속에서 관계에 관한 것이자, 사람, 물질, 이미지 및 다양하게 행동하는 시스템에 관한 것이다. 우리는 물질적인 대상, 지도, 이미지 및 움직이는 시선의 협력을 통해 실행되는 움직임 속에서 장소는 또한 역동적이며 동시에, 가까움(Proximities)과 같은 시간에 그곳에 머물러 있는 사람들의 공존에 관한 것이며 여행은 친한 사람과 가족 그리고 호감 가게 하는 사람들 간의 신체적 근접성에 관한 것이기도 하다. 새로운 모빌리티 패러다임은 사회과학에서 '공간 전환(Spatial turn)'

의 동원을 포함한다. 여행 수단이 단순히 A에서 B까지 가능한 한 빨리 도달하는 방법만을 뜻하는 것은 아니고 각각의 여행 수단은 다양한 경험과 행동 및 가능한 지원(Affordance)을 제공한다.

19세기 후반 철도의 성장은 새로운 방식의 이동, 사회화, 여행을 제공했다. 여행 수단과 여행자 사이에는 복잡하고 감정적이며 감각적인 관계가 있다. 현대사회는 한 전문분야와 개인적인 취미분야로 네트워크 연결을 개발하고 확장하는 데 있어 '공중이동(Aeromobile)'의 중요성, 즉 온라인 세상에서 모빌리티의 연결성이 젤같이 유동적이거나 심지어 불처럼 깜박거리는 새로운 형태의 네트워크가 형성되어 새로운 형태의 모빌리티가 만들어지고 있다.

컴퓨터 보급은 방대한 검색 엔진을 갖춘 인터넷, 정보 저장 및 검색 데이터베이스, 유비쿼터스 '스프레드시트문화(Spreadsheet Culture)'를 통한 세계 자금의 흐름, 지능형 전송시스템, 로봇과 같은 다양한 자체 재생시스템 간의 전환 및 모빌리티를 제공한다. 나아가 21세기는 '사람'이 공간을 통해 보다 개별적으로 움직일 수 있게 해주는 새로운 '기계'를 중심으로 조직되어 '이동 중에도' 작은 세상을 연결할 것이다.

21세기는 운송과 통신 간에 결합이 증가하고 있으며 이를 돈의 흐름을 가능하게 하는 모바일 결제를 통해 행동의 즉시성으로 연결되고 있다. 여행과 관광의 경우 '스스로의 힘으로 하는(Do-It-Yourself)' 사회가 점점 더 가능해지고 있으며 전문적인 앱(App)의 폭발적 증가로 새로운 형태의 관광과 컨벤션, 메가 이벤트, 축제 등에 참석하는 여행자들에 의해 관광의 새로운 혁명이 이루어지고 있다. 이러한 사회현상에 대한 관광 연구는 이론적으로 그리고 기술적으로 진행되고 있다. 스마트 관광은 관광분야의 스마트한 여행객과 여행에 관여하는 기관의 혁신을 통해 그 어느 때보다 상대적으로 더 편리하고, 효율적이며, 저렴한 여행상품과 서비스를 향상시키기 위해 스마트한 다양한 기술, 앱, 여행자 동기 사이에 고리가 될 것이다.

[그림 1-4]는 관광의 온라인과 실물 세계 간의 이동성이 이루어지는 정보 시스템과 앱을 통하여 이루어지는 IT의 역할과 프로세싱을 보여준다.4) 관광 산업의 가상물리화는 '사이버물리 정보이동성(Cyber-Physical Infomobility: CPI)'이라는 개념을 개발하여 스마트 관광이라는 거대한 개념에 포함시킬 수 있게 되었다. 현대의 관광소비자는 스마트폰으로 정보를 찾고, 여행계획을 짜고, 예약하고, 결제하는 모든 단계를 손안에서 실현하고 있으며 실제 공간인 호텔이나 관광지에서는 인공지능(Artificial Intelligence: AI) 기반 컨시어지, 챗봇 기반의 예약 서비스, 고객 맞춤형 추천서비스, 우버와 같은 차량공유 서비스 등을 스마트하게 활용하는 단계에 이르고 있다.

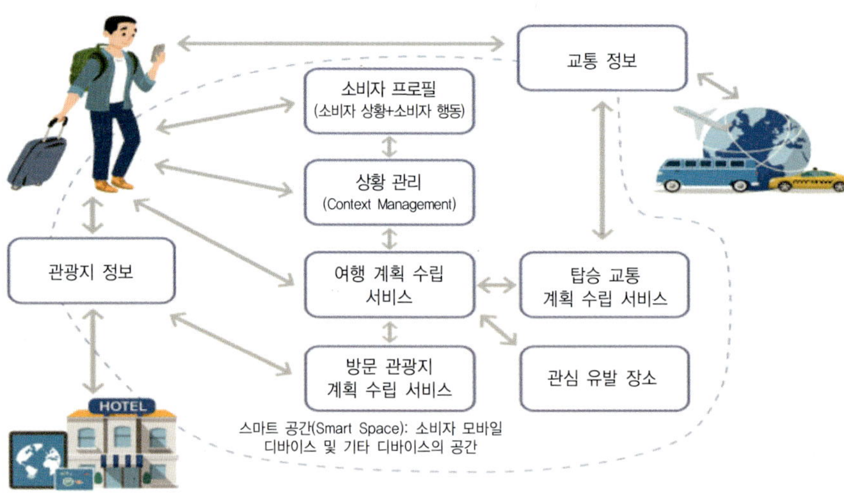

출처: Samjong Insight(2018)

[그림 1-4] 관광의 사이버 물리 정보이동성

---

4) Samjong Insight(2018), 삼정KPMG경제연구원, 60: 21.

2. 정보화 시대와 관광

컴퓨터의 발전으로 인류사회는 또다시 커다란 변화를 맞이하였다. 1969년에 시작된 제3차 산업혁명은 컴퓨터와 정보통신기술(Information and Communication Technology: ICT)로 대표되는 정보화 혁명이다. 컴퓨터를 활용한 공장 자동화로 생산성은 더욱 획기적으로 증가하였으며, 특히 인터넷(Internet)의 등장으로 소비자들은 제품이나 서비스에 대한 다양한 정보를 보다 손쉽게 검색하고 획득할 수 있게 되었고, 이는 소비자의 구매력이 높아지는 계기가 되었다. 정보통신기술(ICT)은 정보기술(Information Technologies: IT)의 확장형 동의어로 자주 사용되지만, 통합 커뮤니케이션의 역할과 원거리 통신(전화선 및 무선신호), 컴퓨터, 더 나아가 정보에 접근하고 저장하고 전송하고 조작할 수 있게 하는 필수적인 소프트웨어, 하드웨어, 오디오, 비주얼 시스템을 강조하는 용어이다.

관광에 있어 정보기술(IT)은 1970년대 이후 관광상품과 서비스에 대혁명을 일으켰다. 실제로 관광은 1970년대의 컴퓨터 예약 시스템(Computer Reservation System: CRS), 1980년대 후반의 전 세계 항공 예약시스템(Global Distribution System: GDS) 및 1990년대 중반의 인터넷까지 통합하며 복합적인 시스템이 되었다. 이제 IT가 관광산업에서 다양한 형태의 중추적인 역할을 수행하고 있다. 여행사는 정보를 교환하고 예약을 하기 위해 CRS를 채택해 왔다. CRS 및 GDS 예약 시스템과 인터넷 비즈니스는 전체 관광산업을 형성하고 그 안에서 경쟁을 재구성한다. IT는 여행자의 여행상품과 프로세싱 항목들을 항공사 발권, 호텔 예약, 교통 선택, 호텔, 레스토랑 및 관광명소에 대한 온라인 리뷰와 같은 교환가치로 인터넷 상거래를 통해 관광 비즈니스 상품을 만들었다.

인터넷은 물리적으로 인터넷 프로토콜(TCP/IP)을 기반으로 하여 전 세계적으로 연결된 컴퓨터 네트워크를 일컫는 말이다. 개념적으로는 컴퓨터와 네트워크가 결합되어 거대한 정보를 담고 있는 웹사이트의 결합체이며, 흔히 웹(WEB)이라고 줄여 부르는 월드 와이드 웹(World Wide Web)으로 인터넷은 월드 와이드 웹, 전자메일, 파일 공유(토렌트 등), 웹캠, 동영상 스트리밍, 온라인 게임, VoIP, 모바일 앱 등 다양한 서비스들을 포함한다. 또한 강력한 근거리 무선통신기술은 블루투스(Bluetooth)가 강력한 정보기기 간 연결을 가능하게 하고 있다. 또한 무선 전송 표준 기술 중 상용 명칭인 Wi-Fi(와이파이)는 Wireless Fidelity(와이어리스 피델리티)의 약자로 IEEE 802.11에 기반을 둔 서로 다른 장치들 간의 데이터 전송 규약이다. 데이터 전송 규약이니만큼 표준만 준수하면 스마트폰, 태블릿 컴퓨터, 컴퓨터, 노트북, 사물 등 어떤 것과도 연결이 가능해지고 있다.

• 컴퓨터

PC라는 단어가 본격적으로 쓰인 것은 IBM에서 생산한 개인용 컴퓨터의 상품명인 IBM PC부터이다.

• 인터넷

인터넷(Internet)은 인터넷 프로토콜 스위트(TCP/IP)를 기반으로 하여 전 세계적으로 연결된 컴퓨터 네트워크를 일컫는 말이다.

• 스마트 앱

스마트폰에 탑재할 수 있는 애플리케이션으로 컴퓨터에 사용되는 응용 소프트웨어(application software)와 같은 역할을 한다.

[그림 1-5] 컴퓨터, 인터넷, 스마트 앱의 시대

인터넷은 정보통신기술과 함께 디지털 사회와 비즈니스를 만들어냈으며 데이터 기반의 시대와 인공지능 기반의 지능화 시대를 열고 있다. 연결된 사회 속에서 비즈니스는 계속적인 혁신과 더불어 놀랄 만한 새로운 서비스를 계속 등장시키고 있다. 이를 관광분야에 적용하고 활용하는 개념의 '스마트 관광'이라는 새로운 용어와 개념이 등장하고 있다.5)

3. 스마트 관광의 학문분야

스마트 관광의 학문분야는 다양한 학제적 성격을 띤다. 관광학에 그 기반을 두며 정보기술과 밀접한 연관을 맺고 있지만, 정보통신공학과 같은 기술적인 학문에 그치는 것이 아니라 지리학, 경영학, 역사학 등 다양한 학문분야가 모여야만 실현이 가능하다.

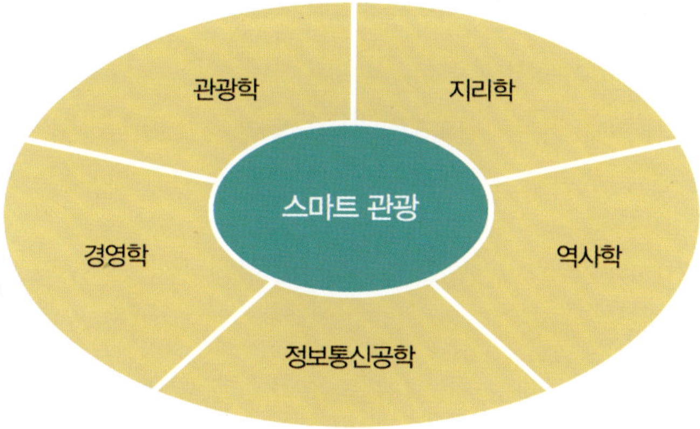

[그림 1-6] 스마트 관광의 학제적인 학문분야

관광학

관광학에는 여러 가지 분야가 있다. 쾌락에 기초한 관광 동기와 활동들을 연구하는 분야는 물론, 관광학과 관련된 직업 및 기술 관련 학습부터

5) Koo, C., Gretzel, U, Hunter, W., and Chung, N.(2015), "The Role of IT in Tourism", *Asia Pacific Journal of Information Systems*, 25(1): 99-104.

숙박과 같은 환대산업, 여행 대행사 서비스, 투어 가이드 서비스, 문화활동 및 휴양공원, 이동통신 서비스, 보험 서비스, 렌털 서비스, 쇼핑 서비스 등까지 매우 다양한 분야에 걸쳐 있기 때문에 학제적 학문(Multidisciplinary Study)으로 간주된다. 관광은 가족여행 및 친지 방문(Visiting Friends and Relatives: VFR)과 비즈니스 혹은 종교적인 목적까지도 포함한다. 관광상품은 네 가지의 특징을 갖는다. 첫 번째는 무형성(Intangibility)으로, 물리적 형태가 없기 때문에 구매 및 소비에 있어서 제한이 있다는 것이다. 두 번째는 비분리성(Inseparability)으로, 생산과 소비가 동시에 발생하며 소비자도 생산과정에 참여하게 된다는 것이다. 세 번째로 이질성(Heterogeneity)은 상품마다 제공자와 소비자의 인식이 다르다는 것이다. 네 번째로 소멸성(Perishability)은 상품가치의 존재에 제한된 시간이 있다는 것이다. 이와 같은 관광의 특성들은 스마트 관광의 기술발전과 더불어 무형성과 비분리성, 그리고 이질성과 소멸성 여행의 독특한 상품가치로 새롭게 변형·변화되고 있으며 우리가 생각하지 못했던 방식의 여행 특성으로 진화되고 있다.

- 무형성(Intangibility): 물리적 형태가 없기 때문에 구매 및 소비가 제한됨
- 비분리성(Inseparability): 생산과 소비가 동시에 발생하며 소비자도 생산과정에 참여
- 이질성(Heterogeneity): 상품마다 제공자와 소비자의 인식이 다름
- 소멸성(Perishability): 상품가치의 존재에 제한된 시간이 있음

스마트 관광은 정보통신기술의 도래에 따라 변화된 관광의 한 형태이기 때문에 본질적으로는 관광학에 뿌리를 둔다고 볼 수 있다.

정보통신공학

정보통신공학은 스마트 관광에 있어서 가장 핵심적인 역할을 수행한다. 1970년대 이후, CRS와 GDS 그리고 인터넷 등이 결합하여 관광상품 및 서비스에 대한 대혁명을 이루었다. 이는 항공권의 발권, 숙박 및 레스토랑의 예약시스템은 물론 관광지에 대한 정보 수집까지 온라인을 통해 가능하도록 하였는데, 그 이후로도 정보통신기술이 거듭 결합되어 혁신적인 형태의 관광상품과 서비스가 나타나고 있다. TripAdvisor는 여행정보를 바탕으로 하여 효과적으로 의사결정을 할 수 있도록 여행 추천 애플리케이션을 개발하여 여행자들에게 배포하고 있다. 이 애플리케이션을 통해 여행자는 지역별 관광지, 숙박, 음식점 및 축제와 관련한 정보는 물론 '맞춤 여행코스'까지 제공받을 수 있다.

지리학

지리학(Geography)이란 땅의 이치와 논리를 연구하는 학문으로 이때의 '땅'이란 바로 지역을 의미한다. 지역에 대한 이해는 여행 및 관광과 밀접하게 관련이 깊다. 지리학은 장(場, field)을 연구하는 과학이다. 관광학은 지역의 공간 특성과 지식을 갖추어야 한다. 깊이 있는 관광과 여행은 여행한 곳의 지형이나 길 및 생물과 기후 등의 상태를 이해하는 것이 필수적이다. 유럽은 크리스토퍼 콜럼버스, 마르코 폴로, 제임스 쿡 같은 탐험가들이 세계지도를 이용하여 새로운 지역을 발견하였다. 이들의 발견에 따라 유럽에서는 정확한 지리적 사실을 아는 것과 지리학적 이론의 기반이 필요해졌다. 컴퓨터 기술의 발전으로 지리정보학이 발전하게 되었으며 지리정보시스템(Geographic Information System: GIS)은 GPS(Global Positioning System)와 연계하여 여행자가 현재 위치를 계산할 수 있도록 하여 관광에 편리함을 더했다. 2004년 구글 지도(Google

Map)의 출발은 새로운 관광정보의 등장을 가져왔다. GPS를 통해 사용자의 현재 위치에서 지정된 장소까지 자가용, 대중교통 및 도보를 통한 이동 경로와 예상 소요시간까지 계산해 주는 길 찾기 서비스를 제공하고 있으며 모든 지도 위에 관광정보를 제시하고 있다.

역사학

여행과 관광은 인간의 살아온 흔적들을 살펴보는 것이며 인류가 지닌 원천과 발전과정 그리고 보고 듣고 배우는 활동이다. 역사적 지식은 관광 동기를 더욱 촉진시킬 수 있는 배경이 되며 원천이 된다. 인류의 고대 이집트-그리스-로마시대의 지리적 특성과 시대의 특징을 이해할 수 있게 되며, 로마제국 붕괴 이후 중세시대의 종교와 역사를 이해하며, 르네상스 시대와 근대시대의 학문, 문예, 건축에 대한 역사를 이해하고 18세기 산업혁명의 시대, 산업혁명 후 호텔 등장과 대중관광의 시대로 노동시간의 감축과 유급휴가의 등장으로 여가시간의 등장배경 그리고 산업과 기계의 발달로 이어지는 항공기, 버스, 자가용, 렌터카를 통한 이동성과 접근성이 높아지는 시대에 대한 다양한 지식은 여행과 관광의 본질을 더욱 풍부하게 경험하게 한다. 이와 같이 깊고 넓은 역사를 이해하는 것은 매우 방대한 연구와 공부가 필요하지만 스마트 관광의 정보와 지식 그리고 가상현실과 체험은 시대를 넘나들며 현장성을 되살릴 수 있는 계기가 마련되고 있다.

경영학

경영학은 관광산업의 인적 · 물적 자원을 효과적으로 분배하고 관리하는 데 핵심적인 역할을 수행한다. 정보화 시대가 도래함에 따라 잠재적 구매자에게 효과적으로 관광상품을 어필하고 서비스를 통해 고객 감동을 가져올 수 있는 마케팅 전략은 물론, 다양한 분야와 연계되어 있는 만큼 인적자원의 개발과 관리의 중요성도 대두된다. 관광은 자원에 대한 효율적인 분배와 개발 그리고 활용에 대한 관리가 필요하며 새롭게 등장하고 있는 서비스와 고객만족 그리고 정보시스템과의 연계를 통한 효율성, 효과성, 편리성, 간편성이 관광소비자의 만족에 어떻게 영향을 주는지에 대한 연구와 함께 관광기업의 생산성과 수익성에 대한 연구가 요구되고 있다.

02 스마트(Smart)의 개념

이 장에서는 스마트(Smart)의 개념뿐만 아니라 비슷한 개념으로 사용되는 유비쿼터스(Ubiquitous)와 인텔리전스(Intelligence)의 차이점 및 공통점을 알아보고, 광의의 스마트 개념과 스마트 관광객, 그리고 스마트 관광의 변화에 대해 생각해 본다.

스 · 마 · 트 · 관 · 광

CHAPTER 02

스마트(Smart)의 개념

1. 스마트의 개념

1.1 스마트의 기본 개념

사전적 정의에 따르면 스마트(Smart)는 크게 3가지 의미를 갖는데, 첫째, '스타일이 좋은, 깔끔한' 둘째, '영리한' 셋째, '빠르게 처리하는'이라는 다양한 의미를 갖는다는 것을 알 수 있고,[1] 또는 '다기능을 갖는'으로 해석할 수도 있다.[2] 스마트는 독일어의 고통이라는 의미를 갖는 'Schmerzen'에서 파생되어 날카로운 통증이라는 의미를 갖는 영어 'Smeortan'으로 이어졌다. 통증에서 '날카로운, 예리한, 빠른'이라는 의미로 발전되어 현재의 '정신적으로 예리한', '깔끔하고 딱 떨어지는 스타일'의 의미에 이르게 되었다.[3] 이와 같은 어원을 통해 스마트는 고통 속에서 새로운 것이 창조된다는 함의를 담기도 하며, 일을 수행하는 데 있어 귀찮거나 고통을 주는 과정을 간편화하거나 제거하기 위해 스마트 기술을 발명하게 된 것이다. 이와 같은 어원을 갖는 스마트가 특정 대상에 수식어로 붙으면 디지털 환경 내에서 이용이 쉽고 참여 가능하며 효과적인 시스템을 갖추었다는 것을 뜻하게 되는 것이다. 따라서 '스마트'는 특수 기능과 지능을 나타내기 위

1) 케임브리지 사전. http://dictionary.cambridge.org/ko
2) 위키백과. https://ko.wikipedia.org/wiki/%EC%8A%A4%EB%A7%88%ED%8A%B8
3) 구글검색 사전. https://www.google.co.kr/search?q=definition+of+smart&oq=definition+of+smart&aqs=chrome..69i57j0l5.4477j0j7&sourceid=chrome&ie=UTF-8

한 기술용어의 접두어로 종종 사용된다. 스마트폰 또는 스마트카드에서와 같이 연결성을 의미하기도 한다.

옥스퍼드 사전에서는 컴퓨터가 인간의 개입 없이 또는 거의 없거나 하는 방식으로 작동한다고 볼 수 있다. 기술의 맥락에서 독립적인 행동이 가능하다는 뜻으로 똑똑하다는 의미이다. 스마트의 개념은 기술을 바탕으로 일상적인 것보다 뛰어나고 경쟁자보다 나은 결과를 목적으로[4] 대상 간, 대상과 인간, 인간과 시스템 간의 상호협력을 가능하게 하는 네트워크를 통해 새로운 가치를 창출하고 삶의 질을 향상시키는 것을 의미한다. 스마트가 갖는 의미와 개념을 명확하게 이해하기 위해 스마트와 비슷한 개념으로 쓰이는 유비쿼터스(Ubiquitous), 인텔리전스(Intelligence)의 개념을 살펴보면 다음과 같다.

유비쿼터스(Ubiquitous)의 의미

유비쿼터스의 사전적 의미는 '어디에나 있음'으로, 이는 라틴어 '우비퀘(Ubique)'를 어원으로 하며, '동시에 어디에나 존재하는, 편재하는'이라는 사전적 의미를 갖는다. 또한, 철학적 의미로는 신학용어인 '옴니프리즌스(Omnipresence)'에서 유래했으며, 사전적 의미는 '편재'로 신께서 모든 곳에 계신다는 의미를 갖고 있다.[5] 이와 같은 사전적 의미는 컴퓨터 기술과 접목되면서 시간이나 장소에 구애받지 않고 정보통신망을 통해 다양한 정보통신서비스를 활용할 수 있는 환경을 의미하는 것으로 발전하게 되었다. 유비쿼터스는 1974년 니콜라스 네그로폰테 교수가 "우리는 유비쿼터스적으로 분산된 형태의 컴퓨터를 보게 될 것입니다. 장난감, 아이스박스, 자전거 등 가정 내 모든 물건과 공간에 존재하게 될 것입니다."라는

4) Heck, E. V., & Vervest, P.(2007), "Smart business networks: How the network wins", *Communications of the ACM*, 50(6): 28-37.

5) 위키백과, https://ko.wikipedia.org/wiki/%EC%A0%84%EC%9E%AC

설명과 함께 학술적으로 등장한 개념이다. 이를 1988년 마크 와이저가 컴퓨터 네트워크와 연결시키면서 유비쿼터스 컴퓨팅이 네트워크 기반의 확장형 컴퓨팅 환경을 의미하고, 가까운 미래에 수백 대의 컴퓨터가 한 명의 개인을 위해 존재하는 유비쿼터스 시대가 도래할 것이라고 예측하였다.

인텔리전스(Intelligence)의 의미

인텔리전스란 사전적으로는 '배우고, 이해하고, 합리적인 결정을 할 수 있는 능력'이란 의미를 가지며,[6] 사전적 의미에서만 본다면 스마트와 비슷한 의미를 갖는 것을 알 수 있다. 하지만 넓은 의미의 인텔리전스는 이해 능력(Ability to Comprehend)뿐만 아니라 경험에서 얻을 수 있는 이익을 바탕으로 지식을 습득하고 지속적으로 활용하여 새로운 상황에서 신속하고 성공적으로 대응할 수 있는 능력을 의미한다.[7] 즉 인텔리전스의 개념은 광의의 스마트 개념에 포함될 수 있는 것이다.

이와 같은 넓은 의미의 인텔리전스는 클라우드 컴퓨팅, 빅데이터의 등장, 네트워크의 활성화, 알고리즘의 발전으로 보다 진보적인 개념으로 확산되었다. 인텔리전스의 개념을 쉽게 이해하기 위해서는 정보화와 지능화의 개념과 특징을 비교해 볼 수 있다. 정보화는 크게 3가지 요소로 이루어졌다고 설명할 수 있다. 하드웨어, 소프트웨어, 그리고 사용자의 사용능력이다. 이 3가지의 요소를 통해 얻는 메리트가 보장될 때 그것을 정보화라고 할 수 있다.[8] 정보화가 정보 유통을 통해 가치를 창출하였다면, 인텔리전스는 정보의 추상화를 통해 가치를 창출하고, 정보화가 제품

---

6) 케임브리지 사전, http://dictionary.cambridge.org/ko

7) Rudas, I. J., & Fodor, J.(2008), "Intelligent systems", *International Journal of Computers, Communications & Control*, 3(3): 132-138.

8) 오리가사 가즈후미 저, 김재홍 역(2004), 고도 정보화 사회의 여러 모습, 커뮤니케이션북스.

이나 서비스를 '온라인화'하는 것이 산업의 방향이었다면, 인텔리전스는 '사회 시스템의 지능화'가 산업의 방향이 되며, 정보화의 핵심 가치가 정보와 네트워크라면, 인텔리전스의 핵심 가치는 알고리즘과 데이터가 된다.[9] 이와 같은 정보화와 인텔리전스의 개념과 특징은 [그림 2-1]에 제시하였다. 인텔리전스의 대표적 예로 인공지능(Artificial Intelligence: AI)을 들 수 있으며, 인공지능은 이세돌과의 대국으로 유명한 알파고, 아마존의 에코와 알렉사 등을 통해 대중화되는 개념이다.

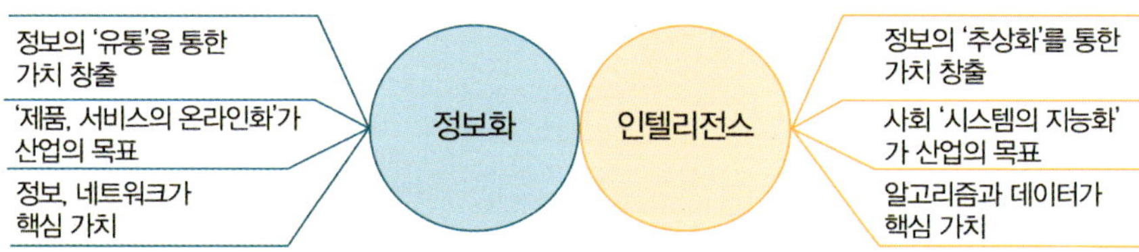

[그림 2-1] 정보화 VS 인텔리전스

AlphaGo는 바둑(碁, ご, Go) 세계 챔피언을 물리치는 첫 번째 컴퓨터 프로그램이자 역사상 가장 강력한 바둑 플레이어 최초의 컴퓨터 프로그램이다. AlphaGo의 첫 번째 공식 경기는 2015년 유럽 챔피언인 판 후이(Fan Hui)와의 경기였다. AlphaGo는 프로와의 첫 경기에서 5 : 0으로 승리했으며 그 결과는 국제 저널에 전체 기술적 세부 사항으로 게시되었다. AlphaGo는 전 세계 18명의 우승자이자 지난 10년 동안 가장 위대한 선수로 여겨지던 전설적 선수인 이세돌과 경쟁하였으며, AlphaGo는 2016년 3월 서울에서 4 : 1 승리를 거두며 전 세계 2억 명이 넘는 사람들의 관심을 끌었다.

9) 원동규 & 이상필(2016), "인공지능과 제4차산업혁명의 함의", *ie 매거진*, 23(2): 13-22.

[그림 2-2] 알파고와 대국장면

유비쿼터스는 PC와 인터넷을 중심으로 언제 어디에나 존재하는 것을 의미하며, 기술의 발달과 더불어 용어의 활용에 변화를 겪게 된다. 즉 무선기술의 확산과 스마트폰의 대중화로 이동성(Mobility)이 중심이 되는 모바일(Mobile) 시대가 등장하였고, 와이파이(WiFi)가 보편화되며 연결성(Connectivity)이 중요해지는 상황적 변화 속에서 유비쿼터스는 스마트 개념으로 확장된다.

스마트(Smart)의 특성

스마트의 개념에 대한 해석으로 EU의 '유럽 2020: 스마트 성장(Europe 2020: Smart Growth)'이 있다. 이에 의하면, 신제품이나 서비스를 창출하기 위한 기반으로써 스마트 성장이 필요하며,[10] 이는 자율성(Autonomy), 유연성(Adaptability), 반응성(Reactivity), 다기능성(Multifunctionality), 협력능력(Ability to cooperate), 인간적 상호작용(Humanlike interaction), 개인화(Personality) 등의 7개 영역으로 구성된다고 규정한다.[11] 즉 7개

10) Europe 2020 reports about smart growth. http://ec.europa.eu/europe2020/europe-2020-in-a-nutshell/priorities/smart-growth/index_en.htm

11) Rijsdijk, S. A., Hultink, E. J., & Diamantopoulos, A.(2007), "Product intelligence: Its conceptualization, measurement and impact on consumer satisfaction", *Journal of the Academy of Marketing Science*, 35(3): 340-356.

중 하나 이상의 특성을 갖는 대상이 스마트 제품/상품에 해당하며, 7개의 영역이 많고 강할수록 더 높은 수준의 스마트를 갖게 되는 것이다. 따라서 스마트한 똑똑한 기술은 필연적으로 높은 수준의 자율성(Autonomy)을 갖게 된다.[12] Derzko(2006)는 6개 기술의 스마트한 측면 또는 수준을 (1) 적응(Adapting)-환경에 맞추어 바꾸는 능력 (2) 감지(Sensing)-모든 사물을 인지할 수 있는 감지능력 (3) 추론(Inferring)-규칙과 관측을 통하여 결론을 도출하는 능력 (4) 학습(Learning)-성과를 향상시키기 위해 경험을 활용하는 능력 (5) 예상(Anticipating)-다음 단계에서 해야 할 일을 사고하고 추론하는 능력, 마지막으로 (6) 자기 조직화(Self-Organizing)-자동으로 생성하고 자동으로 유지하는 능력이라고 정의하고 있다. 스마트 시스템은 여러 가지 기능으로 감지하고 처리하고 제어 및 의사소통하고 예측하는 기초적인 단계부터 예방과 치유하는 매우 고급단계까지를 포괄하고 있다.[13]

유비쿼터스와 인텔리전스를 포함하는 광의의 스마트는 크게 5가지의 특징을 갖는다.

첫째, 즉시성(Immediacy)으로, 시간 제약 없이 실시간으로 정보를 얻을 수 있고, 개인의 요구에 즉각적으로 반응하는 특성을 의미한다. 이는 '서비스가 사용자의 요구에 즉각 반응하고 사용자가 실시간으로 서비스를 제공받는다고 느끼는 특성'이라고 정의할 수 있다.[14]

---

12) Gretzel, U., Werthner, H., Koo, C. and Lamsfus, C.(2015), "Conceptual foundations for understanding smart tourism ecosystems", *Computers in Human Behavior*, 50: 558-563.

13) Derzko, W.(2006), "Smart technologies in the new smart economy", 1st Technology Futures Forum(TFF) VTT Valimo(Metallimiehenkuja 2), Otaniemi, Espoo, Finland Dec. 1, 2006. http://www2.vtt.fi/liitetiedostot/cluster6_rakentaminen_yhdyskuntatekniikka/smart%20_technologies_derzko.pdf

14) 우혁준, 이정훈 & 박소연(2011), "유비쿼터스의 특성에 따른 사용자 중심의 u-서비스 가치 분류체계", *한국 IT 서비스학회지*, 10: 119-139.

둘째, 상황기반 제공(Contextual Offer)을 들 수 있는데, 이는 상황기반을 제공하는 것으로써 '개인의 시간, 위치와 같은 상황을 종합적으로 고려하여 가장 효과적인 서비스를 제공하는 정도'로 정의할 수 있다.[15] 상황기반 제공을 위해서는 장소에 대한 인지(Location-Awareness)가 선행되어야 하며, 상황에 대한 인지(Contextual-Awareness)로 이어져야 한다.

셋째, 이동성(Mobility)으로, 무선기기(Wireless device)가 발전하면서 선 없이(무선으로) 작동 가능한 기기들은 개인이 이동하면서 기기를 작동시키거나 이동하는 개인에게 서비스 제공하는 것을 가능하게 하였다. 이동성은 '물리적인 장소의 제약 없이 정보의 존재, 편재와 이동이 가능하도록 하는 특성'으로 정의할 수 있다.[16]

넷째, 개인화(Personalization)는 스마트기기 자체가 개인의 신분을 확인할 수 있는 기능을 하고, 개인의 특성에 맞는 빅데이터를 확보할수록 개인화된 콘텐츠와 서비스를 제공할 수 있는 것을 의미한다.[17]

마지막으로, 초연결성(Hyper-Connectivity)은 네트워크 효과가 극대화되어 기술과 사람, 사람과 사람, 사람과 기업, 그리고 기업과 정부라는 다면적 차원들이 연결되어 초연결성으로 발전하게 되는 것을 의미한다.[18]

[그림 2-3]과 같은 세 번의 커다란 패러다임의 변화로 우리 사회와 비즈니스는 진화되고 있다.

---

15) 이태민 & 전종근(2004), "유비쿼터스 접속성과 상황기반 제공성이 모바일 상거래 수용의도에 미치는 영향에 관한 연구", *경영학연구*, 33(4): 1043-1071.

16) 차윤숙 & 정문상(2007), "유비쿼터스 특성요인이 모바일 서비스의 사용의도에 미치는 영향", *정보시스템구*, 16(2): 69-91.

17) Rijsdijk, S. A., Hultink, E. J., & Diamantopoulos, A.(2007), "Product intelligence: Its conceptualization, measurement and impact on consumer satisfaction", *Journal of the Academy of Marketing Science*, 35(3): 340-356.

18) Parker, G. G., Van Alstyne, M. W., & Choudary, S. P.(2016). *Platform revolution: How networked markets are transforming the economy-and how to make them work for you*, WW Norton & Company.

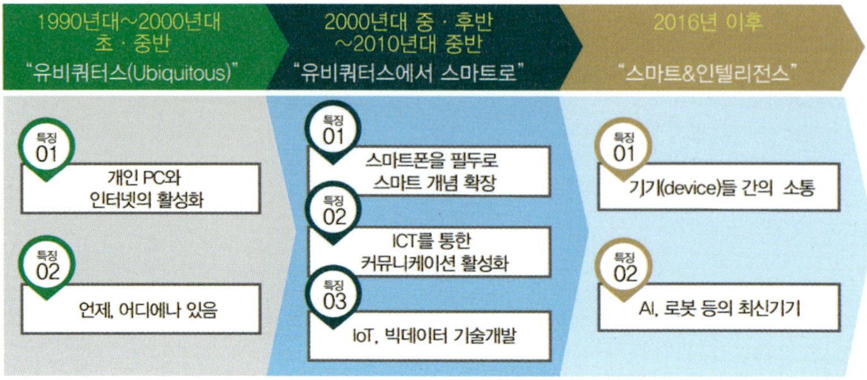

[그림 2-3] 유비쿼터스에서 스마트로의 개념 변화 및 확장

2. 관광의 스마트화

e-투어리즘과 스마트 관광의 차이점은 〈표 2-1〉과 같다. 스마트 관광은 ICT를 기반으로 한 집단 커뮤니케이션과 위치기반서비스를 통해 관광객에게 실시간, 맞춤형 관광정보 서비스를 제공하는 것이라고 정의하기도 하고, 관광객이 ICT를 기반으로 스마트기기를 이용, 사물 및 다른 사용자와의 상호작용을 통해서 발생되는 다양한 정보들을 자동으로 축적하여 다시 사용자에게 맞춤형 정보를 제공하는 것이라고 정의하기도 한다. 결국 스마트 관광이란 센서나 스마트기기를 이용하여 언제 어디서나 인터넷과 연결하여 여행에 필요한 정보를 획득하고 활용할 수 있는 생태계의 지원을 받는 관광이라고 정의할 수 있다. 이때, 스마트 관광 생태계는 다양한 이해관계자들과 연결되어 있으며 획득된 관광객의 정보는 빅데이터 분석을 통해 새롭게 제공할 수 있는 체계를 의미한다.

〈표 2-1〉 e-투어리즘 vs 스마트 관광

구분	e-투어리즘	스마트 관광
영역	디지털	디지털과 물리적 영역의 연결
핵심기술	웹사이트	센서, 스마트기기
여행단계	여행 전/여행 후	여행 중
핵심요소	정보	빅데이터
패러다임	상호작용성	기술이 매개된 공동가치 창출
구조	가치사슬/중재자	생태계
거래/교환	B2B, B2C, C2C	민 · 관 · 소비자의 협업

출처: Gretzel et al.(2015)

스마트폰으로 대표되는 스마트기기를 중심으로 SNS, 애플리케이션 등의 채널을 통해 관광객의 시간, 위치, 상황에 맞게 실시간으로 정보를 활용하면서 이루어지는 관광 서비스라고 할 수 있다. 스마트 관광의 구성요소는 [그림 2-4]와 같이 ICT가 지원하는 3가지 구성요소인 스마트 관광지, 스마트 경험, 스마트 비즈니스 생태계와 데이터의 수집, 상호 연결성을 지원하는 교환, 데이터의 분석, 시각화, 통합 및 인텔리전트를 담당하는 프로세싱의 3개의 스마트 계층을 포함한다고 제안할 수 있다.

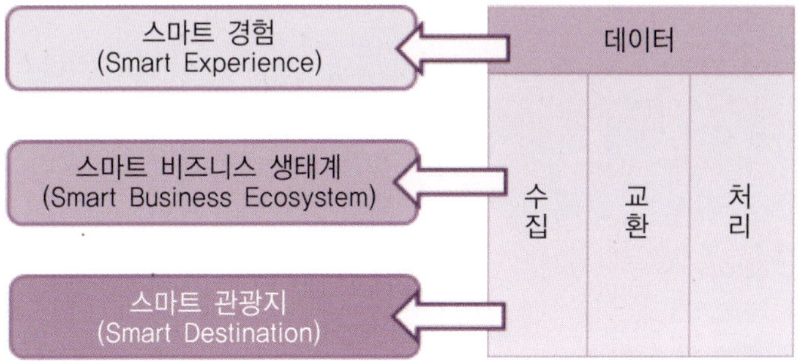

[그림 2-4] 스마트 관광의 구성요소와 계층

스마트 관광객

스마트는 사람이 원하는 것을 신속하고 정확하게 인식하고 제공하기 위해 발전된 환경으로, 보다 넓은 의미의 스마트는 사람, 개인을 위해 진화하는 패러다임으로, 사람이 원하는 것을 신속하고 정확하게 인식하고 제공하기 위해 발전된 환경이 되는 것이다. 관광객 또는 여행객의 스마트폰과 기술 사용에 대한 역량은 개인 혁신성, 탐구능력, 내부 통제 인식, 자기 효능감 및 지식과 정보를 얼마나 유용하게 사용하는가에 있다. 여행자의 능력은 IT기기, 즉 스마트기기 사용효과를 최대한 활용하여 응용프로그램을 스마트하게 사용하여 주어진 업무 또는 기능 등의 중요한 시스템과 앱 등을 충분하게 활용할 수 있는 역량이라고 말할 수 있다. 여행자 개인의 지식과 정보 그리고 기술수준에 따라 여행의 질이 현격하게 달라지고 있다. 최종 사용자 컴퓨팅 환경에서 사용자 역량을 개념화하고 폭, 깊이 및 기교를 포함하는 세 가지 독립차원은 다음과 같다.

첫째, 사용자가 갖고 있는 IT기술의 넓은 사용범위는 개인이 가질 수 있는 다양한 최종 사용자 도구, 기술 및 지식의 범위 또는 다양성을 나타낸다.

둘째, 사용자가 갖고 있는 IT기술에 대한 깊이는 특정 기술 하위 도메인에 대한 사용자의 현재 지식의 완성도를 나타낸다. 여기에는 사용자가 특정 기술 패키지의 전체 기능을 마스터하고 해당 작업을 지원하기 위해 패키지의 도구 세트를 적용할 수 있는 정도가 포함된다.

셋째, 사용자의 기교는 특정 기술을 창의적으로 적용할 수 있는 능력으로 정의된다. 여행자는 스마트폰을 사용한 유능한 사용자 행동은 컴퓨팅 하드웨어와 소프트웨어 사용기술을 능숙하게 제어할 뿐만 아니라 앱의 새로운 점에 대해 자각하여 사용한다.

스마트 여행 및 관광이란 개인의 능력으로 기술, 컴퓨터 활용능력, 전문기술 및 숙련도에 따라 시스템을 사용하는 것을 말한다. 여행자의 컴퓨터 사용능력의 폭과 깊이, 기교의 차원에 따라 여행자의 태도와 학습(사용자 기능 포함)을 포함한 스마트폰 사용자의 차이를 이해할 수 있다. 왜냐하면 스마트폰의 기능이 점점 무한하고 끝없는 내용과 기능으로 발전하고 있기 때문이다.[19] [그림 2-5]와 같이 스마트폰을 활용할 경우, PC와 인터넷이라는 기기가 갖는 공간적 한계를 뛰어넘을 수 있으며, 움직이면서 실시간으로 정보를 검색할 수 있을 뿐만 아니라, 예약 및 결제까지도 스마트폰을 통해 자신이 원하는 방식으로 실시간 처리할 수 있다.

[그림 2-5] 공간을 뛰어넘은 정보기술의 활용

본 챕터는 스마트에 대한 개념을 이해하기 위한 부분이기 때문에 기술과 관련된 내용과 개념이 많이 기술되어 있지만, 스마트 관광은 새로운 기술의 개발에만 초점을 두기보다는 그것을 이용하는 관광객에게 유용함

19) Chulmo Koo, Chung, N. H., & Kim, H-W.(2015), "Examining Explorative and Exploitative Uses of Smartphone: A User Competence Perspective," *Information Technology and People*, 28(1): 133-162.

을 줄 수 있는 수단이 되어야 한다. 또한, 기술 개발이 개인에게 효용성과 혜택을 주는 단계, 대중화 단계를 넘어서서 기술 활용도가 낮은 개인들에게까지 그 유용성과 혜택이 이어질 수 있도록 사회적 시스템이 뒷받침되어야 진정한 의미의 '스마트' 관광이 현실화될 수 있을 것이다.

03

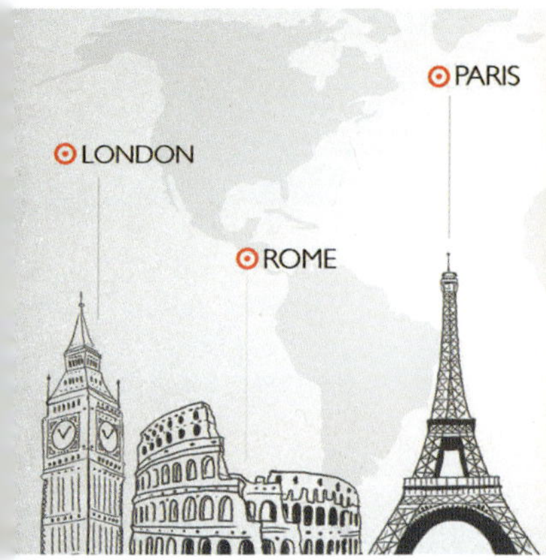

스마트 관광 기술

이 장에서는 스마트 관광 기술과 모바일 기술을 살펴보고, 스마트 관광에 필요한 정보통신기술을 소개한다.

스 · 마 · 트 · 관 · 광

CHAPTER 03

스마트 관광 기술

1. 스마트 관광 기술

디지털, 물리적 · 생물학적 영역의 경계가 희석되면서 기술이 융합되는, 인류가 한번도 경험하지 못한 새로운 시대로 접어들고 있다. 현대사회는 초연결(Hyper-Connected), 초지능(Hyper-Intelligence)의 특성을 갖고 있으며, 사물인터넷(Internet of Things: IoT), 빅데이터, 인공지능(Artificial Intelligence: AI), 가상현실(Virtual Reality: VR) 등의 기술을 기반으로 정치, 경제, 사회 전반의 변혁을 가져오고 있다. 기술환경의 변화는 소비자의 요구를 다양화하고 시장을 선도하며, 관련 산업의 진화와 혁신을 유도하여 산업 및 경제 구조 변화를 가속화할 것으로 보인다. 실제로 최근의 비즈니스 혁명에 대한 관심은 관광산업분야에도 나타나, 관광의 새로운 가치를 창출함으로써 관광산업의 이해관계자들이 경제적 혜택을 공유하고 국가경쟁력을 강화시키고 있다. 특히 관광 콘텐츠의 생산과 소비, 정보 공유 측면에서 모바일 기반의 플랫폼경제(Platform Economy)[1]로의 전환이 가속화되는 관광산업분야에서 사물인터넷, 빅데이터 기반 기술변화의 파급력은 타 분야보다 빠르게 기술이 적용되고 있다. 이미 전 세계적으로 플랫폼경제를 기반으로 한 변화는 에어비앤비(Airbnb), 우

1) 기차역의 플랫폼이 수많은 사람과 물건이 오가는 도시의 핵심적 인프라인 것과 마찬가지로 융복합을 핵심으로 하는 4차 산업혁명시대에 여러 산업에 걸쳐 꼭 필요한 빅데이터, 인공지능 등을 기반으로 한 생태계를 활용하는 경제.

버(Uber), 트립어드바이저(Trip Advisor) 등의 플랫폼기업들이 자동성과 연결성을 기반으로 비즈니스모델을 확장하고 있다. 이를 통해, 관광상품 및 관광서비스 유통구조의 혁신적 변화를 가져올 것으로 기대된다.

〈표 3-1〉에서 보듯이 관광산업분야의 정보기술 도입현황을 살펴보면 크게 플랫폼과 사물인터넷, 센서를 기반으로 한 사물인터넷을 도입하여, 관광객 밀집지역의 주차장에 IoT 센서를 설치하여 주차문제를 해결하기도 한다. 또한 신용카드 사용현황 분석과 같은 빅데이터를 통해 한 관광객의 소비패턴 파악, 검색엔진의 관광정보 검색패턴 분석으로 지역별, 성별, 연령별 관광목적지 선호도 파악도 가능해졌다.[2)]

〈표 3-1〉 관광산업분야의 정보기술 도입현황

구분	유형	연계분야	사례	내용
플랫폼 경제	• 숙박공유 • 차량공유 • 여행정보공유	• 인공지능 • 차량공유	• 숙박공유+호스트봇 • 트립어드바이저+ 딘딘추싱	• 챗봇이 숙박객 Q&A 서비스 대응 • 여행정보와 차량정보 공유시스템 연계
사물 인터넷	• 주차공간공유	• 모바일앱	• 북촌한옥마을 '파킹플렉스'	• 모바일앱을 기반으로 주차공간 정보 공유
빅데이터	• 관광소비패턴 • 관광목적지 선호도		• 신용카드 현황분석	• 관광객 소비현황 • 관광객 선호목적지

출처: 한국문화관광연구원(2017)

우선 가장 기본적으로 정보기술의 발전과 더불어 여행 웹사이트의 역할이 매우 중요한 시대이다. 여행 웹사이트는 여행 앱과 소셜 미디어가 연동되어 모든 정보를 실시간으로 제공하고 업데이트하며 예약과 결제를 가능하게 해주고 있다. [그림 3-1]의 웹사이트 작동원리를 살펴보자. 특정 홈페이지에 접속하는 것을 예로 들면, 웹브라우저는 입력받은 URL(Uniform

2) 한국문화관광연구원(2017), *4차 산업혁명과 관광산업의 미래*, 웹진 문화관광.

Resource Locator)[3]로 트립어드바이저 웹서버에 HTTP(Hypertext Transfer Protocol)[4] 요청을 보낸다. 이 요청을 받은 서버는 트립어드바이저 홈에 대한 HTML(Hypertext Markup Language)[5]과 이미지 등을 응답으로 보내 준다. 브라우저는 이 응답을 파싱하고 화면에 변환하여 표시해 준다.

[그림 3-1] 웹과 브라우저의 동작원리

[그림 3-2]의 데이터 흐름을 살펴보면, 첫째, 예약정보 입력 둘째, 선호항목 선택 셋째, 가능여부 확인 넷째 예약진행, 다섯째 결제, 여섯째 예약확정, 마지막으로 여행준비 과정을 거친다. Petersen(2018)[6]이 제시한 온라인 예약시스템 과정의 프로세스 흐름도이다.

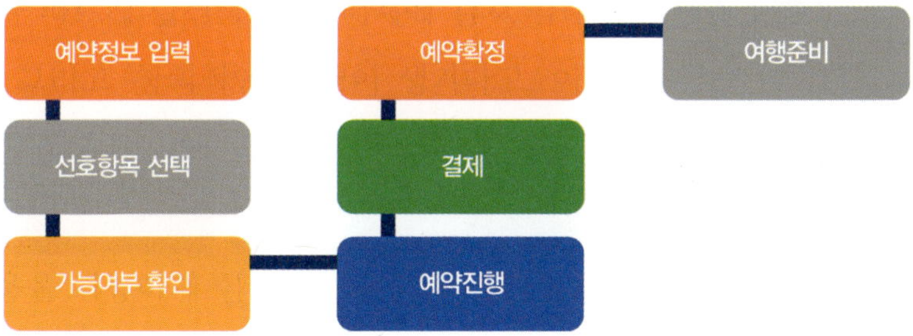

[그림 3-2] 여행 웹사이트를 통한 온라인 예약시스템 과정

3) 방대한 컴퓨터 네트워크에서 자신이 원하는 정보를 찾기 위해 해당 정보의 위치와 종류를 나타내는 규칙.

4) 인터넷에서 웹서버와 사용자의 인터넷 브라우저 사이에 문서를 전송하기 위해 사용되는 통신 규약.

5) 웹문서를 만들기 위해 사용되는 기본적인 프로그래밍 언어.

6) Petersen(2018), *Technology Used in Hospitality & Tourism*, *Chron*. https://smallbusiness.chron.com/technology-used-hospitality-tourism-31033.html

[그림 3-3] 트립어드바이저의 온라인 리뷰(Online Review)기반 플랫폼을 예로 들자면, 관광객은 트립어드바이저에 나와 있는 사전경험자의 리뷰를 살펴본다. 리뷰의 종류는 별표와 함께 텍스트리뷰를 읽고 나서 온라인 예약을 결정한다. 트립어드바이저는 온라인 예약 시스템 연동을 통하여 모든 여행준비를 마칠 수 있게 되었다. 트립어드바이저 웹사이트는 숙박시설, 항공편 예약, 교통편 준비, 여행 일정 수립 등을 할 수 있는 서비스를 제공한다. 즉 여행을 보다 자유롭고 안전하게 만들어주는 나만을 위한 가상의 여행 플래너(Planner)이다.

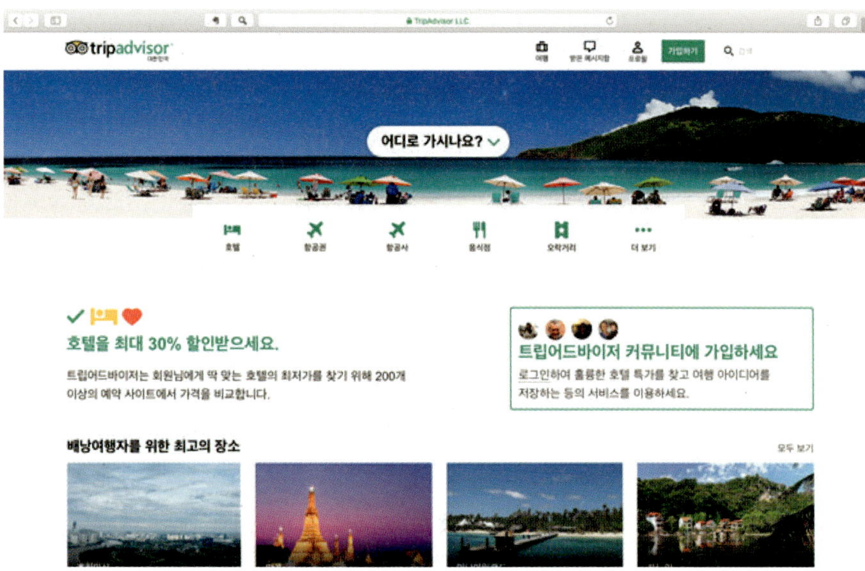

출처: https://www.tripadvisor.co.kr

[그림 3-3] 트립어드바이저 웹사이트

여행과 관련된 온라인 사이트를 통해 관광객이 얻을 수 있는 혜택은 다음과 같다.

여행지 또는 상품 조사

개별 공급업체 웹사이트, 제3의 예약 사이트 및 온라인 여행 출판물 등은 운송, 숙박, 여행상품 및 자동차 대여를 포함하여 여행제품에 대한 정보, 리뷰를 가격 비교와 함께 제공한다. 여행사를 통한 예약을 원하지 않는 여행자는 필요한 자료를 쉽게 조사할 수 있으며 최적의 가격으로 공급업체를 선택할 수 있다.

예약(Booking)

여행사 및 관광객 모두 여행사 방문을 통해 예약할 필요 없이 온라인으로 상품을 예약할 수 있다. 예약할 수 있는 상품은 교통부터 숙박, 식사, 체험프로그램까지 그 범위가 다양하다.

여행정보 업데이트

여행자는 웹사이트 또는 모바일 앱을 통해 항공편의 상태를 확인하고 체크인까지 할 수 있다. 많은 항공사가 문자 또는 자동 전화를 통해 최신 항공편 정보를 제공한다. 따라서 탑승자의 가족과 친구들은 온라인 시스템을 사용하여 탑승자의 도착상황을 추적할 수 있다. [그림 3-4]의 스카이스캐너가 그 한 예이다.

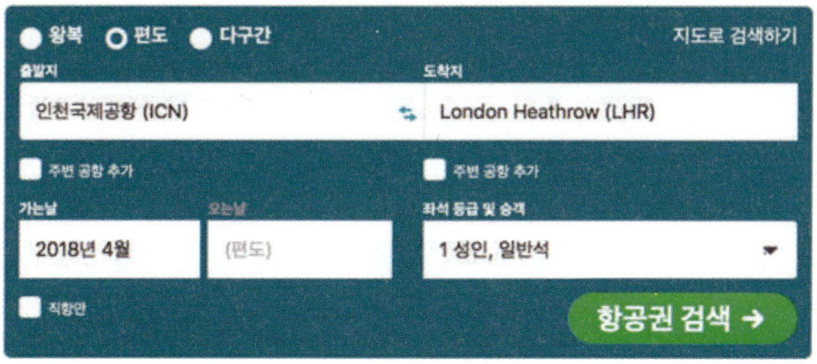

출처: www.skyscanner.co.kr

[그림 3-4] 스카이스캐너 항공예약

포인트(Royalty Point)

많은 항공사와 호텔은 단골 포인트 적립 프로그램을 제공한다. 포인트 프로그램 회원은 앱과 웹사이트를 통해 실적을 통한 포인트를 쌓고 현재 상태를 확인한 뒤 원하는 대로 포인트를 사용할 수 있다.

탑승권(Boarding Pass)

여행자는 온라인으로 탑승 수속을 하고 컴퓨터에서 탑승권을 인쇄할 수 있다. 그러나 요즘에는 여행자가 휴대전화 지갑에 탑승권을 추가함으로써 인쇄과정을 건너뛸 수 있게 되었다([그림 3-5] 참조).

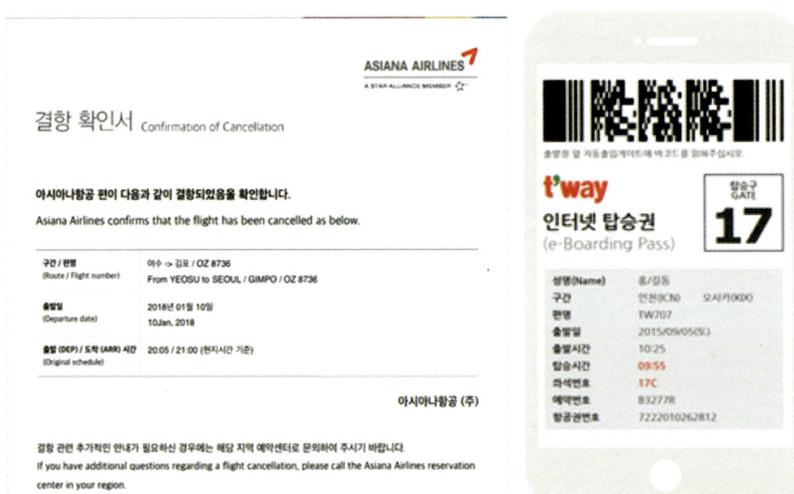

출처: https://flyasiana.com

[그림 3-5] 아시아나항공 결항 안내 및 결제시스템

웹정보 탐색(Web Information Search)

웹은 그 구조가 거미줄처럼 복잡하게 얽혀 있기 때문에, 아무런 도움이 없으면 그 안에서 금방 길을 잃고 만다. 이럴 때 도움을 주는 것이 바로 웹 검색 서비스, 또는 검색 엔진이다. 내가 원하는 정보가 있을 때, 검색

엔진은 미리 그려둔 웹상의 지도에서 어디에 어떠한 관련 정보가 있는지를 찾아 신속하게 위치를 알려주는 길잡이 역할을 한다. 다시 말해 검색 엔진은 웹의 지도를 그리고, 지도상의 정보를 쉽고 빠르게 찾을 수 있게 하는 도구이다. 검색 엔진을 만들기 위해서는 보통 아래의 세 단계 작업을 거친다.

첫째, 수집(Crawling: 웹의 어디에 어떤 정보가 있는지 알아내는 작업) 둘째, 색인(Indexing: 수집된 정보를 정리하여 나중에 쉽고 빠르게 찾을 수 있게 하는 작업) 셋째, 순위의 결정과 제공(Ranking and Serving: 원하는 정보를 색인으로부터 꺼내어 사용자에게 보여주는 작업)

2. 모바일 기술과 앱

오픈 API

인터넷 이용자가 일방적으로 웹 검색 결과 및 사용자인터페이스(User Interface: UI) 등을 제공받는 데 그치지 않고 직접 응용 프로그램과 서비스를 개발할 수 있도록 공개된 API(Application Programming Interface)[7]를 말한다. 검색, 블로그 등의 데이터 플랫폼을 외부에 공개하여 다양하고 재미있는 서비스 및 애플리케이션을 개발할 수 있도록 외부 개발자나 사용자들과 공유하는 프로그램을 포함한다. 지도 서비스 및 다양한 서비스에서 시도되고 있으며 누구나 접근하여 사용할 수 있다는 장점이 있다. 구글은 구글맵의 API를 공개해 친구 찾기, 부동산 정보 등 300여 개의 신규서비스를 창출했다.

7) 운영체제와 응용프로그램 사이의 통신에 사용되는 언어나 메시지 형식.

모바일 앱

모바일 애플리케이션 소프트웨어(Mobile Application Software)의 준말이다. 응용 소프트웨어라고도 하며 운영체제를 제외한 나머지 소프트웨어/프로그램을 말한다. 2008년 아이폰이 대히트를 치면서 널리 퍼지기 시작했다. 이때, 애플리케이션의 약자로 앱(App)을 사용했는데, 이는 자사명인 애플(Apple)의 약자로도 쓸 수 있다. 아이폰 유저들이 사용하는 앱스토어가 2008년 8월 10일에 가장 먼저 문을 열었다. 스마트폰에 최적화된 응용소프트웨어로서 게임, 전자책(e-book), 내비게이션 등 다양한 서비스를 제공하며, 앱 스토어를 통해 자신이 원하는 모바일 앱을 구입하고 스마트폰에 추가하여 이용할 수 있다.

모바일 플랫폼

구글(Google)이 2007년 11월 모바일 시장 진입을 위해 공개한 리눅스 기반의 개방형 운영체제(플랫폼)이다. 안드로이드(Android)[8)]는 원래 인간의 모습을 한 로봇을 일컫는 말로 모바일을 위한 운영체제와 미들웨어, 애플리케이션을 포함하고 있다. PC로 치면 Windows에 해당된다. 단말기 제조사나 외부 소프트웨어업체, 이동통신사가 무료로 사용할 수 있으며 이 플랫폼을 채용한 단말기를 '안드로이드폰'이라 부른다. 또한 애플의 아이폰 및 앱스토어와 비슷한 안드로이드폰용 소프트웨어의 거래장터인 안드로이드 마켓도 개설했다. 한편 iOS는 아이폰, 아이팟 터치, 아이패드에 탑재되는 운영체제로, 주로 모바일기기와 애플 TV 등에 탑재된다. 대략 1년에 한번 새로운 버전이 제공되며, 앱스토어에는 140만 개 이상의 iOS 앱과 73만 개 정도의 아이패드 전용 앱이 등록되어 있다. 이러한 모바일 앱들은 총 1천 억 건 이상의 다운로드 수를 기록하고 있으며, 2015년 7월

8) 구글과 휴대폰 업체들이 연합하여 개발한 개방형 모바일 운영체제.

iOS 운영체제를 탑재한 기기의 총판매량이 윈도우 운영체제를 탑재한 PC의 판매량을 넘어섰다.

3. 사물인터넷과 정보통신기술

사물인터넷(Internet of Things: IoT)의 개념은 1999년 미국 MIT의 오토아이디센터(Auto ID Center)가 RFID(Radio Frequency IDentification)[9]와 센서 등을 활용하여 사물에 탑재된 인터넷이 발달할 것이라 예측한 데서 비롯되었다. 유비쿼터스와 비슷하지만 기존의 자체적인 통신시스템을 인터넷이란 체제에 흡수함으로써 더 확장된 개념이 되었다. 이름에서 알 수 있듯이, 사물인터넷은 사람과 사람 간의 통신을 넘어 사물에 IP(Internet Protocol)[10] 주소를 부여하고 사람과 사물, 혹은 사물과 사물 간의 통신을 이끌어내는 기술을 일컫는다. 흔히 원격에서 조작하는 기기를 사물인터넷으로 생각하곤 하는데, 사물인터넷은 그 기기에 설정된 인터넷시스템까지 포함한다. 사물인터넷이 등장하기 전에도 사물을 인식하기 위한 기술들이 존재했는데 바코드가 그 한 예이다. 최근에는 바코드가 QR코드로 대체되면서 더 많은 정보를 담아내고 있으나 여전히 바코드는 활발히 사용되고 있다. 한편, 무선인터넷의 발전으로 NFC나 Beacon 등과 같이 비접촉식으로 정보를 읽어내는 기술도 속속 등장하고 있다. 이상의 기술들에 대해 자세히 살펴보면 다음과 같다.

9) 무선인식이라고도 하며 반도체 칩이 내장된 태그, 라벨, 카드 등의 저장된 데이터를 무선 주파수를 이용하여 접촉하지 않고도 읽어낼 수 있는 기술.

10) 인터넷에서 해당 컴퓨터의 주소.

바코드

바코드(Barcode)는 [그림 3-6]과 같이 컴퓨터가 판독할 수 있도록 고안된 굵기가 다른 흑백 막대로 조합시켜 만든 코드이다. 이런 전통적인 형태의 바코드를 선형(1차원) 바코드라고 한다. 현재 제품 고유 번호를 나타내는 바코드가 대부분의 제품 포장지에 인쇄되어 계산대에서 널리 활용되고 있다. 바코드를 사용하면 상품의 판매시점 정보 관리, 즉 판매시점 관리(Point of Sale: POS)와 재고 관리가 쉽다. 바코드 아래 13개의 숫자 중 앞쪽 3자리 숫자는 국가별 식별 코드로 우리나라는 880으로 시작된다. 다음의 4자리 숫자는 업체별 고유 코드, 그 다음의 5자리 숫자는 제조업체 코드를 부여받은 업체가 자사에서 상품에 부여하는 코드이다. 마지막의 한 자리 숫자는 바코드가 정확히 구성되어 있는가를 보장해 주는 컴퓨터 체크 디지트로, 바코드의 신뢰도를 높여주게 된다. RFID 기술은 칩 하나의 가격이 500원 정도지만 바코드는 5원 수준으로, 지속적인 연구에도 불구하고 RFID가 바코드를 대체하지는 못하고 있다.

5 012345 678900

[그림 3-6] 바코드

QR코드

QR은 'Quick Response'의 약자로 '빠른 응답'을 얻을 수 있다는 의미이다. 바코드 비슷하지만 활용도나 정보 면에서 기존의 바코드보다 한층 진일보한 코드 체계이다. 기존의 바코드는 기본적으로 가로 배열에 최대 20

여 자의 숫자 정보만 넣을 수 있는 1차원적 구성이지만, QR코드는 가로, 세로를 활용하여 숫자는 최대 7,089자, 문자는 최대 4,296자, 한자도 최대 1,817자 정도를 기록할 수 있는 2차원적 구성이다. 때문에 바코드는 특정 상품명이나 제조사 등의 정보만 기록할 수 있었지만, QR코드에는 긴 문장의 인터넷 주소(URL)나 사진 및 동영상 정보, 지도 정보, 명함 정보 등을 모두 담을 수 있다. 최근에는 QR코드가 기업의 중요한 홍보 및 마케팅 수단으로 통용되면서 온, 오프라인에 걸쳐 폭넓게 활용되고 있다. 여행 및 관광 업계에서 QR코드는 다양하게 사용되고 있다. 예로 뉴욕의 센트럴 파크의 세계 공원은 나무 모양의 QR코드가 있는 공원으로 바꾸어서 스캔기능을 제공하여 공원의 오래된 그림, 공원의 역사, 오케스트라 뮤직 비디오를 제공하는 QR코드를 가지고 있다. 방문자들이 방문하는 장소에 대한 정보에 쉽게 접근할 수 있도록 관광지에서 QR코드를 볼 수 있다.[11)]

와이파이

불과 5년에서 10년 전까지만 해도 우리는 비행기를 탈 때 "소중한 WiFi(와이파이) 없이 몇 시간을 보낸다."라고 농담처럼 말하곤 했다. 하지만 항공사가 비행기 내에서의 인터넷 연결이 탑승객에게 얼마나 중요한 요소인지 깨닫는 데는 그리 오랜 시간이 걸리지 않았다. 기내 WiFi 기능은 다양한 업무에 적용되지만 35,000피트 상공에서 인터넷 사용이 가능해짐으로써 탑승객들은 환승 항공편의 게이트 정보와 비행 지연 또는 취소와 같은 중요한 정보를 지속적으로 확인할 수 있게 되었다.[12)] 이에 에어프랑스, 에미레이트 항공, 영국항공, 루프트한자, 에어차이나 등

11) QR Codes in Travel and Tourism. QRDecoder.net. http://www.qrdecoder.net/qr-codes/qr-codes-in-travel-and-tourism.php

12) Belokon, H.(2017). How Technology is Changing the Travel and Tourism Industry. Flightbucks. http://www.flightbucks.com/blog/how-technology-is-changing-the-travel-and-tourism-industry

많은 항공사가 앞다투어 기내 WiFi 연결을 위한 서비스를 추진 또는 확장하고 있는 추세이다.[13)]

우리나라에서는 한국통신사업자연합회가 공공와이파이 서비스를 제공하고 있다. 이는 주민센터, 복지시설, 전통시장 등 국민들이 자주 이용하는 공공장소에서 누구나 무료로 이용할 수 있는 서비스로, 이동통신 3사(KT, SKT, LGU+)의 협조를 받아 서비스되고 있다([그림 3-7] 참조).

[그림 3-7] WiFi

블루투스

블루투스(Bluetooth)는 휴대용 장치 간의 근거리 무선통신을 위한 무선통신기술, 표준, 제품을 총칭하는 용어다. 사무실이나 가정의 모든 디지털기기에 적용할 수 있으며 오토바이 헬멧, 휴대폰, 시계, 스피커 등 다양한 분야에 쓰이고 있다. 블루투스는 10세기 덴마크 바이킹 지도자이자 평소 블루베리를 즐겨 이가 파랬던 헤럴드 블루탄의 별명 '푸른(Blue) 이

13) World Travel & Tourism Council(2015). Seven ways technology is changing the travel industry. Medium. https://medium.com/@WTTC/seven-ways-technology-is-changing-the-travel-industry-85cff79c1ece

(Tooth)'에서 따온 것이다. 오늘날 무선근거리통신을 블루투스로 딴 것은 불탄 왕이 북유럽을 통일한 것처럼 이 기술로 모든 디지털기기를 하나의 무선통신 규격으로 통일한다는 상징적 의미를 지닌다. 1994년 스웨덴의 에릭슨사가 처음 연구했고 2001년 12월 마이크로소프트와 스리콤루슨트테크놀로지, 모토로라 등의 참여로 전 세계적인 규격으로 자리 잡았다.

RFID(Radio Frequency Identification)

무선인식이라고도 하며, 반도체 칩이 내장된 태그(Tag), 라벨(Label), 카드(Card) 등의 저장된 데이터를 무선주파수를 이용하여 비접촉으로 읽어내는 인식시스템이다. RFID 시스템은 태그, 안테나, 리더기 등으로 구성되는데, 태그와 안테나는 정보를 무선으로 수 미터에서 수십 미터까지 보내며 리더기는 이 신호를 받아 상품정보를 해독한 후 컴퓨터로 보낸다. 보내진 자료는 인식한 자료를 컴퓨터 시스템으로 보내 처리된다. 태그가 달린 모든 상품은 언제 어디서나 자동적으로 확인 또는 추적이 가능하며 태그는 메모리를 내장하여 정보의 갱신 및 수정이 가능하다. 2000년 중반 미국은 여권에 RFID 칩을 삽입했다. 출입국 시 사진 및 생체정보를 포함한 안전한 데이터베이스를 기반으로 국경을 보다 효율적으로 통과할 수 있도록 적용한 사례이다. 운전자를 위한 전자 통행료 형태의 RFID 태그도 또 다른 예이다. 일부 호텔에서는 수건이나 가운의 도난을 방지하기 위해 리넨에 RFID 칩을 내장하기도 한다.[14)]

14) Shelter(2016), How Can I Use RFID Technology for Travel? Eagle Creek. https://www.eaglecreek.com/blog/how-can-i-use-rfid-technology-travel

Beacon

비콘은 IoT 시대를 맞아 몰락해 가던 블루투스 기술을 부활시키는 주역으로 손꼽힌다. 스마트폰 도입 초기 근거리 파일 공유 등으로 각광받던 블루투스 기술은 와이파이망의 확산과 3G(3세대), LTE(4세대 이동통신) 요금 인하로 잊혀졌다. 그랬던 블루투스가 다시 주목받은 것은 O2O 서비스[15)]인 LTE 등과는 다른 고정 위치 기반 근거리 통신기술이 필요했기 때문이다. GPS(Global Positioning System) 기술[16)]로는 불가능했던 실내 위치 정보 제공도 비콘만의 장점이다. 개당 가격이 2만 원대에 불과하고 크기도 작아 IoT 인프라 구축의 기본 단위가 될 수 있기 때문이다. 미국의 비콘 개발사 에스티모트는 동전만 한 크기의 스티커형 비콘은 스티커처럼 정보기술기기는 물론 자전거, 신발 등에도 쉽게 붙일 수 있다. 이 스티커를 지갑에 넣어두면 스마트폰과 일정거리 이상 떨어졌을 때 알람이나 진동으로 알려줘 지갑의 분실을 막을 수 있다. 복잡한 설치과정 없이 붙이기만 하면 모든 물체를 IoT 기기로 만들어준다. 또한 물리적 위치에 비콘을 구현하면 정확한 위치를 감지하고 스마트폰이나 태블릿에 메시지를 적시에 보낼 수 있다. 예를 들어 베를린에 있는 박물관을 지나가는 사람들은 그저 지나감으로써 박물관의 정보를 모바일 장치에 가져올 수 있다. 박물관에 입장하면 현재 전시 중인 작품에 대한 정보도 받아볼 수 있다.

지오펜싱

지오펜싱(Geofencing)이란 위치 기반 서비스의 하나다. 특정 지리적 위치 주변에 설정한 가상의 경계선, 즉 지오펜스(Geofence) 안으로 모바

15) O2O란 온라인(Online)과 오프라인(Offline)이 결합하는 현상을 의미. O2O서비스는 스마트폰으로 상품이나 서비스 주문을 받아 오프라인으로 해결해 주는 서비스.

16) 위성에서 보내는 신호를 수신해 사용자의 현재 위치를 계산하는 위성항법시스템.

일기기나 RFID 태그가 진입하거나 빠져나가는 순간, 앱이나 다른 소프트웨어에서 미리 설정된 동작이 진행된다. 이때 GPS, RFID, WiFi 또는 셀룰러 데이터 등이 활용된다. 지오펜스는 설정방식에 따라 다양하게 활용할 수 있다. 예를 들면, 모바일 푸시 알림, 문자 메시지, 경고, SNS(Social Network Service)상에 표적광고를 보낼 수 있다. 이 밖에도 차량 추적이나 특정 기술 사용 해제, 위치 기반 마케팅 데이터 전송 등도 가능하다.[17)]

NFC

NFC(Near Field Communication)란 무선태그(RFID) 기술 중 하나로 13.56MHz의 주파수 대역을 사용하여 약 10m 이내의 근거리에서 데이터를 교환할 수 있는 비접촉식 통신기술이다. 통신 거리가 짧기 때문에 상대적으로 보안이 우수하고 가격이 저렴해 주목받는 차세대 근거리 통신 기술이다. 데이터 읽기와 쓰기 기능을 모두 사용할 수 있기 때문에 기존에 RFID 사용을 위해 필요했던 리더기가 필요하지 않다. 블루투스 등 기존의 근거리 통신기술과 비슷하지만 블루투스처럼 기기 간 설정을 하지 않아도 되는 장점이 있다. [그림 3-8]과 같이 방문자가 추가 정보를 제공할 수 있을 뿐 아니라 티켓 구매를 허용하여 방문객이 NFC의 도움을 받아 개찰기를 순식간에 통과할 수 있게 한다.

17) White(2017), "'지리정보 그 이상' 지오펜싱의 이해", CIO. http://www.ciokorea.com/news/36136

[그림 3-8] 화장품 · 뷰티 박람회에 사용된 NFC기술

4. 지능형 정보기술

위에서 소개한 기술 외에도 스마트 관광을 활성화하기 위해 최근에 다양한 기술들이 활용되고 있다. 대표적인 기술은 증강현실(Augmented Reality)과 가상현실 기술이며, 클라우드 컴퓨팅이나 빅데이터와 같이 데이터를 효율적으로 관리하고 분석하는 기술들도 등장하고 있다. 특히, 컴퓨터의 성능이 개선되고 알고리즘이 정교해지면서 인공지능기술도 스마트 관광에서 중요하게 사용되고 있다. 이상의 기술들에 대해 조금 더 자세히 살펴보면 다음과 같다.

증강현실

증강현실(Augmented Reality: AR)이란 실제로 존재하는 사람, 상품, 건물 등의 현장 화면 또는 실제 영상에 문자, 그래픽과 같은 부가정보를 실시간으로 중첩 및 합성하여 하나의 영상으로 보여주는 것을 말한다([그림

3-9] 참조). 일반적으로 평면적 화면에 3차원 영상 등을 덧씌워 보여준다. 온 · 오프라인 쇼핑이나 관광, 스마트카, 건축 등의 현실에 가상을 덧댄 복합적인 환경에서 정보를 생산하고 이용할 수 있다. 예를 들어 스마트폰 카메라로 상점을 비추면 관련 상품정보를 입체영상으로 보여준다. 즉 현실 환경과 가상현실을 융합한 것으로 실제 세계를 디지털기술로 넓혀 놓은 개념으로 볼 수 있다. 증강현실 여행의 혁신자인 아스케이프(Ascape)는 스마트폰을 통해 360도 비디오, 가상 투어 및 콘텐츠를 제공하는 증강현실 앱이다. 아스케이프는 스마트폰 내의 소프트웨어, 센서, 나침반 및 디지털 프로젝터를 사용하도록 개발되었다. 이러한 기능을 결합하여 사용자는 단순히 스마트폰을 들고 실제 이미지에 가상 이미지를 표시한다. 이러한 증강현실 앱을 통해 사용자는 실제 목적지에 있는 것처럼 느낄 수 있으며 심지어 디즈니랜드의 스타워즈 퍼레이드, 코카콜라 박물관 여행 및 뉴질랜드에서 웨이크 보드를 배우는 것과 같은 독특한 활동을 경험할 수도 있다.[18)]

가상현실(Virtual Reality)

실제로는 일어나지 않는 일을 컴퓨터를 이용해 마치 현실처럼 표현한 가상의 세계를 뜻한다. 3차원(3D) 영상은 특수 안경으로 입체감과 원근감을 느끼는 '착시효과'를 이용한다([그림 3-9] 참조). VR 영상은 360도 카메라로 촬영한 영상을 헤드셋을 쓰고 관람한다. 3D 영상보다 몰입감이 훨씬 높다. 가상현실은 교육(박물관 투어, 동식물 탐색, 각종 시뮬레이션 직업 교육), 스포츠, 성인물, 의료(의사 수련용, 환자 설명용) 등 다양한 분야에서 활용될 것으로 전망된다. 여행사인 토마스쿡(Thomas Cook)은

---

18) Wass(2017), Travel technology - technological developments in travel & tourism. ForrestBrown. https://forrestbrown.co.uk/news/travel-technology-technological-developments-in-travel-tourism/

몰입형 360도 VR 필름을 사용하여 여행업계에서 VR 사용을 개척하고 있다. VR 앱 디자인 및 개발 회사인 비주얼라이즈(Visualize)가 개발한 이 영화에는 다양한 콘텐츠가 포함되어 있어 고객이 헤드셋을 착용하고 이집트 피라미드를 경험하거나 싱가포르를 방문할 수 있다. 3개월 동안 토마스쿡(Thomas Cook)은 고객을 위해 매장 내 VR 경험을 제공한 후 영국과 독일에서 항공편 및 호텔 예약이 증가하여 수익률이 40% 증가한 것으로 나타났다.

▲ K-Style Hub 증강현실 서비스

▲ 진해시립박물관 가상현실 서비스

[그림 3-9] 증강현실과 가상현실

클라우드 컴퓨팅

클라우드 컴퓨팅(Cloud Computing)이란 정보처리를 자신의 컴퓨터가 아닌 인터넷으로 연결된 다른 컴퓨터로 처리하는 기술을 말한다. 관광분야에서 사용되는 클라우드 여권은 2015년 호주에서 먼저 고안됐다. 이는 여행 및 관광산업 기술 발전의 대표적인 사례인데 목표는 여행자의 생체인식 및 개인 정보와 같은 여권 정보를 클라우드에 저장하는 것이었다.

이로써 문서가 필요 없는 여행이 가능해져 여권과 신분 도용이 크게 줄어들었다.

빅데이터

휴대폰 통화량, 카드결제, 기상정보, SNS 메시지, 인터넷 검색 내역, 도로 교통량 등이 모두 빅데이터에 해당된다. 인터넷 및 스마트 IT 혁명, 스마트폰, 태블릿 PC, 클라우드 네트워킹 등으로 생성되고 확산되는 데이터의 양이 급속히 증가하고 있으며 기업이나 정부는 기존의 체계 및 관리방법으로 관리할 수 없게 될 정도이다. 스마트 시대에 넘쳐나는 모든 데이터의 양을 분석하는 것은 불가능하지만 이를 통해 산업별로 경제적 타당성, 기술적 가능성, 혹은 관계없는 분야의 연관관계를 분석하면서 이제까지 몰랐던 새로운 사실들을 알게 되거나, 앞으로의 발전방향을 예상할 수 있게 됐다. 즉 폭증하는 데이터가 경제적 자산이 되고 가치창출의 원천이 되는 것이다. 이러한 현상을 빅데이터(Big Data)라고 하는데 빅데이터를 분석하기 위해서는 통계학, 컴퓨터공학, 전자공학 등의 IT과학과 경영학, 심리학, 언어학, 뇌과학 등의 분야가 접목된 융합과학기술 분야의 지식이 필요하다. 미국 IT 리서치 기업인 가트너(Gartner)는 데이터가 미래사회의 경쟁 우위를 좌우하는 21세기 원유라고 지칭하면서, 기업은 다가오는 데이터 경제시대를 이해하고, 정보 고립(Information Silo)을 경계해야만 성공할 수 있다고 자문하고 있다. 이를 통해 여행 트렌드 및 온라인 검색을 모니터하고 관리할 수 있다. 여행업계는 예약, 여정, 숙박, 교통, 고객후기 같은 여러 부분에서 제공되는 큰 데이터를 분석함으로써 변화되고 있다.[19)]

19) Wass(2017), Travel technology – technological developments in travel & tourism. ForrestBrown. https://forrestbrown.co.uk/news/travel-technology-technological-developments-in-travel-tourism/

인공지능

인간이 생각하는 것과 같은 과정을 컴퓨터로 수행하고자 하는 연구분야를 말한다. 현재 컴퓨터와 사람이 직접 바둑이나 장기를 두고, 수학적인 정리를 증명하는 프로그램들이 개발되어 있으며, 의학분야에서는 의사의 진단을 돕기 위한 진단 시스템이 개발되어 실제로 환자 진료에 이용되고 있다. 편리를 추구하는 현대사회의 추세에 따라 인공지능(Artificial Intelligence: AI)에 기반한 스마트 컨시어지 서비스가 다양한 산업에서 추진력을 얻고 있다. 여행 예약은 알고리즘에 의해 크게 자동화된 영역 중 하나다. 사용자의 요청에 따라 특정 작업을 수행하도록 교육된 지능형 프로그램은 일반적으로 '봇', '채팅봇' 또는 '챗봇'이라 불린다. 2018년 4월에 4백만 명이 넘는 월간 활성 사용자를 보유한 상위 4개 채팅 응용프로그램의 경우 인스턴트 메시징 플랫폼이 광범위하다. 일부 유명 브랜드가 고객에게 다가가 더 나은 관계를 구축할 수 있는 방법으로 이 프로그램을 채택했다. 예를 들어, 글로벌 서비스업 리더인 하얏트는 2009년부터 고객과 소통하기 위해 소셜 플랫폼을 사용했는데 최근 페이스북 메신저로 고객 지원 도구 세트를 확장했다. 국내에서도 경희대학교가 학생들의 학교생활을 지원하기 위해 인공지능 '쿠봇(KHU-BOT)'이라는 챗봇을 개발하여 학생들에게 좋은 호응을 얻고 있다([그림 3-10] 참조). 그러나 이러한 24/7 모바일 지원에는 인적자원과 재정적 자원이 모두 필요한데, AI 기반 가상 비서가 가장 요구되는 지점이다. 서비스를 통해 가장 저렴한 가격을 찾고, 항공편 예약 및 호텔 예약, 전체 여행계획 수립 및 인기있는 관광지, 먹거리 또는 지역 명소에 관한 유용한 정보와 추천을 통해 전체 여행 경험을 향상시킬 수 있다.

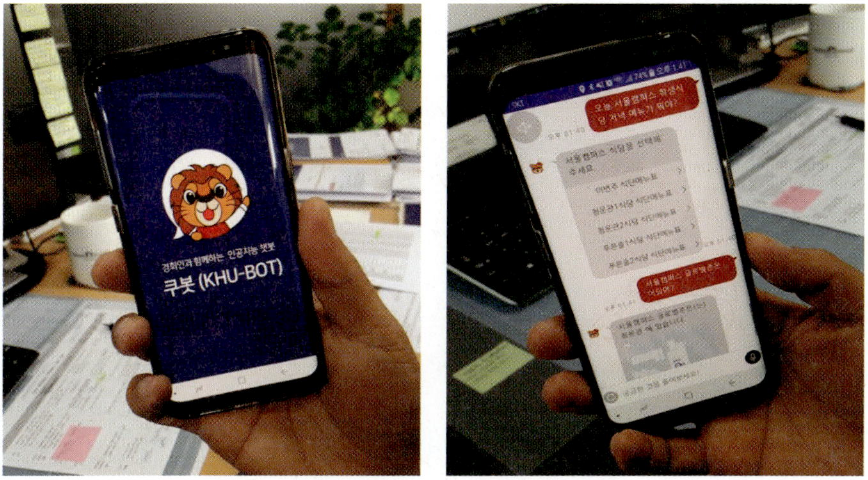

[그림 3-10] 경희대학교 인공지능 챗봇: 쿠봇

04

스마트 관광 앱과 사례

이 장에서는 스마트 관광의 국내외 관광 관련 앱 비즈니스 모델을 살펴보고, 관광 앱 기반의 스마트 관광 사례를 소개한다.

스 · 마 · 트 · 관 · 광

CHAPTER 04

스마트 관광 앱과 사례

1. 스마트 관광 앱

2000년대 초반 스마트 관광이란 용어가 관광산업에 등장한 이래, 최근 전 세계적으로 스마트 관광에 대한 관심이 뜨거워지고 있으며, 스마트 관광은 미래 관광산업 발전의 핵심 트렌드로 급부상하였다. 특히, 인터넷의 발달 및 스마트기기의 확산과 함께 스마트 관광산업이 급속하게 성장하고 있다. 따라서 스마트 관광 앱 시장의 동향을 파악할 필요가 있으며 스마트 관광 애플리케이션(Application 또는 App: 앱)을 살펴보고자 한다. 이처럼 여행업계의 스마트화가 가속화됨에 따라, 공급자(여행사) 입장에서는 유통단계 감소로 인한 유통비용 절감 및 인건비 감소 등의 생산성 증대뿐 아니라 빅데이터 기반의 고객정보 수집 및 관리를 통한 개인별 맞춤형 상품 제공으로 고객서비스 만족을 이끄는 데 기여할 것으로 예상된다. 동시에 소비자 측면에서는 여행정보 습득의 편의성 및 신뢰성, 실시간 상품 구성 및 가격 비교를 통한 합리적 구매 등의 이점을 꼽을 수 있다. 예전에는 관광을 떠나기 전에 지도와 카메라 그리고 컴퓨터 등이 필요했다. 그러나 현재는 한 손안의 스마트폰으로 여행의 모든 것을 준비할 수 있는 시대가 되었다.

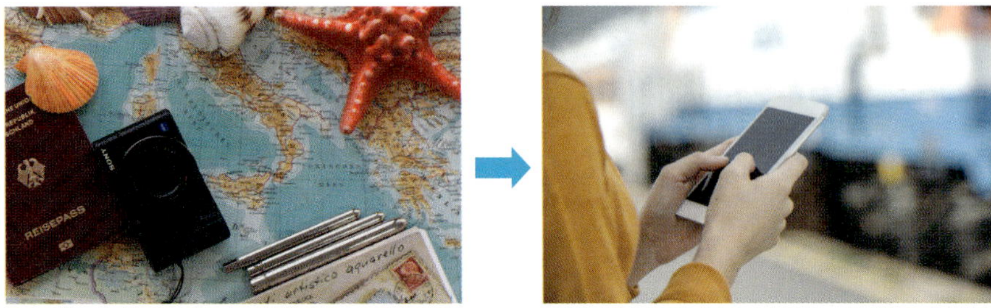

[그림 4-1] 관광 준비단계의 변화

구글(Google)의 "아태지역 모바일 앱 보고서 2016"에 따르면, 한국 시장의 스마트폰 사용률은 91%로 한국인 10명 중 9명이 스마트폰을 사용하는 것으로 나타났으며, 우리나라는 2015년에 이어 2106년에도 스마트폰 보급률과 앱 설치 수에서 모두 1위를 차지했다. 이러한 결과는 향후 국내 모바일 앱 시장의 지속적인 성장을 예고하며, 관광산업에서도 모바일 앱 시장의 영향력과 스마트기기의 확산에 따른 시장의 변화에 빠르게 대처할 필요가 있겠다. 항공권, 지도, 교통, 레스토랑을 비롯한 관광과 관련된 다양한 앱들이 소개되면서, 이제는 자신에게 필요한 앱을 다운받는 것만으로도 어디서든 편리하게 여행할 수 있게 되었다. [그림 4-2]는 일반적 마케팅 소비자 구매의사 결정 5단계 모델과 여행자의 3단계 여행단계를 비교 설명한 것이며 각각의 단계에서 스마트 관광 앱의 역할과 기능들을 제공해 주는 앱들을 소개하고 있다. 여행을 계획하는 단계인 여행 전 단계(Pre-Travel)에서는 여행의 꿈과 계획 그리고 예약과 기대의 정신적인 상태와 여행의 기능적인 프로세스가 동시에 이루어지는 단계로서 여러 가지 앱들이 이와 같은 기능과 서비스를 제공하고 있다. 두 번째로 여행 중 단계(En-route Travel)에서는 먹을 곳과 볼 곳을 집중적으로 비교하고 기존 여행객의 경험을 인지하여 계획된 행동과 순간적인 대안 평가가 이루어지는 단계라고 할 수 있다. 그리고 마지막으로 여행 후

단계(Post-Travel)는 여행 후의 경험을 친구들이나 지인들과 공유하여 여행의 즐거움과 고생스러웠던 경험 등을 향유하는 단계라고 할 수 있다. 이와 같은 여행의 단계들이 스마트 관광 앱들을 통하여 기능적 서비스와 경험적 활동이 동시에 이루어진다는 점에서 매우 중요한 관광활동이 될 수 있다.

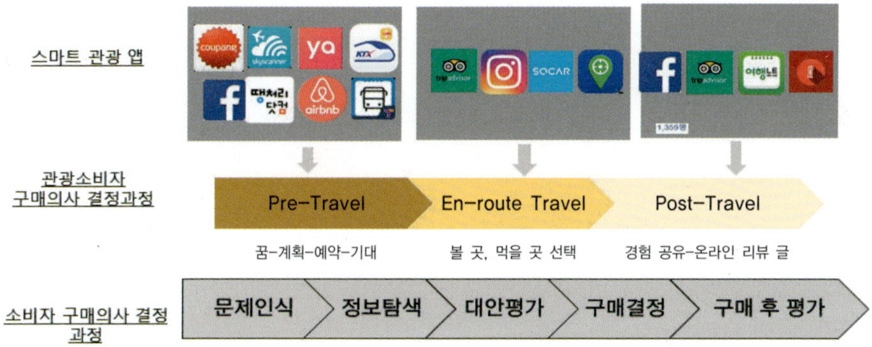

[그림 4-2] 소비자 의사결정 단계와 관광소비자 구매 결정과정

2. 스마트 관광 앱의 다양한 서비스

스마트기기의 사용자가 증가함에 따라, 온라인 여행사(Online Travel Agency: OTA)들은 PC 기반보다 모바일 플랫폼 구축에 많은 투자를 하고 있으며, 프로모션 및 광고를 비롯한 마케팅 활동도 모바일 기반에서 이루어지고 있다. 이제는 여행사를 찾지 않고 모바일 앱에 접속해 소비자가 항공권과 숙박업소를 직접 검색해 예약하는 것이 일반적이며, 여행 가이드북 대신 관련 앱을 다운받아 현지에서 가이드 도움 없이 어디든 갈 수 있다. 스마트 관광 앱의 다양한 서비스는 다음과 같다.

2.1 맞춤형 여행

'마이리얼트립(Myrealtrip)'은 여행하는 곳에 현지가이드와 여행자를 온라인과 모바일에서 연결하는 여행 플랫폼으로 맞춤형 여행 가이드 서비스를 제공한다. 현지를 잘 알고 있는 유학생이나 거주자 등이 본인의 경험과 정보를 바탕으로 그들만의 여행 일정을 만들어 마이리얼트립 홈페이지 및 앱에 소개하면 여행자가 원하는 상품을 골라서 신청하고 일정 가이드 비용을 지불하는 방식이다. 마이리얼트립의 비즈니스 모델의 기본 플랫폼은 온라인에 기반하여 상품선택, 예약, 결제 등 여행을 제외한 모든 활동이 온라인 공간에서 이루어진다. 모바일 앱에 대한 수요가 증가함에 따라 여행 관련 앱의 종류와 기능도 점차 다양해지고 있으나, 앱을 사용하는 이용자의 연령에 따라 앱의 선호도에는 차이가 있다. [그림 4-3]은 마이리얼트립의 모바일 앱의 예이다.

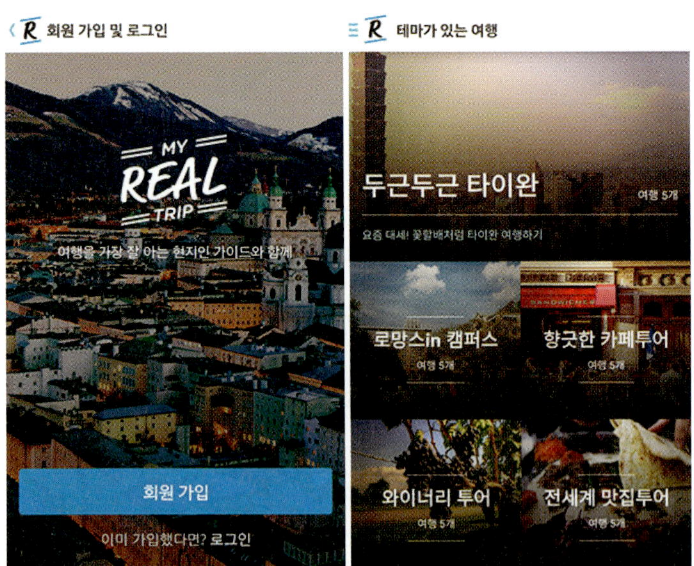

[그림 4-3] 마이리얼트립

2.2 차량 공유

최근 싱가포르 공유자동차 비즈니스인 그랩(Grap)의 경우를 살펴보자. 싱가포르 관광청에서는 우버와 경쟁사인 그랩을 소개하고 앱스토어와 연결한다. 싱가포르 국토교통국(Land Transport Authority: LTA)에 의하면, 2016년부터 우버와 그랩이 일반 택시보다 높은 이용률을 보이며, 2017년 상반기에는 택시보다 1.5배 이상 많은 이용률을 보였다고 한다([그림 4-4] 참조).

[그림 4-4] 싱가포르 그랩 서비스

국내에서는 '쏘카(SOCAR)'가 서비스 중이다. 2012년 처음 서비스를 시작한 후 2017년 현재 이용자 수 250만 명을 돌파하였다. 전국 54개 지역에 2,900여 지점이 있으며 서비스 차량 수는 6,400여 대를 돌파하였다. 주로 회사, 학교, 집, 지하철 등 가까운 쏘카존에서 대여가 가능하며 앱으로 간단하게 결제한 후 앱에 생성된 스마트 키로 자동차를 열 수 있다. 공유경제의 사회적 접근방식으로 승용차 소유의 경제적 부담을 완화하고, 자가 차량 소유자의 주유 감소로 주차 여건 개선 및 교통 복지 증진에도 기여하고 있다. 이 밖에도 스마트 시티가 추구하는 에너지 절감 및 대기오염문제를 해결한다는 점에서 주목받고 있다.

2.3 숙박 공유

에어비앤비(Airbnb)의 도쿄 근교 사마라(Samara) 프로젝트는 나라 근처의 작은 마을 요시노(Yoshino)에서 시작한 프로젝트이다. 작은 마을은 인구 고령화로 인해 지역주민이 감소하여 여행지로 유명하지 않았지만 지역주민이 방 하나를 에어비앤비에 올린 뒤 좋은 반응이 있었고 다른 지역주민들도 에어비앤비에 방을 올리며 지역경제가 살아나기 시작했다. 에어비앤비에서 사마라를 통해 요시노 삼나무 게스트하우스(Yoshino Cedar House guesthouse)를 지역의 전통재료와 기법을 사용하여 제작하였고 집은 커뮤니티에서 공동으로 관리하므로 에어비앤비의 공유 모델에 특히 적합하다고 할 수 있다. 또한 지역주민과 관광객들의 소통의 장과 교류의 장으로 사용할 수 있도록 제공하고 있다. [그림 4-5]와 같이 이 에어비앤비 모델은 사마라의 여러 가지 가능성을 내포하고 있다. 일본의 죽어가는 농촌이나 어촌은 에어비앤비를 통해 새로운 수입 창출원을 얻을 수 있게 되었고 주민 스스로 관광객을 위한 새로운 즐길거리를 만들고 더 나은 고객관리를 할 수 있게 되었다. 에어비앤비는 호스트와 게스트 간의 공간의 교류를 뛰어넘어 숙박, 통역, 가이드, 체험까지 모든 여행활동에 필요한 서비스를 제공하기 시작했다.

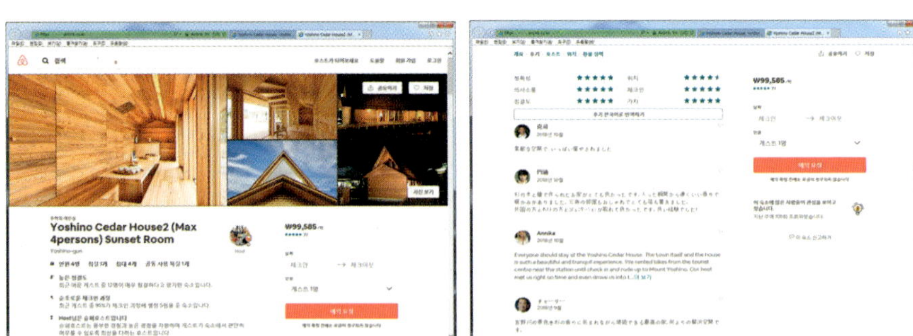

출처: https://www.airbnb.co.kr

[그림 4-5] 에어비앤비 사마라 삼나무 게스트하우스

숙박 앱 시장의 또 다른 특징으로 당일 예약서비스를 꼽을 수 있다. 이는 현대인들의 라이프 스타일이 반영된 여행패턴으로 볼 수 있다. 과거에는 여행을 떠나기 위해 일정기간 전부터 예산에 맞춰 계획을 짜고 호텔을 예약을 하는 게 일반적이었으나, 최근에는 하루 이틀 전 혹은 당일에 즉흥적으로 여행을 떠나는 사람들이 많아짐에 따라 '당일판매' 시장의 수요가 늘고 있다. 일정기간 동안 숙박상품을 전시해 다량으로 상품을 판매하는 소셜 커머스(Social Commerce)와는 달리, 이른바 '타임커머스(Time Commerce)'라 불리는 당일판매 서비스는 호텔에서 판매하고 남은 당일의 빈 객실을 저렴한 가격(또는 최저가)에 판매하는 형식이다. 전 세계적으로 당일판매 시작이 호황을 누리고 있으며, 국내에서는 '세일투나잇', '체크인나우', '웹투나잇', '데일리호텔' 등의 당일판매 회사가 대표적이다. 현재 이 분야에서 두각을 나타내고 있는 당일 땡처리 포털 앱인 '세일투나잇'은 다른 앱들과 달리 호텔, 리조트뿐 아니라 렌터카, 테마파크 입장권, 공연 관람권, 마사지숍 이용권 등 다양한 상품을 판매하고 있다. 관광산업에서 교통의 편리함은 관광을 촉진시키는 중요한 요소이다. 국내에서는 내외국의 관광객들이 여행 중 대중교통 및 기타 교통수단을 편리하게 이용할 수 있도록 다양한 관련 앱들을 제공하고 있다.

2.4 자전거 공유

자전거 공유의 예로 2015년부터 서울시에서 운영하고 있는 공유자전거 서비스 '따릉이'를 들 수 있다. 무인시스템으로 운영되는 따릉이는 앱을 다운받아 이용자가 원하는 시간에 예약 및 결제를 진행한 후, 원하는 대여장소에서 따릉이 보유현황을 확인한 뒤 이용할 수 있으며, 이용 후에는 원하는 장소에 반납하면 된다. 내국인뿐 아니라 외국인도 이용이 가능한 서비스이며, 서울의 혼잡한 교통체증을 해소함과 동시에 도심관광의 대체 교통수단으로 활용될 수 있어 앞으로도 이용가치가 기대된다([그림 4-6] 참조).

출처: https://www.bikeseoul.com

[그림 4-6] 공유자전거 따릉이

또 다른 자전거 공유의 예로 [그림 4-7]의 산탄데르 사이클(Santander Cycles)을 들 수 있다. 런던에서 30분 안에 자전거를 한 정거장에서 다른 정거장으로 이동할 경우 24시간 기준 2파운드로 공유자전거를 빌려서 탈 수 있는 대중교통 서비스이다. 런던 전역 750개의 정거장에 11,500개 이상의 자전거가 준비되어 있다. 스마트 관광 도시의 핵심은 거주하는 시민과 관광객이 도시자원을 공동으로 공유할 수 있는 도시 관광 활성화의 개념이다. 영국 런던의 산탄데르 자전거의 사례를 살펴보면, 우선 도시 전체적으로 자전거 도로가 잘 정비되어 있고 자전거를 빌리기 쉽게 시스템을 만들어 놓았다. 산탄데르 자전거는 처음 자전거 대여소에서 2파운드(3천 원)를 결제하면 24시간 동안 자전거를 탈 수 있다. 해외에서 사용할 수 있는 비자나 마스터 카드만 있으면 간단하게 자전거를 빌리는데 10분 안에 해결된다. 스마트폰 앱 외에도 단순하게 카드결제를 할 수 있게 해놨고 대여와 반납도 도킹식으로 심플하다.

[그림 4-7] 런던 공유자전거 산탄데르 자전거

최근 AI기술 확산에 따라 일명 'AI 여행사'로 불리는 신개념의 여행사가 기존의 여행사들을 대체할 것이라는 예측이 나오고 있다. 대표적인 인공지능 여행 앱인 '파나(Pana)'와 '헬로지바이(HelloGbye)'는 인공지능 기술 기반의 앱을 개발해 수천 명의 이용자와 기업 고객을 확보한 상태이다. 또 다른 예로, 스타트업 '히프멍크(Hipmunk)'는 이용자의 스마트폰에 기록된 구글 캘린더 일정을 파악해 여행이 필요한 시기를 분석하고 해당 시기에 고객에게 맞는 적절한 여행상품을 추천해 주는 서비스를 제공하며, 고객의 스케줄이 바뀌면 예약 연기나 취소 처리도 대신한다. 즉 이제는 AI가 고객 개인별 맞춤형 여행비서의 역할을 수행하는 것이다.

하지만 모바일 기반의 여행업 시장은 꾸준한 성장세를 보이고 있다. 여행 검색 엔진 회사인 '카약'은 빅데이터 분석결과를 토대로 여행객들에게 맞춤형 여행정보 서비스를 17개의 언어로 제공하고 있다. 매년 평균 10억 건의 정보가 업로드되며, 앱 다운로드 수는 3천5백만 회에 이른다. 카약의 무료 여행 도우미 '트립스(Trips)'를 활용하면 예약한 항공권, 호텔, 렌터카 등의 내용뿐 아니라 레스토랑 및 다양한 레저활동에 대한 예약까지 모든 예약정보를 한번에 정리할 수 있다.

3. 여행 단계별 스마트 관광 앱

최근에 등장한 앱들은 다양한 기능을 하고 있는데 여행의 단계별로 활용할 수 있는 앱들을 간략히 소개하면 다음과 같다.

1단계: 항공권 예약

- 스카이스캐너(Skyscanner): 전 세계 3,500만 명이 사용하는 앱으로 저렴한 항공편 검색과 비교가 가능하다. 예산에 맞춰 원하는 가격을 설정하면 그에 맞는 항공편을 보여준다. 가격이 변동될 때마다 알림을 받아볼 수 있다. 'Everywhere'를 검색하면 최저가로 떠날 수 있는 여행지를 확인할 수 있다. 호텔과 렌터카 역시 최저가로 찾아볼 수 있다.

- 카약(Kayak): 여행 전문 검색 엔진이다. 단순히 가격뿐 아니라 여행을 계획하고 일정을 관리하는 페이지까지 보유하고 있다. 수백 개의 여행 관련 사이트를 비교해 가장 알맞은 비행기와 호텔, 렌

터카 추천 및 혜택을 찾아주고 예약까지 가능하다. 사이트와 관계없이 모든 여행 일정을 한 곳에서 관리할 수 있으며, 항공편의 예상 보안 검색 대기시간까지도 확인이 가능하다.

2단계: 여행 준비 및 일정관리

- **구글 트립스(Google Trips)**: 여행 준비단계에서 자신만의 일정을 디자인하는 데 최적인 앱이다. 구글메일로 들어온 예약확인 메일을 기반으로 자동으로 여행일정이 짜진다. 예약, 먹을 것, 볼 것, 할 것 등을 7가지 폴더로 나누어 자동으로 정리해 준다. 오프라인에서 사용 가능한 것이 장점이다(영국 가디언 2017, 여행앱 Top 10).

- **트리핏(Tripit)**: 주머니 속 여행사라 불리는 트리핏은 여행정보나 계획을 한번에 모아 편리하게 확인, 수정 및 기록할 수 있다. 이메일로 전송된 항공권, 호텔, 렌터카 등 예약정보를 자동으로 확인하여 여행계획에 추가하면 여행일정을 한눈에 볼 수 있다. 다른 사람과 여행일정을 공유할 때 유용하다(영국 가디언 2016, 여행앱 Top 10).

3단계: 숙소 예약

- **에어비앤비(Airbnb)**: 숙박 공유 플랫폼인 에어비앤비는 현재 190개 이상의 국가, 3만 4천 개 이상의 도시에 진출해 있다. 해당 도시의 여행객이 아닌 현지인으로서 남다른 숙박경험을 해보고 싶은 사

람이라면 한번쯤 이용해 볼 가치가 있다. 누구나 에어비앤비 호스트가 될 수 있다.

- **부킹닷컴(Booking.com)**: 전 세계 6만 4천 개 지역 약 180만 개의 호텔을 예약할 수 있는 앱이다. 많은 호텔 예약 앱 중 예약 수수료를 받지 않는 앱이다. 여행을 얼마 남겨두지 않고 급하게 예약할 경우 라이스 타임 혜택을 찾아볼 수 있다. 호텔뿐 아니라 빌라와 아파트도 서비스에 포함되었다.

4단계: 현지 교통편

- **레일 플래너(RAIL PLANNER)**: 유럽 여행자들이 유레일 패스를 이용할 때 필요한 앱이다. 데이터나 와이파이 없이 열차시간을 확인할 수 있다. 출발지와 도착지를 검색해서 나오는 스케줄을 눌러보면 열차의 현재 위치, 따로 예약이 필요한지의 여부 등 열차에 대한 상세한 정보가 나온다.

- **씨티매퍼(CITYMAPPER)**: 전 세계 30여 개 도시의 여행객을 위한 가이드. 출발지와 도착지를 검색하면 이용 가능한 교통수단과 이용요금, 리얼 타임을 상세히 안내해 준다. 또한 약속시간을 설정해 두면 걸리는 시간에 맞춰 몇 시에 출발하는 게 좋을지 알려준다(영국 가디언 2016, 여행앱 Top 10).

- **블라블라카(Blablacar)**: 도시 간 이동 시 목적지가 같은 운전자와 탑승자를 연결해 주는 프랑스에서 시작된 유럽 차량 공유 서비스다. 운전자가 웹사이트에 목적지와 차량 종류, 안전을 위해 다양한 정보를 올리고 같은 노선 차량이 필요한 사람이 탑승을 신청하는 식으로 이뤄진다.

5단계: 현지 체험 및 활동

- **타임아웃(Time Out)**: 아크라에서 싱가포르까지 전 세계 도시에서 일어나고 있는 일을 한꺼번에 알 수 있다. 유명한 콘서트나 페스티벌 등 주변의 다양한 이벤트 정보를 얻을 수 있다. 또한 최고의 식당, 바, 유명관광지, 쇼핑 등의 정보를 얻고 예약도 할 수 있다(영국 가디언 2016, 여행앱 Top 10).

기타: 외국어 번역

- **듀오링고(Duolingo)**: 전 세계 약 7천만 명이 가입한 무료 외국어 학습 앱이다. 해외로 여행을 떠나기 전 여행지에서 사용되는 기본적인 회화를 게임하듯 재미있고 빠르게 습득할 수 있다(영국 가디언 2016, 여행앱 Top 10).

- **구글 번역(Google Translate)**: 언어학습으로도 유명한 앱이지만 사실 여행지에서 지금 당장 유용하게 사용할 수 있어 필수적이다. 예를 들어 간판이나 메뉴를 카메라로 찍으면 구글이 즉시 번

역해 준다. 여행자에게 꼭 필요한 앱이다(영국 가디언 2016, 여행앱 Top 10).

이처럼 스마트기기 기반의 다양한 앱 시장의 성장은 스마트 관광의 초석을 마련하였고, 최근에는 인공지능(Artificial Intelligence: 이하 AI) 기술의 발달로 AI 플랫폼 시장이 커지면서 AI 기반의 여행지 추천서비스, 관광지 해설, AI로봇 고객상담 및 응대 서비스 등이 자동화되고 있으며 스마트 관광시장의 또 다른 패러다임을 만들고 있다.

4. 유형별 국내 스마트 관광 앱

스마트 관광 앱을 이용한 관광객들의 증가는 실제로 국내 관광관련 정책수립에 직접적인 영향을 미쳤는데, 2016년 한국관광공사는 관광진흥 5개년 계획의 일환으로 정보통신기술과 관광콘텐츠의 결합 및 활용 능력 확대를 주요 정책으로 발표하였고, 이와 함께 8대 핵심사업으로 '개별관광객 맞춤형 K-ICT 관광서비스'를 선정하였다. 이처럼 정부의 스마트 관광 육성정책이 발표된 이후, 각 지자체와 민간에서는 스마트 관광 시스템 도입 및 확장을 위한 인프라 구축을 서두르고 있다. 이와 관련하여 숙박 및 항공권의 예약서비스 등 국내 스마트 관광에 대해 여행, 숙박, 교통, 외식, 문화 콘텐츠 분야별로 주요 사례를 들어 구체적으로 살펴보기로 하겠다.

여행

- **대한민국 구석구석**: 전국 여행기사, 관광지, 음식점, 숙박 등 약 3만여 건의 관광정보 서비스를 제공한다. 계절과 여행테마를 반영한 '여행

태그' 기능은 물론, 지자체 영역을 통한 지역별 여행정보를 제공하여 원하는 정보를 손쉽게 찾아볼 수 있도록 했다. 사용자 여행코스 기능을 통해 여행 전에 여행코스를 설계해 볼 수도 있다.

숙박

- **야놀자**: 국내 숙박정보를 가장 많이 보유하고 있다. 4만 5백여 개 유형의 숙박정보를 제공하며, 천만 회원들의 생생한 이용 후기와 별점도 확인해 볼 수 있다. GPS 기능을 통해 내 주변 숙소를 검색할 수 있어 더욱 편리하다.

교통

- **T map 대중교통**: 국내 지도, 버스 및 지하철 정보를 통합하여 안내한다. 출퇴근 및 등하교 경로를 설정하여 교통정보를 바로 확인할 수 있으며, 국내에서 유일하게 버스 및 지하철 통합 하차 알림을 제공하고 있다. 목적지를 선택하면 소요시간과 택시요금 등을 확인할 수 있으며, T map 택시 앱으로 바로 연결하여 택시를 호출하는 기능도 제공한다.

- **카카오맵**: 자동차, 대중교통, 도보, 자전거 등과 관련하여 24시간마다 업데이트된 최신정보를 제공하는 국내 지도앱이다. 검색창 하나로 버스번호, 정류장, 장소 등 모든 정보를 한번에 찾을 수 있어 편리하다. 또한 현 위치를 기반으로 맛집/스폿/축제 등의 정보는 물

론, 방문자 빅데이터 분석을 통해 장소에 대한 연령별/성별/요일별 정보도 함께 제공하고 있다.

외식

- **다이닝코드**: 방대한 양의 데이터 분석으로 믿을 수 있는 맛집 랭킹을 제공한다. 어뷰징판별 알고리즘을 통해 광고성 평가/블로그를 필터링하여 보다 공정한 맛집 정보를 제공하고자 한다. 앱 사용자가 직접 누르는 좋아요 및 별점이 랭킹에 반영되는데, 최근에 작성된 평가에 가중치를 줌으로써 최근에 인기있는 맛집을 상단에 노출시켜 사용자에게 트렌디한 정보를 제공한다.

문화 콘텐츠

- **캔고루**: 대한민국의 전시, 박람회, 교육, 연극, 체험 등 거의 모든 분야의 문화행사를 만나볼 수 있다. 캔고루 회원들에게는 무료티켓과 할인티켓이 제공된다. 사전등록부터 구매, 입장까지 모두 애플로 해결할 수 있기 때문에 복잡한 등록절차를 거치지 않아도 된다는 장점이 있다.

IT 플랫폼을 기반으로 한 관광 앱은 프리 핫스폿 네트워크 구축을 통하여 도시 전체를 스마트 관광화시키는 노력이 필요하다. 관광 앱이 관광에 필요한 기능과 서비스를 소비자, 기업, 정부, 공급자, 그리고 이용자가 네트워크를 형성하여 정보와 상품을 공유할 수 있도록 해주는 시스템을 지속적으로 갖추어갔을 때 스마트 관광 앱의 효과성이 발휘될 수 있다. 스마트 관광은 시스템 기능과 함께 비즈니스 신뢰가 중요한 요소로 작용하며 사용자의 후기를 통해 직접경험을 작성하는 방식으로 평가될 수 있도록 해야 한다. 스마트 관광 앱은 관광서비스의 기능적 만족뿐만 아니라 경험적 만족으로 관광 소비자가 서비스를 적극적으로 이용하고 경험을 공유할 수 있도록 해야 한다.

05

스마트 관광과 온라인 리뷰

이 장에서는 스마트 관광에 필수적인 관광 온라인 리뷰의 개념과 역할을 살펴보고, 그 전략적 효과와 스마트 관광에 필요한 온라인 리뷰를 유형별로 소개한다.

CHAPTER 05

스마트 관광과 온라인 리뷰

1. 스마트 관광과 온라인 리뷰

1.1 스마트 관광과 온라인 리뷰의 필요성

온라인 여행 리뷰(Online Travel Review)는 기업이나 제3자의 웹사이트에 업로드한, 상품이나 서비스에 대한 소비자의 평가로 정의된다. 온라인 리뷰는 특별한 사회적 유대가 없는 플랫폼에서 여러 사람들과 소통하고 교환할 수 있다는 점에서 오프라인 평가와는 차이가 있다. [그림 5-1]에서 보는 바와 같이 온라인 리뷰는 이미 해당 관광상품이나 서비스를 경험한 소비자들의 평가나 의견을 제공함으로써 소비자들의 불확실성을 낮춰준다.

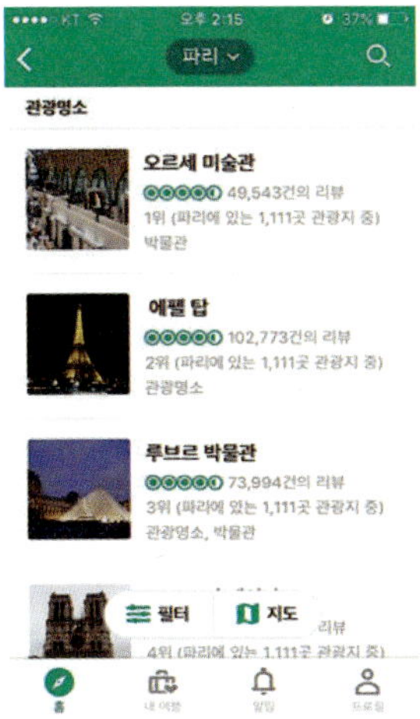

"트립어드바이저에 나오는 리뷰가 실시간으로 올라오는 자료라~ 웬만한 가이드북보다 좋습니다."

"여행 가기 전에 부산은 맛집이 많다고 해서 어쩌나 했는데, 제대로 된 리뷰가 맛집투어에 많은 도움이 되었습니다."

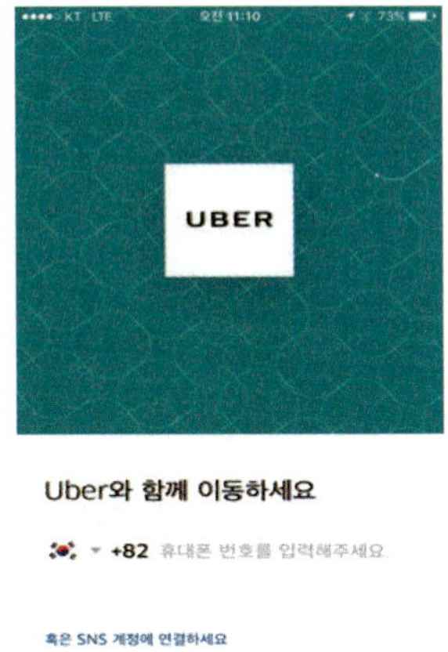

"예전에는 공항에 내렸을 때 막막했는데, 우버를 이용하니까 편하고 저렴하게 호텔까지 갈 수 있었어요.~ 앱도 완전 잘 되어 있어요.~"

[그림 5-1] 온라인 리뷰의 예

잠재 고객들이 온라인 리뷰를 종종 이용하기 때문에 판매자들은 그들의 상품과 브랜드가 온라인상에서 어떻게 평가되는지에 주의를 기울인다. 온라인 리뷰는 관광상품 판매에 긍정적인 영향을 미치며 온라인 평가의 질이 잠재 고객들의 구매 의사를 증가시키고 있다. 온라인 리뷰는 특히 환대와 관광산업에서 더욱 중요한데, 대부분의 관광상품과 서비스는 무형이며 직접 경험하기 전까지는 정확하게 평가하기 힘들기 때문이다. 긍정적인 온라인 리뷰가 많은 호텔은 더욱 안정된 재정상태를 유지한다는 사실과 많은 온라인 리뷰가 제공될수록 실제로 사람들이 해당 호텔이나 관광지에 방문하는 확률이 높아진다는 사실이 연구를 통해 증명됨에 따라, 관광산업에서 온라인 리뷰의 중요성이 높다는 것을 알 수 있다. 즉 온라인 리뷰는 소비자들의 구매결정에 영향을 미치는 가치 있는 정보이다.

〈표 5-1〉에서 보는 바와 같이 온라인 리뷰는 특히, 숙박산업 분야에서의 온라인 리뷰에 대해 가장 많은 연구가 진행되었고(35건, 63.6%), 레스토랑(8건, 14.5%), 관광 목적지(3건, 5.5%), 관광명소(1건, 1.8%) 순서로 다른 세부영역은 상대적으로 많은 연구가 진행되지 않았다.[1)]

〈표 5-1〉 관광산업의 온라인 리뷰에 대한 선행 연구영역 분석

연구분야	건수	비율(%)
관광지	3	5.5
숙박	35	63.6
레스토랑	8	14.5
관광명소	1	1.8
관광상품 전반	8	14.5

출처: Hlee et al.(2018)

그러나 관광객들은 여행계획을 세우는 데 있어서 '어디서 숙박할 것'인지보다 '어디를 여행할 것인가'를 먼저 결정한다. 그렇기 때문에, 관광지나 관광명소에 대한 온라인 리뷰 및 소비자의 평가에 영향을 미치는 주요 특징에 대한 연구가 더욱 요구된다.

1.2 온라인 리뷰의 요소

온라인 리뷰는 자신의 경험이나 평가를 자세히 서술하는 것이기 때문에, 텍스트 내용이 온라인 리뷰의 주요 요소라고 할 수 있다. 호텔, 레스토랑, 관광지에서의 개인적 경험은 평점(Review Rating)과 같은 수치정보만으로 제시하기에는 한계가 있기 때문에, 내용의 풍부함이 중요하며 리뷰 작성자들의 개인 특성과 성향 또한 해당 리뷰의 유용성을 결정하는

1) Hlee, S. Lee, H., and Koo. C.(2018), "Hospitality and Tourism Online Review Research: A Systematic Analysis and Heuristic-Systematic Model", *Sustainability*, 10: 1141.

중요한 요소가 된다([그림 5-2] 참조).

[그림 5-2] 온라인 리뷰 제공자의 특성

온라인 리뷰가 관광상품을 얼마나 잘 나타내는지 그리고 온라인 리뷰의 내용이 사실적이고 객관적인 관점을 반영한 것인지, 추상적이고 감정적인 관점을 반영한 것인지는 소비자에게 매우 중요하다. 일반적으로, 객관적 사실을 제공하는 것이 더욱 중요할 것이라고 생각할 수 있지만, 관광분야에서는 경험에 대한 공감적 묘사가 단순한 사실보다 잠재 고객들에게 더욱 매력적으로 다가갈 수 있다.

리뷰의 구체성(Review Concreteness)은 객관적인 사실부터 경험을 기반으로 한 주관적이고 감성적인 평가까지 포괄하는 텍스트 내용으로 정의한다. 따라서 리뷰의 구체성은 온라인 리뷰가 어떻게 관광상품 및 서비스를 표현하는지와 결과적으로, 그것이 의사 결정을 위한 정보를 탐색하는 여행객들에게 어떻게 영향을 미치는지를 이해하게 한다.

1.3 관광 온라인 플랫폼

온라인 리뷰는 도시나 지방과 같은 관광 목적지(Tourism Destinations), 해변이나 박물관 같은 관광명소(Attractions), 호텔과 같은 숙박시설(Accommodations), 그리고 레스토랑이나 바, 클럽과 같은 기타 시설

(Amenities) 등의 관광상품을 블로그, 온라인 스토어, 온라인 구전(Electronic Word-of-Mouth: eWOM), SNS, 여행정보 플랫폼 등에 경험을 공유하는 것이다. 관광은 정보집약산업이기 때문에, 기술의 발전에 따른 소비자 행동의 변화 및 경험자의 영향력을 이해하는 것이 매우 중요하다. 온라인 리뷰 플랫폼의 인기가 급증함에 따라, 관광산업에서도 온라인 리뷰에 대한 소비자의 참여도 증가할 뿐만 아니라, 온라인 리뷰가 소비자의 태도나 구매 의도에 미치는 영향력이 점점 커지고 있다.

트립어드바이저(Trip Advisor), 옐프(Yelp)와 같은 관광정보 플랫폼은 관찰자, 중재자, 조정자, 참여자로서의 역할을 하며 온라인 리뷰 커뮤니케이션에 있어서 중요한 역할을 맡고 있다. 이들은 소비자들이 자신이 경험한 관광상품과 서비스에 대한 평가를 온라인상에 올릴 수 있게 하는 대표적인 여행정보 플랫폼이다. 이렇게 게시된 온라인 리뷰들은 제3자나 판매자로부터 제공된 정보에 비해 더 높은 신뢰성을 가진다. 그렇기 때문에 온라인 리뷰는 관광객들에게 정보 제공을 위한 공동 생산의 수단뿐만 아니라 관광서비스 제공자들에게도 마케팅 전략을 위한 정보를 제공하는 중요한 자료가 된다. 공동 생산자로서의 소비자 역할이 증대되면서, 온라인 리뷰는 경험적 효용 및 경제적 이익을 제공하는 사회적 자본이 되었다. 이러한 플랫폼의 증가는 소비자들에게 권력이 생기기 시작했다는 의미이며, 관광분야에서 공동 창조 및 공동 생산의 새로운 패러다임이 시작되었음을 나타낸다.

1.4 온라인 리뷰의 정보처리 속성

소비자가 상품이나 서비스를 판단하고 태도를 형성하는 정보처리 스타일을 크게 두 가지로 분류하고 있다. 체계적(Systematic)으로 정보처리를 하는 소비자들은 의사결정을 하는 과정에서 관계되는 많은 양의 정보를 파악하고 분석적으로 태도를 형성하는 반면, 휴리스틱(Heuristic) 정보처리를 하는 소비자들은 의사결정을 하는 과정에서 직관적으로 인지할 수 있는 정보나 단서를 바탕으로 태도를 형성하고, 정보의 질적 부분보다는 다른 단서들에 초점을 맞추어 정보처리를 하게 된다.

(1) 온라인 리뷰의 체계적 프로세스

온라인 리뷰의 체계적 프로세스(Systematic Process)의 주요한 판단기준인 체계적 단서에는 소비자의 구매 결정에 영향을 미치는 어휘적 단서(Lexical cues)와 리뷰의 내용을 얼마나 잘 이해할 수 있는지 정도를 나타내는 언어적 단서(Linguistic cues)가 있다(〈표 5-2〉 참조).

- 어휘적 단서: 비유 또는 직유, 감성적 또는 인지적, 긍정적 또는 부정적 표현을 통해 관광상품에 대한 소비자의 인식에 영향을 미친다.
- 언어적 단서: 리뷰 가독성이 대표적이며 리뷰가 이해하기 쉽게 잘 쓰여졌다고 느낄수록 소비자들은 리뷰의 유익성이 높다고 인지한다.

〈표 5-2〉 관광 온라인 리뷰의 체계적 프로세스 요약

체계적 단서	정의	특징
어휘적 단서	소비자의 구매 결정에 영향을 미치는 언어 스타일	비유 또는 직유 감성적 또는 인지적 긍정적 또는 부정적
언어적 단서	리뷰의 내용과 정보를 개인이 얼마나 잘 이해할 수 있는지 정도	리뷰 가독성

출처: Hlee et al.(2018)

(2) 온라인 리뷰의 휴리스틱 프로세스

온라인 리뷰 소비자의 인식에 미치는 휴리스틱 프로세스(Heuristic Process)는 원천 기반(Source-Related)과 리뷰 기반(Review-Related) 속

성에 따라 분류될 수 있다. 원천 기반은 리뷰를 생산하는 즉 리뷰어의 속성을 나타내며, 리뷰 기반은 리뷰 내용 자체의 속성을 의미한다(〈표 5-3〉 참조).

원천 기반 휴리스틱

원천 기반 휴리스틱(Source-Related Heuristic)은 다시 정체성 단서(Identity Cue), 평판 단서(Reputation Cue), 전문가 단서(Expertise Cue), 편승 단서(Bandwagon Cue), 권한 단서(Authority Cue)의 5가지로 구성되어 있으며, 리뷰 원천에 대한 신뢰성 및 리뷰의 유익함과 관련이 있다. 이는 왜 잠재 소비자들이 구매 결정과정에서 신뢰할 만한 정보를 찾기 위해 많은 시간을 검색에 투자하는지를 나타내는 요소이기도 하다.

- **정체성 단서:** 많은 온라인 정보 플랫폼에서 일반적으로 발견할 수 있는 것으로, 정체성 단서는 실제 사진, 실제 이름, 실제 주소와 같이 사용자가 스스로 제공하는 개인적인 정보를 말한다. 정체성 단서는 리뷰 원천의 신뢰성과 관련이 있기 때문에, 소비자들이 매우 가치 있는 정보로 여기며 소비자가 인식하는 리뷰의 유익함에 상당한 영향을 미친다.
- **평판 단서:** 다른 사람들의 의견을 종합하여 제시하는 시스템 생성 정보의 일환으로 온라인 리뷰에 대한 소비자의 인식과 행동의도에 상당한 영향을 미친다. 신뢰받는 수(Number of Trusted Members), 기여도 수(Number of Contribution), 친구 및 팬의 수(Number of Friends and Fans)와 같은 평판도를 판단할 수 있는 단서를 의미한다.
- **전문가 단서:** 높은 수준의 지식, 능력, 기술을 가진 전문가로 인식되는 리뷰어에 대한 정보로 리뷰에 기술한 주장의 타당성에 영향을 미친

다. 전문가 표식이 있는 리뷰는 소비자들에게 더 높은 신뢰를 받으며, 리뷰어가 얼마나 많은 도시를 방문했는지, 얼마나 많은 평가를 했는지는 시스템 생성 단서로 제공되는 정보이다.

- **편승 단서**: 집단의 의견을 가치 있게 여기는 것으로 다른 사람들의 추세를 따르는 편승 단서에 영향을 받는다. 소비자들은 많은 양의 정보를 접하게 되면, 불확실성과 인지된 위험을 감소시키기 위해 다른 사람들의 결정을 따라하는 경향이 있다. 리뷰의 수, 친구 및 팬의 수, 판매 순위 등과 같이 다른 사람들이 어떠한 결정을 했는지를 보여주는 것이 편승 단서이다.
- **권한 단서**: 전문가 휴리스틱과 유사하지만, 리뷰어가 얼마나 전문성을 가지고 있는지 등급이나 순위를 부여하는 것이다. 트립어드바이저가 제공하는 리뷰어의 레벨이나 추천 상위 레벨 리뷰어가 권한 단서의 대표적인 예이다.

리뷰 기반 휴리스틱

리뷰 자체의 휴리스틱(Review-Related Heuristic)은 속성 단서(Attribute Based Cue), 시각적 단서(Visual Based Cue), 텍스트 단서(Textual-Based Cue)로 구성되어 있으며, 온라인 리뷰 시스템에 가장 직관적인 영향을 미치는 요소들이다.

- **속성 단서**: 관광상품 자체가 가지고 있는 속성에 의해 유발되는 휴리스틱이다. 예를 들어, 호텔의 경우에는 호텔의 위치, 청결도, 서비스, 객실 등이 속성 단서이며, 레스토랑의 경우에는 맛이나 물리적 환경이 속성 단서로 영향을 미친다. 더욱이, 호텔산업은 일반적으로 상품이나 서비스의 평가를 등급(ex. 5성급, 4성급)으로 제시하기 때문에 제품 자체의 속성뿐만 아니라 호텔 등급도 속성 단서로 여겨진다.

- **시각적 단서**: 시각정보형태로 제공되는 단서와 관련이 있다. 사진이나 비디오 클립은 더욱 빠르고 쉽게 볼 수 있기 때문에 관광산업에 중요한 영향을 미친다. 시각적 정보는 실용적(Utilitarian) 제품보다 탐색상품(Search Product) 그리고 쾌락적(Hedonic) 제품에 더 강한 영향을 미친다.
- **텍스트 단서**: 대표적인 예는 리뷰 내용의 길이(Review Length)이다. 소비자들은 리뷰 내용의 길이를 보고 직관적인 정보를 수집하게 되는데, 내용이 길고 짧음 그 자체는 인지적 노력을 크게 들이지 않더라도 한눈에 쉽게 파악할 수 있기 때문이다. 리뷰에 사용된 단어의 수가 많을수록 사람들은 리뷰어가 시간과 정성을 들여 내용을 작성했다고 생각하며, 더 자세한 정보를 담고 있다고 느끼기 때문에 해당 리뷰의 유익함을 높게 인지한다.

〈표 5-3〉 관광산업의 휴리스틱 프로세스 요약

휴리스틱 단서		정의	특징
원천 기반 휴리스틱	정체성 단서	사용자가 스스로 제공하는 개인적 정보	실제 사진, 실제 이름, 실제 주소
	평판 단서	다른 사람들의 의견을 종합하여 제시하는 시스템 생성 정보	신뢰받는 멤버 수, 기여도, 친구 및 팬의 수
	전문가 단서	높은 수준의 지식, 능력, 기술을 가진 전문가로 인식되는 리뷰어에 대한 정보	전문가 리뷰 표식, 리뷰의 수, 전문가 리뷰 수, 엘리트 배지, 방문 도시 수
	편승 단서	개인보다 집단의 의견에 우호적인 정보. 즉 다른 사람들이 좋다고 생각하면, 그 추세를 따르는 것	리뷰의 수, 친구 및 팬의 수, 축적된 유용성, 판매 순위
	권한 단서	리뷰어가 얼마나 전문성을 가지고 있는지 등급이나 순위를 부여하는 정보	리뷰어의 레벨, 상위 레벨 리뷰어

리뷰 기반 휴리스틱	속성 단서	리뷰어가 상품이나 서비스의 품질을 평가하는 정보	호텔 등급, 호텔 속성(가치, 서비스, 방, 수면의 질, 위치, 청결도), 레스토랑 속성
	시각적 단서	사진이나 영상과 같은 시각적 정보	사진과 비디오의 수
	텍스트 단서	리뷰 내용의 길이를 보고 판단할 수 있는 직관적 정보	리뷰 내용의 길이

출처: Hlee et al.(2018)

2. 호텔 온라인 리뷰

2.1 호텔 온라인 리뷰의 체계적 속성

관광객은 이전에 숙박한 경험이 있었던 호텔에 또 숙박할 계획이 아니라면, 어떤 호텔에 묵을 것인지 결정하는 과정에서 고려군에 대한 정보를 수집하게 될 것이다. 관광 목적, 기간, 누구와 동행하느냐에 따라, 숙박시설 선택에 대한 고려사항도 달라진다. 이는 관광객들의 호텔 구매 결정을 유도하는 요소 6가지(가치, 서비스, 객실, 수면의 질, 위치, 청결)의 호텔 속성으로 분류될 수 있으며, 그중 가치, 서비스, 객실 속성(Value, Service, Rooms)은 만족도에 강한 영향을 미친다. 이들 6가지 요소는 고객들이 호텔 온라인 리뷰를 보고 구매여부를 판단할 때 사용하는 체계적 속성으로 간주할 수 있다.

- **가치 속성**: 가치 속성(Value Attribute)은 숙박시설의 가격, 가성비, 할인율, 무료 조식, 무료 인터넷 등과 같은 것으로 호텔 속성에 있어서 가장 주요한 요소로 여겨왔다. '가치'는 소비자들이 지불한 것에 준하거나 그 이상으로 얻게 될 것에 대한 '소비자의 인식'으로도 표현할 수 있다.
- **서비스 속성**: 서비스 속성(Service Attribute)은 직원의 친절함, 서비스

품질 및 전문성, 24시간 룸서비스, 시설의 청결도 등을 말하며, 호텔 직원과의 개인적 상호작용도 포함된다. 예를 들어, 로비에서 고객을 응대한 직원의 태도, 청소부, 레스토랑에서의 직원과의 상호작용에서 고객이 만족감을 느낀 정도가 호텔 전체의 만족도에 직접적인 영향을 미칠 수 있다는 것이다.

- **객실 속성**: 객실 속성(Room Attribute)에는 객실 크기, 청결함 및 안락함, 욕실 크기 등이 포함된다. 객실이라는 것은 여러 편의상품 및 서비스의 종합으로 볼 수 있기 때문에, 객실 속성의 요소를 명확하게 구분하는 것이 쉽지 않지만, 고객들은 객실 크기, 청결함 및 안락함, 숙박하는 동안의 만족도에 기반하여 객실을 전반적으로 평가한다.
- **수면의 질 속성**: 수면의 질 속성(Sleep Quality Attribute)은 침대에서 안락하게 잤는지? 조용하고 소음이 없었는지? 방의 적당한 온도 등이다.
- **위치 속성**: 위치 속성(Location Attribute)은 주차 편리성, 공항에서의 거리, 대중교통의 편리성이 위치 속성의 주요한 요인들이다. 특히, 위치는 이동의 편리성을 중요하게 생각하는 관광객들에게는 더욱 중요한 속성이다. 그러한 특성을 가진 사람들은, 호텔에서 자신이 여행 중 방문하려는 관광명소로의 접근이 용이한지 등을 가장 먼저 고려하기 때문이다. 또한, 비즈니스 여행객(출장 목적으로 방문)은 비즈니스 회의나 콘퍼런스가 열리는 장소와 가까운 곳에 위치한 호텔을 선호한다.
- **청결 속성**: 청결 속성(Cleanliness Attribute)의 경우 호텔의 청결도와 재숙박률에 상관관계가 있음이 밝혀졌다. 욕실(고객들이 청결에 있어서 욕실 청결을 가장 중요하게 여기는 경향이 있음)이나, 객실의 청결상태뿐만 아니라 로비, 복도, 엘리베이터, 호텔 내 레스토랑 등 전반적인 호텔의 청결도가 호텔의 인상에 영향을 미친다.

2.2 호텔 온라인 리뷰의 휴리스틱 속성

호텔 온라인 리뷰는 휴리스틱 속성도 갖고 있는데 휴리스틱 정보는 가용성(Availability), 감정(Affect), 대표성(Representativeness) 3개의 하위차원의 단서로 구분 가능하다.

- **가용성**: 가용성(Availability)은 개인의 경험과 경험을 통해 형성된 선입견에 기반한다. 예를 들어, 호텔 온라인 리뷰의 경우 해당 온라인 리뷰 사이트의 이용자들이 리뷰 출처에 대해 긍정적인 태도를 가지고 있으면(예: 출처의 신빙성), 그 리뷰가 그들의 결정에 더욱 도움이 될 것이라고 여기는 경향이 있다. 리뷰어의 주소, 해당 웹사이트로부터 인정받은 공식 리뷰어임을 나타내는 표식, 리뷰어에 대한 다른 이용자들의 추천 수 등을 공개하는 리뷰어의 휴리스틱 정보는 리뷰의 유익함을 결정하는 중요한 요소이다. 따라서 호텔 온라인 리뷰에서 리뷰어의 위치(Reviewer Location), 리뷰어의 수준(Reviewer Level), 리뷰어가 쓴 글이 도움이 되었다는 투표(Reviewer Helpful Vote)는 소비자들이 해당 리뷰를 더욱 유익하다고 느끼게 하는 가용성 휴리스틱의 단서로 이용된다.
- **감정**: 감정(Affect)은 무언가를 평가할 때, 인지적인 반응보다 정서적인 반응이 먼저 발생하는 것이다. 어떠한 상황에 대해 경험으로 생성된 감정에 따라 직관적으로 평가를 하게 되는 것이다. 사진이 감정 휴리스틱의 대표적인 예라고 할 수 있다. 리뷰에서 제공하는 호텔 객실 사진은 보는 사람으로 하여금 감정적 자극을 주게 되고, 정서적 반응에 의해 평가를 하게 만든다.
- **대표성**: 대표성(Representativeness)은 요약된 정보로 정보 전체를 간략히 전달하는 것이다. 아마존과 같은 웹사이트에서 리뷰를 사용할 때, 리뷰어들은 주로 자신이 경험한 상품이나 서비스를 5점 척도를

활용하여 평점을 매긴다. 소비자의 만족도와 선호도에 대한 전반적 평가를 평점으로 간단히 요약하여 직관적으로 전달하는 것이다. 실제로 많은 연구를 통해 이러한 평점 방식이 온라인 리뷰와 함께 제공될 때 리뷰의 유익함에 상당한 영향을 미치는 것으로 밝혀졌다. [그림 5-3]은 대표적인 호텔 온라인 리뷰를 확인할 수 있는 사이트인 트립어드바이저의 온라인 리뷰를 속성별로 구분한 것이다.

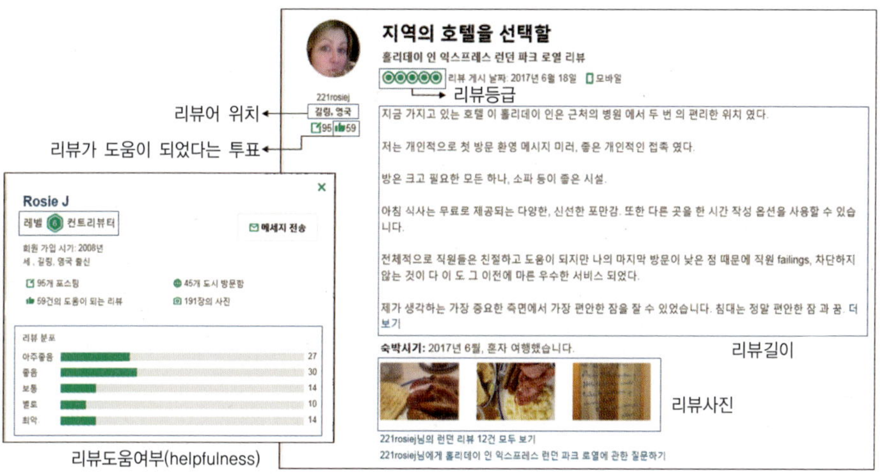

[그림 5-3] 트립어드바이저의 호텔 온라인 리뷰의 속성

한편, 최근 각광받고 있는 에어비앤비 역시 [그림 5-4]와 같이 리뷰속성을 살펴보면 호스트 사진, 슈퍼 호스트 배지, 호스트 리뷰, ID 검증, 객실 속성, 객실 사진, 가격, 실제 구매횟수와 구매자 평가 등의 정보로 구성되어 있음을 알 수 있다.

[그림 5-4] 에어비앤비의 리뷰 속성

3. 레스토랑 온라인 리뷰

미국의 레스토랑 온라인 리뷰 사이트인 옐프(Yelp)에서 2017년에 실시한 설문조사에 따르면, 미국 레스토랑 및 외식 사업체의 82%가 옐프나 트립어드바이저와 같은 온라인 리뷰 사이트를 통해 소비자들의 리뷰를 수집하는 것으로 밝혀졌다. 온라인 리뷰 사이트의 확산으로 소비자의 태도나 구매 의도에 미치는 온라인 리뷰의 영향력은 점점 증대되고, 반면에 페이스북(Facebook)이나 트위터(Twitter) 등 기존의 디지털 마케팅 툴을 사용하는 사업체의 수는 상대적으로 감소하는 추세이다. 온라인 레스토랑 리뷰는 소비자의 의사결정에 영향을 미치기 때문에 주요한 정보자료로 여겨져 왔다. 하지만 온라인 리뷰의 수가 증가함에 따라 소비자들이 신뢰할 수 있는 정보를 찾는 것도 어려워졌다. 더욱이, 레스토랑을 선택함에 있어서 음식, 가격, 시설 등 다양한 요소들이 고려되고 캐주얼부터 럭셔리 레스토랑(예: 미슐랭 3스타)까지 레스토랑의 범위가 넓기 때문에 소비자들이 레스토랑 정보를 수집하는 과정은 유형의 상품 구매를 위한 정보수집에 비해 복잡하다고 볼 수 있다.

3.1 레스토랑 온라인 리뷰 속성

레스토랑 선정에 가장 영향을 미치는 요소는 원천(Source) 요인(예: 리뷰어 정보 공개, 리뷰어의 전문성 및 평판)의 긍정적 영향과 소비자가 인식하는 레스토랑 리뷰의 유용성을 결정하는 요인인 리뷰어 요인(예: 평점, 리뷰 내용의 길이, 인식된 즐거움, 리뷰 가독성) 2가지로 나뉜다. 이때, 소비자가 만드는 리뷰와 에디터의 리뷰가 미치는 영향은 다르다. 기존 연구에 따르면 에디터의 리뷰는 소비자의 레스토랑 웹사이트 방문 의도와 반비례 관계이다. 리뷰가 제공하는 이미지 형식의 정보(예: 음식이나 음료, 레스토랑 시설과 같은 물리적 환경 이미지)는 리뷰에 대한 긍정적 인식과 정비례 관계이다. 리뷰 내용의 길이와 음식의 이미지는 리뷰의 유익함(Usefulness)과 즐거움(Enjoyment)에 가장 중요한 영향을 미치는 요소이다.

사실 소비자의 행동 및 구매 결정 패턴을 반영하여 고객이 온라인 리뷰를 통해 얻는 가치는 실용적 가치와 쾌락적 가치로 이원화할 수 있다. 온라인 환경에서, 실용적 가치와 쾌락적 가치는 온라인 리뷰가 전달하는 메시지를 소비자가 감정적으로 받아들일 것인지, 이성적(인지적)으로 평가할 것인지에 영향을 미친다. 원천의 신뢰성(Source Credibility)은 정보의 유익성 판단 및 정보 선택에 영향을 미치며 인지된 즐거움은 소비자의 참여와 커뮤니케이션을 활발하게 만드는 필수요소이다. 실용적 가치와 쾌락적 가치를 기반으로 상품에 대한 소비자의 태도를 구분할 수 있는데, 실용적 가치의 주요 변수는 '유용한(Useful)', '유익한(Helpful)', '기능적

(Functional)'이며, 쾌락적 가치의 주요 변수는 '재미있는(Fun)', '즐거운(Enjoyable)', '유쾌한(Playful)'이다. 실용적 소비자 행동은 기능과 실용에 초점을 맞춰 구매행동을 하는 것이고, 쾌락적 소비자 행동은 소비자가 인식하는 기쁨과 즐거움처럼 감정이 더욱 반영된 구매행동이다([그림 5-5] 참조).

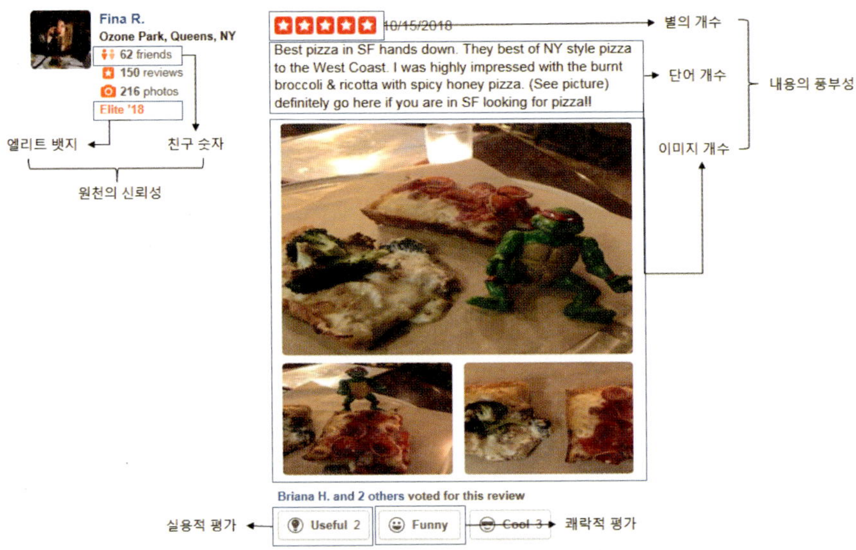

[그림 5-5] 옐프의 리뷰 속성

이러한 맥락에서, 온라인 레스토랑 리뷰에 대해 'Useful/Helpful' 투표와 'Funny' 투표를 통해, 신뢰성과 소비자의 즐거움을 촉진하기 위한 요소 분석결과는 흥미롭다.[2] 실용적 정보는 외재적 동기(Extrinsic Motivation)와 관련되어 있는 반면, 쾌락적 정보는 내재적 동기(Intrinsic Motivation)와 관련이 있다는 것이 밝혀졌다. 소비자들은 구매의 목적을 달성하는 데 도

2) Yang, S. B., Hlee, S., Lee, J., and Koo, C.(2017), "An empirical examination of online restaurant reviews on Yelp.com: A dual coding theory perspective", *International Journal of Contemporary Hospitality Management*, 9(2): 817–839.

움이 되는 실용적 정보를 선택하거나 즐거움 또는 만족감을 충족시키기 위해 쾌락적 정보를 선택한다. 인식된 유용성과 즐거움을 기반으로 소비자들이 온라인 리뷰를 어떻게 평가하는지 측정할 수 있으며, 온라인 레스토랑 리뷰의 내용 및 이미지 정보와 리뷰의 유용성의 상관관계는 리뷰의 즐거움(Review Enjoyment)에 의해 조정될 수 있다.

3.2 레스토랑 온라인 리뷰의 속성 및 품질

소비자들이 레스토랑 온라인 리뷰를 읽는 이유는 온라인 리뷰를 통해 다른 사람들의 레스토랑 경험을 판단하기 위함이다. 레스토랑 경험은 소비자의 지식, 레스토랑에 대한 관찰, 식사 중 경험한 것을 모두 종합한 것이다. 경험을 통해 인지된 레스토랑 품질에 따라 소비자의 만족도, 재방문 의사, 충성도에 영향을 미친다. 음식, 서비스, 레스토랑의 물리적 환경의 3가지 요소에 의해 레스토랑의 품질이 평가되며, 소비자들은 텍스트 내용과 사진을 통해 자신의 경험을 기반으로 3가지 요소에 대한 정보를 전달한다. 레스토랑에서의 소비자 경험의 질을 측정하는 데 있어서, 유형의 요소가 무형의 요소보다 더욱 중요하다. 레스토랑의 물리적 환경에 대한 소비자의 인식을 레스토랑 서비스 환경(Dinscape)이라고 하는데, 레스토랑 서비스 환경은 심미성(Aesthetics), 조명(Lighting), 분위기(Ambience), 공간 배치(Layout), 식기(Dining equipment), 종업원(Employees)의 6가지 요소로 구성되어 있다(〈표 5-4〉 참조).

〈표 5-4〉 레스토랑 서비스 환경의 6가지 구성요소

구성요소	예 시
심미성	레스토랑 공간의 색 조합, 천장과 벽 장식, 벽에 걸린 그림, 꽃 또는 식물의 배치, 바닥 마감재
조명	조명의 밝기, 부드러움
분위기	음악, 온도, 향 등의 비시각적 감각요소들
공간 배치	테이블과 의자의 배열
식기	접시와 그릇, 냅킨, 가구의 품질, 테이블보
종업원	종업원의 수, 용모

결국 소비자들이 레스토랑에 대한 온라인 리뷰 검색을 통해 얻고자 하는 정보는 〈표 5-4〉에 대한 내용이며 이를 통해 해당 레스토랑에 방문할 것인지를 결정하는 것이다. 리뷰 웹사이트의 유저들은 레스토랑의 잠재 고객이라고 볼 수 있으며, 소비자들은 온라인 레스토랑 리뷰를 신뢰할 수 있고, 유용하고 유익하다고 여긴다. 잠재 고객들은 리뷰 웹사이트에서 제공되는 리뷰들이 판매자로부터 독립되어 작성되었다고 생각하기 때문에 리뷰의 내용을 신뢰하고 의존한다. 많은 온라인 레스토랑 리뷰 사이트들이 음식, 서비스, 물리적 환경(시설), 가격, 품질에 대한 리뷰를 종합적으로 제공한다. 어떤 리뷰들은 긍정적이며, 어떤 리뷰는 부정적 평가를 한다. 또한, 많은 리뷰어들은 전반적인 레스토랑 품질을 평가하여 평점과 같은 수치 정보로 제공한다. 온라인 리뷰의 중요성이 증대됨에 따라, 소비자들의 리뷰를 보여주는 플랫폼인 레스토랑 소셜 미디어가 호스피탤리티 산업에서 정보 제공의 주요 원천으로 여겨지고 있다. 리뷰 품질은 인지적 측면과 정서적 측면을 반영하여 평가되며, 음식 품질 정보, 시각적 정보, 가독성, 리뷰 내용의 길이에 영향을 받는다.

음식 품질 정보

음식 품질은 소비자 구매행동과 구매 후 경험 공유에 가장 강력한 영향을 미친다. 음식 및 음료 품질에 대한 소비자의 인식은 음식의 신선도(Food Freshness), 1회분량(Portion Size), 메뉴의 다양성(Menu Variety), 플레이팅(Food Presentation), 맛(Food Taste), 음식의 온도(Food Temperature)의 6가지 요소에 영향을 받는다. 6가지 요소 중, 음식의 신선도, 맛, 온도는 온라인 리뷰를 통해 입증될 수 없다. 따라서 소비자들은 온라인 리뷰를 통해 메뉴의 다양성, 1회분량, 플레이팅에 대한 정보를 수집하고, 이를 기반으로 해당 레스토랑 음식의 질을 인식한다.

시각적 정보

레스토랑의 음식, 음료, 물리적 환경에 대한 사진은 시각정보로서 레스토랑의 품질을 설명할 수 있다. 레스토랑 온라인 리뷰는 주로 사진과 텍스트 내용이 함께 제시되는 경우가 많기 때문에, 소비자들은 사진과 텍스트의 두 가지 형식을 통해 리뷰의 유익함과 즐거움을 평가한다. 오히려, 사진이 있는지 없는지에 따라 리뷰의 질을 다르게 인식하기 때문에 사진은 레스토랑 온라인 리뷰에 있어서 매우 중요한 요소라고 할 수 있다. 일부 소비자들은 텍스트로만 서술된 리뷰보다 사진과 텍스트 내용이 함께 제공된 리뷰를 더욱 유용한 정보라고 판단한다. 시각정보가 신뢰성에 영향을 미치기 때문에, 리뷰가 사진과 함께 제공될수록 소비자가 해당 정보를 선택할 확률이 높아지는 것이다.

가독성

리뷰가 쉽게 읽히는지, 이해하기 쉬운지를 의미하는 리뷰 가독성은 리뷰의 품질을 판단하는 또 다른 주요 요소이다. 리뷰 가독성은 명료성(Clarity),

일관성(Coherence), 포괄성(Comprehensiveness), 간결성(Conciseness), 작문성(Good Writing) 등의 5가지 요인에 의해 평가된다. 리뷰가 이해하기 쉽게 잘 쓰여졌다고 느낄수록 소비자들은 리뷰의 유익성(Review Usefulness)이 높다고 인지하며, 리뷰의 즐거움(Review Enjoyment)에 긍정적 영향을 미친다.

리뷰 내용의 길이

리뷰 내용의 길이는 곧 정보의 양과 리뷰 작성에 투입된 정성을 의미하기 때문에 리뷰의 유용성을 판단하는 척도가 된다. 리뷰에 이미지를 첨부하고, 자신의 경험을 자세하게 묘사하고, 세부적인 정보를 담고 있는 구체적인 리뷰일수록 리뷰의 유익함이 높다고 인지한다.

이와 같이 관광객들은 자신의 경험을 관광정보 플랫폼에 공유하며, 이것은 가치를 생산하여 다른 잠재 관광객, 관광상품 생산자, 지역관광협의체(Destination Marketing Organization: DMO)들에게 전달하는 것이라고 볼 수 있다. 관광객들은 관광정보 플랫폼에 관광서비스(레스토랑이나 호텔에서의 경험)에 대한 평가나 의견을 리뷰의 형태로 올린다. 이러한 관광정보 플랫폼은 관광객들에게 공동 생산의 툴로써 유용하게 작용할 뿐만 아니라, 관광서비스 생산자들에게도 마케팅 정보를 제공하는 중요한 원천이 된다. 관광객들은 특별한 관광경험을 위해 관광서비스 에이전시와 밀접하게 협업할수록 그들의 풍요로운 여행을 위해 더 많은 돈을 지불하는 경향이 있다. 이처럼, 관광객 개인의 특별한 경험은 스마트 관광도시 전반에 스며들어 관광객들의 구매행동을 유도할 수 있다.

06 스마트 관광 생태계

이 장에서는 스마트 관광 생태계의 개념을 살펴보고, 스마트 관광에 필요한 구성요소와 이해 당사자들에 대해 소개한다.

스·마·트·관·광

CHAPTER 06

스마트 관광 생태계

1. 스마트 관광 생태계

정보통신기술(Information Communication and Technologies: ICT)의 발달은 일련의 사회현상들에 다각도로 영향을 미쳐왔으며, 특히 집약적인 정보가 매우 중요한 관광산업에서 더 큰 영향을 미쳐왔다. 이로 인해 정보통신기술이 관광객의 관광활동에 적극적으로 관여하게 되는 스마트 관광의 시대가 도래하게 되었다. 스마트 관광하에서 관광기업과 관광지 마케터들은 스마트 관광의 진보된 정보통신 인프라와 역량을 활용하여 관광객의 경험을 증대시킬 수 있게 되었다. 그러나 아직까지 국내 관광산업의 이면을 살펴보면 주요 기술 도구들인 사물인터넷, 빅데이터, 패턴인식, 증강현실 등의 기술이 파편적으로 사용되고 있을 뿐 관광산업의 이해관계자들, 즉 관광 생태계가 원활하게 작동하기 위한 가치를 제공하는 방안이 제시되고 있지는 못하다. 관광기업이나 지역사회가 누릴 수 있는 경제적 혜택에만 초점을 맞추기보다는 생태계 전체 이해관계자들과의 참여와 혜택 공유에 초점을 맞췄을 때 관광을 통한 가치창출이 가능하다는 것을 파악할 수 있다. 즉 스마트 관광 생태계가 우리 경제에서 지속가능성을 갖고, 그 역할을 하기 위해서는 생태계 전체 이해관계자들이 자생적으로 가치를 창출하고 이를 공유하여 생태계 자체가 경쟁력을 확보할 수 있도록 해야 한다. 스마트 관광 생태계를 구성하는 이해관계자들을 관광

기업, 결제기업, 주민 및 관광객, 공공기관 그리고 정부로 간주할 수 있다. 이들의 역할을 기반으로 스마트 관광 생태계가 사회적으로 공통된 통합적 목표를 갖고, 공유가치를 창출할 수 있는 방향을 나타내는 프레임워크를 구성해야 한다.

1.1 생태계의 개념

기업의 정보화에 대한 지속적 투자와 관심은 관광산업에도 적극적으로 도입되었고, 관광객들이 여행정보를 수집하거나 예약할 수 있는 고객친화적 서비스 환경이 조성되었다. ICT는 관광수요 및 관광패턴의 변화를 가져왔고, 지속가능한 경쟁력을 향상시키기 위한 핵심동력이 되었다. 관광산업은 여러 산업에 속한 이해관계자들과 복잡한 연결고리를 갖고 있으며, 이러한 연결고리는 스마트 관광의 시대로 전환되면서 더욱 강화되었다.

생태계(Ecosystem)는 유기적이고 포괄적인 가치 네트워크를 내포하는 개념으로 고도의 네트워크 사회에서 이해관계자 간의 상호작용에 기반을 둔 생태계 이론이 중요한 솔루션으로 등장하였다. 스마트 관광으로 관광산업의 특징인 '타 산업과의 연계'가 더 강화되면서, 스마트 관광은 개별주체의 관점이 아닌 생태계 관점에서 바라볼 필요가 있다. 비즈니스 생태계는 상호작용하는 조직이나 개인에 기반을 둔 경제공동체로, 기업들이 영위할 수 있는 모든 비즈니스 공간 내에서 혁신적인 아이디어를 통합하고 상호 보완적인 관계를 유지하며, 핵심주체를 중심으로 이해관계자들과 강력한 공진화(Co-Evolution)를 꾀하는 네트워크를 의미한다.[1)]

Moore(1993)가 제시한 비즈니스 생태계는 자연생태계에 뿌리를 둔 개

1) Moore, J. F.(1993), "Predators and Prey: A New Ecology of Competition", *Harvard Business Review*, May-June: 75-86.

념으로 상호 연관 있는 자연환경과 생물집단이 경쟁과 협력을 통해 함께 생존하고 진화하는 자연계의 현상을 나타낸다. 자연생태계를 '생산자와 소비자 사이에서 에너지의 순환을 통한 상호작용이 확립된 선순환적인 메커니즘'을 의미하는 개념으로 제시하였다. 이러한 자연생태계는 개방성, 다양성, 상호작용, 공진화를 통해 발전한다. 비즈니스 생태계는 고객, 공급자, 유통업체, 아웃소싱기업, 관련 기업 및 조직 등의 유연한 네트워크로 비즈니스 생태계가 구성되고, 이들이 지속적인 상호작용을 통해서 진화한다. 글로벌 비즈니스 환경에서 경쟁은 더욱 복잡하고 치열해지며, 네트워크로 연결된 경쟁주체들은 개별기업의 경쟁력뿐만 아니라 개별기업을 포함하는 시장 혹은 산업 전체의 경쟁력에 영향을 받는다. 진화하고 있는 관광산업에서 지속적인 성공을 목적으로 끊임없는 혁신과 경쟁을 통해 각 객체들을 연결하고 통합해 새로운 가치창출을 일으킬 수 있는 새로운 스마트 관광 생태계가 무엇보다 중요하며, 스마트 관광 생태계는 기본적으로 비즈니스 생태계와 그 맥락을 같이한다.

〈표 6-1〉의 표와 같이 스마트 관광 생태계는 크게 핵심산업, 연관산업, 유관산업, 외부환경 조건의 4가지 영역으로 구성된다.[2)]

- **핵심산업**: 특정 산업군의 제품 또는 서비스를 생산하는 주요 기업
- **연관산업**: 핵심사업을 중심으로 소재 및 부품, 서비스 지원기능을 담당하는 주체
- **유관산업**: 핵심산업과 연관산업에 직간접적인 영향을 미치는 이해관계자로 구성
- **외부환경**: 스마트 관광 생태계 전반에 영향을 미치는 제반 환경

2) 김덕기 · 김현주(2013), *관광산업의 고도화를 위한 생태계 구축 방안*, 기본연구 2013-08, 한국문화관광연구원.

〈표 6-1〉 스마트 관광 생태계 영역 및 구성요소

영역	내용
핵심 산업	스마트 관광 생태계 내에서 관광객의 관광활동에 필요한 여행서비스, 관광상품 등의 핵심적인 서비스를 제공하는 영역으로, 관광객과 서비스 제공자로 구분 • 관광객: 관광목적, 체류기간, 동반형태 등 다양한 특성을 보여주는 개인이나 집단으로, 스마트 관광 생태계 안에서 다양한 ICT를 바탕으로 과거와는 달리 주체적인 활동을 나타냄 • 서비스 제공자: 관광객의 관광활동에 필요한 숙박, 교통, 식음료, 오락, 여행서비스 등 관광상품이나 서비스를 제공하는 기업으로, 공급부문의 가치사슬을 형성하는 핵심적인 주체를 의미
연관 산업	핵심산업을 구성하는 관광기업의 경영활동을 위한 소재 및 부품 공급, 서비스를 지원하는 기능을 담당하는 주체 • 항공업, 식음료업, 외식업, 공연업, 이벤트업, 웨딩업, 통역서비스업 등 해당
유관 산업	핵심산업과 연관산업에 직간접적인 영향을 미치는 이해관계자 집단 • 관광 관련 중앙 및 지방정부, 관광공기업, 관광연구기관, 관광사업자단체 등
외부 환경	스마트 관광 생태계 전반에 영향을 미치는 제반환경 • 정치, 경제, 사회, 문화, 기술적 환경 등

출처: 김덕기 · 김현주(2013)

이러한 구성요소는 [그림 6-1]과 같이 시각적으로 표현할 수 있다.

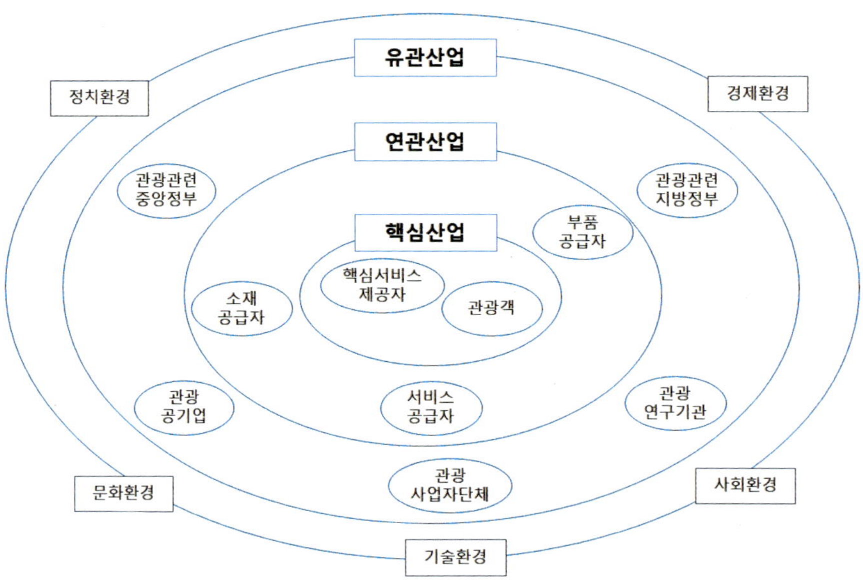

[그림 6-1] 스마트 관광 생태계 구조

1.2 스마트 관광 생태계

스마트 관광 생태계는 각자의 이해관계를 가진 구성체들의 협력 및 협동으로 구성되어 있으며, “지능적 관광서비스나 경험의 창출, 관리, 전달에서 스마트 기술의 이점을 가진 관광 시스템”으로, 집약적 정보공유와 공유가치의 창출을 특징으로 한다([그림 6-2] 참조).[3] 이들의 연구에 따르면, 스마트 관광 생태계는 정보기술 기반의 관광활동을 통해 관여된 이해관계자들이 공동의 목표를 통해 사회적 가치를 창출할 수 있는 가능성을 갖고 있고, 관광활동을 통해 생성되는 데이터가 이러한 가능성의 핵심 요인임을 알 수 있다. 따라서 전통적인 관광기업과 관광객의 활동과 더불어 정보통신기술을 기반으로 관광 서비스를 제공하는 기업과 이를 활용하는 관광객의 소비행위가 중요함을 알 수 있다. 또한 이러한 관광활동을

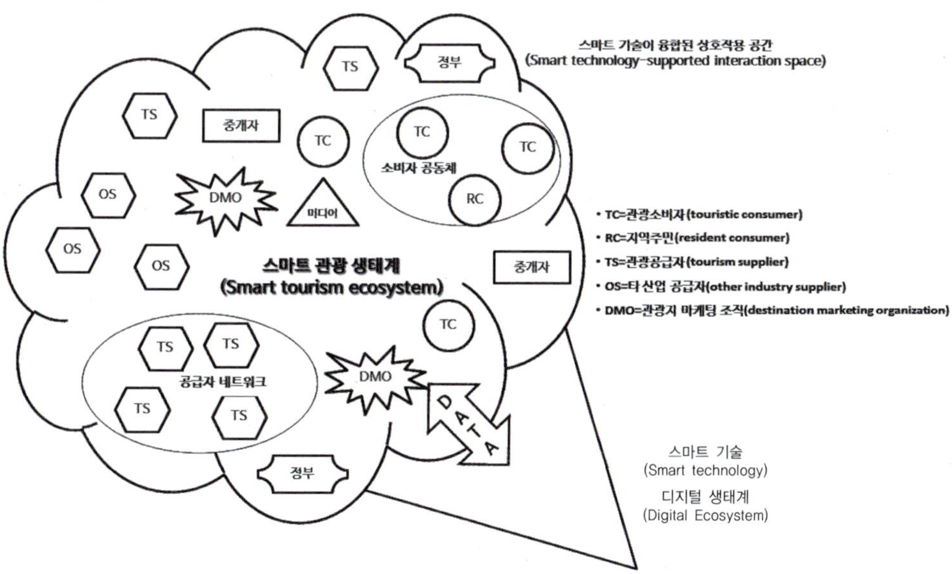

[그림 6-2] 스마트 관광 생태계

3) Gretzel, U., Werthner, H., Koo, C., and Lamsfus, C.(2015), Conceptual foundations for understanding smart tourism ecosystems, *Computers in Human Behavior*, 50: 558-563.

통해 생성되는 방대한 양의 데이터를 보유하고 있는 기업 역시 핵심 이해관계자임을 알 수 있다.

1.3 스마트 관광 생태계와 공유가치 창출

관광산업은 지역사회와 밀접한 관계가 있다. 이는 현지 클러스터의 개념과 비슷한 맥락으로 설명할 수 있는데, 이들은 기업이 성공하기 위해서는 자원과 관련업체 등 지리적 위치를 기반으로 결합되어 있는 현지 클러스터를 통해 공유가치가 창출될 수 있다는 것이다.[4] 즉 지역을 기반으로 스마트 관광의 시스템이 형성되고 이들을 아우를 수 있는 스마트 관광 생태계가 구축된다면 스마트 관광 생태계를 통한 공유가치 창출의 프로세스를 설명할 수 있다. 상기의 내용을 종합하여 살펴보면, 관광산업이 급변하는 환경에 적응함으로써, 스마트 관광의 시대로 전환되고, 이를 통해 공유가치를 창출하기 위해서는 자원을 재배치하고, 생태계 내에서 생성되는 정보를 습득하여 환경적응역량을 갖출 필요가 있음을 알 수 있다. 이러한 맥락에서, 앞서 언급한 스마트 관광 생태계에서 주요 이해관계자에 해당되는 관광기업, 결제기업, 공공기관, 정부를 적용해 보면, 먼저, 관광기업을 통해 자원이 재배치되고, 결제기업은 보유한 빅데이터를 기반으로 생태계 내 활용 가능한 정보를 제공하고, 공공기관과 정부는 이들이 제 역할을 수행할 수 있는 환경을 조성하여 스마트 관광 생태계와 관련된 모든 이해관계자가 급변하는 환경에 적응할 수 있는 역량을 갖춤으로써, 지속가능한 공유가치를 창출한다는 것을 의미한다([그림 6-3] 참조).

4) 본 장은 정희정 · 이현애 · 엄태휘 · 정남호(2017)의 "스마트 관광 생태계 분석을 통한 공유가치 창출 방안" 연구에 기반하여 재구성하였다.

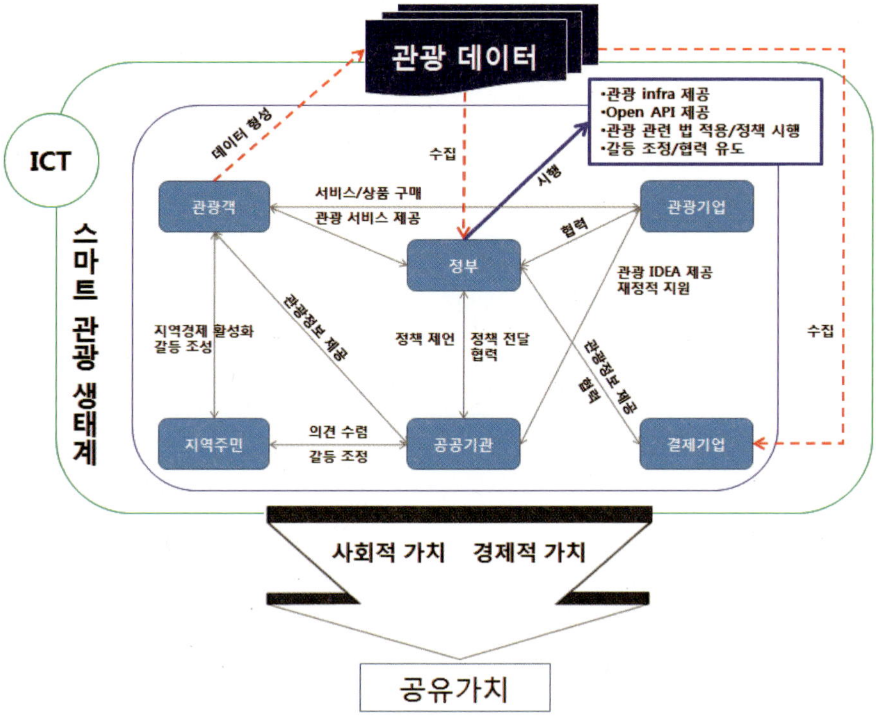

[그림 6-3] 스마트 관광 생태계를 통한 공유가치 창출 프레임워크

2. 이해 당사자의 역할

2.1 관광기업의 역할

스마트 관광 생태계를 통해 공유가치를 창출하기 위해서는 관광객의 적극적인 참여가 핵심적인 역할을 수행한다. 관광객은 스마트 관광 생태계 내 소비자로서 플랫폼을 이용한다. 이와 관련한 대표적인 관광기업은 구글과 트립어드바이저 그리고 에어비앤비이다. 먼저, 구글은 지도 플랫폼으로 이해 당사자들을 교통과 연결시켜 주고 있으며, 최근에는 이메일에 등록된 호텔예약정보, 항공권 정보 등을 분석하여 사용자의 개인 캘린더에 자동으로 등록해 준다. 또한 여행의 시기가 다가오면 알림기능을 이

용하여 사용자에게 알려주기까지 한다.

트립어드바이저는 관광객에게 관광활동과 음식점 그리고 잘 곳 등에 대해서 관광객이 스마트하게 의사결정할 수 있게 해주고 있다. 숙박 공유 플랫폼인 에어비앤비는 사용하지 않는 특정기간 동안 자신의 집을 다른 사람들에게 제공하고 그 대가를 받는 플랫폼으로, 집을 빌려준 호스트는 경제적 혜택을, 집을 빌린 고객에게는 새로운 경험을 제공하는 혁신 플랫폼을 제공한다.

2.2 결제기업의 역할

스마트 관광 생태계에서 핵심기반이 되는 것은 데이터라고 할 수 있다. 스마트 관광은 정보통신기술을 기반으로 이루어지는 일련의 관광활동을 의미하며, 이러한 관광활동은 방대한 양의 데이터를 생성하게 되었고, 카드사는 이러한 빅데이터를 보유한 핵심 정보원천이 되었다. 소비자들의 결제수단이 현금에서 카드로 넘어가게 되면서, 신용카드 또는 체크카드를 통한 소비활동은 모두 카드사에 소비자 데이터로 저장되게 되며, 이렇게 저장된 빅데이터는 스마트 관광 생태계의 중요한 정보로 전환될 수 있다. 구체적으로, 신한카드는 국내를 방문한 외래 관광객들의 신용카드 거래내역을 빅데이터로 분석하여 20대와 여성이 제주관광을 주도한다는 것을 파악하였다.[5] 이러한 정보는 관광 관련 종사자들과 정부, 관광관련 기관 등과 공유되어 외래 관광객들의 이동경로 파악, 새로운 관광명소 발굴에 기여할 수 있는 기초자료로 활용 가능하며, 궁극적으로는 외래 관광객을 대상으로 한 신규 비즈니스 모델 개발에 기여할 수 있게 되었다.

5) 시사오늘(2016), "신한카드 빅데이터 센터, 20대와 여성이 제주관광 주도". http://www.sisaon.co.kr/news/articleView.html?idxno=48046

예를 들어, 카드사의 빅데이터 분석을 통해 관광객의 소비패턴을 파악하여 관광객과 직간접적으로 연결되어 있는 모든 이해관계자의 네트워크를 파악하여 중추적인 역할을 하는 기업 혹은 기관을 파악할 수 있다. 공유가치 창출의 궁극적인 목표는, 즉 스마트 관광 생태계의 모든 이해관계자들이 함께 성장할 수 있는 공유가치 창출이 가능할 것이다. 이러한 점에서, 카드사가 보유하고 있는 빅데이터는 상당한 잠재적 가치가 있음이 분명하다. 현재 카드사의 데이터는 개인정보와 관련한 법적 문제로 인해 매우 제한적으로 활용되고 있지만, 잠재적 가치가 높은 만큼 이를 적극적으로 활용할 필요가 있다. 따라서 카드사는 자신들이 보유하고 있는 데이터를 효과적으로 활용할 수 있는 방안을 모색하고, 지속적으로 관심을 가질 필요가 있다.

2.3 주민 및 관광객의 역할

정부차원에서 관광에 대한 본격적인 논의가 시작되면서, 지역경제 발전을 위한 수단으로 지역관광 활성화 방안을 추진해 왔다. 해당지역의 관광 활성화로 인해 관광객이 증가하게 되면, 관광객의 소비활동에 따른 경제적 파급효과는 지역주민의 소득증대로 이어질 수 있다. 또한, 지역 내의 관광 관련 일자리가 창출되면서 지역주민 고용이 증가할 수 있다. 이를 위해 지자체에서는 지역특색을 살린 축제나 이벤트, 농촌관광 등을 활용하고 있다. 관광객은 지속가능한 관광에 대한 인식을 기반으로 관광지 훼손을 최소화하고 지역주민들의 삶의 영역을 해치지 않는 관광을 할 필요가 있다. 이를 통해 지역의 사회적 가치와 경제적 가치를 함께 추구하여 공유가치 창출을 이룰 수 있을 것이다.

2.4 공공기관의 역할

앞서 언급한 것과 같이, 관광산업은 지역사회를 기반으로 계획되고 발전하는 것이 바람직한 발전방향이라고 할 수 있다. 즉 관광산업이 지역을 기반으로 성장할 때, 이들의 생산성은 보다 극대화될 수 있고, 특히 이를 구축함에 있어 사회적 문제를 해결하는 과정에서 공유가치가 창출될 수 있다. 이를 구축함에 있어 기업과 지역사회를 연결해 주는 중간 매개자의 역할이 중요하다. 지역 내 공공기관은 이들이 초기 현지 클러스터에 대한 기반을 마련할 때 발생하는 사회적 문제 등을 해결함으로써, 기업의 성공이 지역사회의 성공으로 이어질 수 있는 공진화를 실현할 수 있다. 따라서 이들의 역할을 좀 더 구체적으로 살펴보고자 한다.

관광산업에 있어 공공기관으로는 크게 중앙정부, 지방정부, 공사, 정부 산하기관, 협회 및 시민단체가 있다. 지방관광기관의 경우, 지역의 행정적 업무 집행, 지역 관광개발사업에 대한 인·허가를 할 뿐만 아니라 지역관광 안내소를 직접 운영하기도 하며 중앙정부와 지역 관광관련 단체를 연결하는 역할을 수행해 옴으로써 지역활성화 전략을 수행하고 있다. 관광공사의 경우 관광마케팅 및 홍보 지원, 민간단위 투자 지원, 관광관련 교육 및 컨설팅 등의 사업을 수행한다. 그 밖에 정부 산하기관에서는 정책개발 연구, 각종 관광 관련 조사연구를 이행한다. 이 밖에 협회나 시민단체 등의 공공조직은 관광과 관련한 집단의 요구사항을 수렴·제시하여 한국관광 발전에 기여하고 있다.

2.5 정부의 역할

전통적으로 정부는 다양한 산업환경에서 지원, 통제, 조정 등의 역할을 수행하며 국가의 경제 활성화를 위한 노력을 기울여 왔다. 특히 관광산업은 복합적인 성격이 강하기 때문에 관광과 관련된 이해관계자들 사이에서 정부의 조정 역할이 중요하다고 할 수 있다. 초기 관광의 발전단계에서 정부는 기본적인 관광 인프라 구축, 관광과 관련된 정부기관, 부처 수립, 관광정책의 기획과 시행 및 민간부분에 대한 제도적, 재정적 지원과 같은 기본적인 산업 발전에 있어 필요한 역할을 수행해 왔다. 정부에서는 2010년부터 스마트폰 사용자의 증가에 따라 스마트폰을 활용한 관광 서비스를 시작하였다. 지자체 단위 관광 앱 개발, 관광 주요 지역 WiFi 설치, 다국어 관광정보 제공 및 통역 지원 서비스 운영, 관광정보 공유를 위한 Open API 서비스 등을 운영함으로써 스마트 관광을 본격적으로 육성하기 시작했다.

3. 구글과 트립어드바이저 생태계

3.1 구글 생태계

지도는 구글에서 제공하는 지도 서비스이다. 구글 지도를 이용하여 장소 검색, 장소에 대한 정보, 도보와 자동차, 대중교통, 도보 길찾기를 할 수 있다. 또한 호텔 예약 등의 기능도 사용할 수 있다. 전 세계 많은 국가에서 구글 지도를 이용하여 현재 위치에서 목적지까지 도착할 수 있는 다양한 방법을 검색할 수 있다. 예를 들어 영국 런던에서 케임브리지까지 갈 경우, 검색한 시점을 기준으로 구글 지도는 두 가지 경우를 제시한다. [그림 6-4]는 구글 생태계와 교통 그리고 목적지가 연동되는 장면을 보여준다.

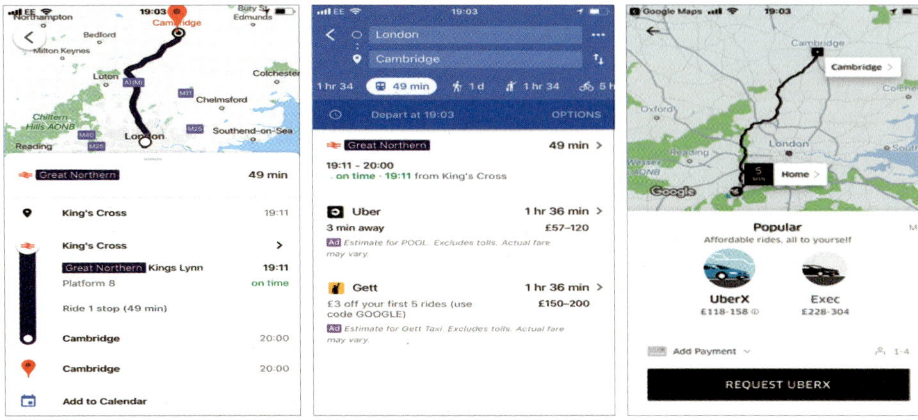

[그림 6-4] 구글 지도 생태계

첫 번째는 대중교통 중 기차로 갈 수 있는 방법이다. 기차를 이용한 제안을 선택하여 누를 경우 도착지까지의 예상 소요 시간과 도착 시간, 출발역, 기차 출발시간과 해당 기차의 종착지, 중간 정착지 정보까지 모두 한눈에 알 수 있다. 이는 구글 지도가 스마트 관광 생태계 역할을 하며 관광객 및 여행자로 하여금 목적지까지 가는 데 위치와 이동수단 그리고 결제수단과 옵션 등이 다양하게 제시하고 있다는 것이다. 여기서 구글 생태계의 공유가치는 목적지까지 움직이는 교통수단과 목적지의 관광할 곳을 스마트하게 연결시켜 주기 때문에 불확실성을 크게 감소시키며 편리하고 간단하게 결제할 수 있도록 도와주기 때문에 이해 당사자들이 구글 생태계 안에서 수익이 발생할 수 있다는 점에서 공유가치 실현을 가능하게 하고 있다.

두 번째 제안은 택시이다. 구글 지도와 연동된 두 개의 택시 회사가 제안된 것을 볼 수 있다. 각 택시 회사를 이용했을 경우 도착지까지 예상 소요 시간과 예상 요금까지 알 수 있다. 뿐만 아니라 원하는 택시 회사를 결정하여 누르면 해당 택시 회사의 앱으로 자동 연결된다. 구글 지도 검색 정보를 기반으로 현위치에서 목적지까지 예상 경로와 소요 시간 및 요금 정보를 알 수 있다. 예약을 원할 경우 기존에 입력해 둔 카드 정보를 사용하여 한 번에 결제까지 가능하다. 이제는 해외 여행 시 길거리에서 다른 사람에게 길을 물어볼 필요도, 기차역에서 기차 시간을 알아보고 탑승권을 구매할 필요도 없이, 택시를 탈 때 언어가 다른 기사와의 의사 소통 과정 없이 모바일 앱으로 예약할 수 있는 말 그대로 스마트한 세상이 되었다.

3.2 트립어드바이저 생태계

세계 최대 규모의 여행 사이트인 트립어드바이저는 약 770만 개 이상의 국가별 여행지의 숙박, 항공, 즐길거리 및 식당을 결정하는 데 도움이 되는 정보와 6억 건 이상의 리뷰와 의견, 그리고 월 4억 5천만 명의 방문객을 보유하고 있다. 관광지에 대해 어느 온라인 기반 서비스보다 자세하고 많은 정보를 제공한다. 가이드를 통하지 않고도 여행지에 대한 역사와 문화적인 정보도 얻을 수 있다. 오프라인에서도 사용 가능하다.

싱가포르 여행을 갈 경우 트립어드바이저 사이트 또는 앱을 이용해 항공권과 숙박시설 정보, 관광명소 정보를 검색할 수 있다. 트립어드바이저만의 특가도 찾을 수 있다. 다른 온라인 플랫폼과의 가장 큰 차이는 믿을 수 있는 가장 최신의 리뷰를 제공한다는 점이다. 특히 트립어드바이저의 음식점에 대한 리뷰는 관광객들 사이에서 식당을 결정할 때 가장 많이 활용되는 근거 중 하나이다. 음식점 메뉴, 위치, 연락처 정보를 제공하며 영업 시간까지 알 수 있다. 또한 온라인 웹사이트 및 앱으로 날짜, 시간, 인원수를 선정하여 예약할 수 있고, 심지어 딜리버루(Deliveroo) 서비스로 연동되어 온라인으로 주문, 결제 및 배달 요청을 할 수 있다. 리뷰는 경험을 통하지 않고는 알기 어려운 정보를 제공한다. 예를 들어 특정 시간에 방문할 경우에만 경험할 수 있는 체험 및 메뉴를 공유하기도 한다.

리뷰에 댓글을 달아 서로 공감을 하기도 하고 때로는 다른 경험을 이야기 하고 정보를 정정하기도 한다. 트립어드바이저를 통해 비행기 예약, 호텔 검색 및 예약, 음식점 예약 근처의 즐길거리에 대한 정보까지 공유 관광 생태계를 몸소 체험할 수 있다([그림 6-5] 참조).

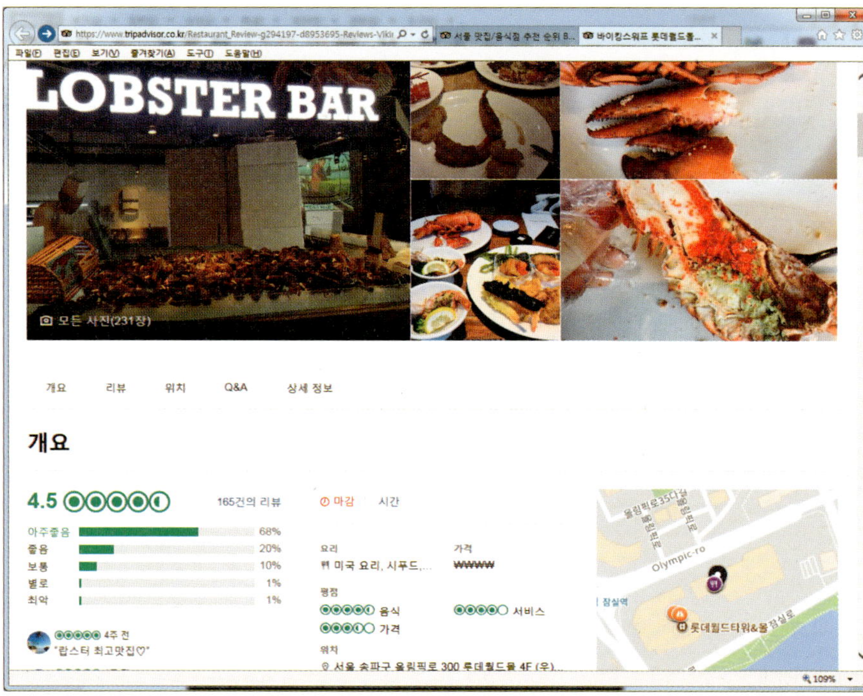

출처: http://www.tripadvisor.co.kr

[그림 6-5] 트립어드바이저 지역 식당

스마트 관광 생태계는 이해 당사자들이 공유가치를 창출할 수 있도록 통합적 관점에서 살펴보아야 하며 관광산업 내 관광객, 공급업체, 유통업체, 정부, 지역사회 등이 공유가치를 창출하며 선순환할 수 있도록 해야 한다. 관광 참여자 간의 공유가치를 형성하고 지능화된 관광 서비스를 제공하는 방식으로 확대되는 스마트 관광은 다양한 산업분야와의 융합을 통해 수익성 높은 비즈니스모델을 창출하여, 디지털 생태계의 한 분야로 자리 잡을 수 있다. 스마트 관광 생태계가 건전성을 확보하기 위해서는 구글이나 트립어드바이저와 같이 관광객들의 경험을 공유하여 투명한 선택이 가능하도록 해야 할 것이다. 또한 공공영역에서는 스마트 관광 생태계를 구성하는 기업, 지역사회 등 주요 이해관계자 간 협업체계 구성을 위한 기반을 마련하고 생태계의 공진화 및 상생을 위한 정책 수단을 발굴해야 한다. 관광산업의 바람직한 생태계 구축을 위해서는 생태계를 구성하는 이해관계자 간 공생에 관한 인식 형성이 전제되어야 하며, 협업과 협력을 위한 산업환경 조성이 요구된다.

07 스마트 관광 도시

이 장에서는 스마트 도시(Smart City)의 개념과 주요 특징을 이해하고 이를 기반으로 구축되고 있는 스마트 관광 도시(Smart Tourism City)의 개념과 실제 사례들을 살펴본다.

스 · 마 · 트 · 관 · 광

CHAPTER 07

스마트 관광 도시

1. 스마트 도시(Smart City)

1.1 스마트 도시의 개념

스마트 도시는 "도시의 집단지능(Collective Intelligence)을 구축하기 위해 물리적 기반시설, 정보통신 기반시설, 사회적 기반시설, 비즈니스 기반시설을 연결하는 것을 의미한다.[1] 스마트 도시는 물리적(Physical) 도시 기반구조와 가상의(Virtual) 도시 기반구조가 통합되어 도시의 삶을 향상시키고 도시 운영의 효율성을 개선한다. 한 예로 스마트 도시는 교통 체증, 전력소비통계, 공공안전 사건과 같이 도시운영 데이터를 이용하여 도시 서비스의 운영을 최적화한다.

스마트 도시의 기본 개념은 계측화(Instrumentation), 상호연결성(Interconnection), 지능화(Intelligent)로 설명된다. 계측화는 물리적 및 가상의 데이터 획득 시스템을 이용하여 실시간으로 현실세계의 데이터를 수집하는 것을 의미한다. 예를 들어, 센서, 키오스크, 계량기, 스마트폰과 같은 물리적 기기를 이용할 뿐만 아니라 소셜 네트워크와 같은 인적 센서를 이용하여 현실세계의 데이터를 수집한다. 상호 연결성은 수집된 데이

1) Harrison C., Eckman, B., Hamilton, R., Hartswick, P., Kalagnanam, J., Paraszczak, J., and Williams, P.(2010), "Foundations for Smarter Cities", *IBM Journal of Research & Development*, 54(4): 1-16.

터를 종합 컴퓨팅 플랫폼에 통합하고 여기서 산출된 정보를 다양한 도시 서비스들 간에 커뮤니케이션하는 것을 의미한다. 지능화는 도시운영 비즈니스 프로세스 안에서 분석, 모델링, 최적화, 시각화하여 도시운영에 관한 의사결정을 향상시키는 것을 의미한다.

Harrison 등(2010)이 제시한 스마트 도시의 주요 특징은 다음의 세 가지이다. 첫째, 스마트 도시는 도시 안의 네트워크들이 상호 간에 연결되어 기술과 데이터가 도시의 경쟁력과 지속성장이 가능하도록 효율성과 효과성을 최적화하는 도시에 관한 데이터를 지속적으로 수집하고, 분석하고, 배포해야 한다. 둘째, 공통의 정의와 표준을 수립하여 도시에 관한 데이터와 정보를 상호 공유하여 쉽게 재이용될 수 있도록 해야 한다. 셋째, 종합적 도시관점(Holistic City Perspective)에서 다양한 문제에 관한 해결책을 제공할 수 있도록 다기능적(Multifunctionally)으로 작용해야 한다.

스마트 도시는 인간이 삶을 영위해 나가는 데 있어 도시의 다양한 서비스 및 상업적인 활동을 포함한 도시민의 욕구에 인공지능적으로 응답할 수 있는 능력을 갖춘 도시로 정의했다. 스마트 도시는 스마트 인프라스트럭처를 구축하는 것만이 아니라 스마트 정부, 스마트 시민, 스마트 경제, 스마트 환경, 스마트 삶과 같이 도시 생태계를 구성하는 각 요소를 하나로 연결하는 사상이다([그림 7-1] 참조). 스마트 도시의 궁극적인 목적은 지속가능한 경제적 개발과 아울러 인간의 삶의 질을 개선하는 것이다. 관광산업이 관광객과 관광지로만 구성된 산업이 아니라 지역주민, 관광요소(관광목적지, 숙박, 교통), 연관산업(쇼핑, 의료), 국가경제에 미치는 영향을 고려할 때 거시적 관점에서 스마트 도시와 스마트 관광을 이해하는 것이 필요하다.

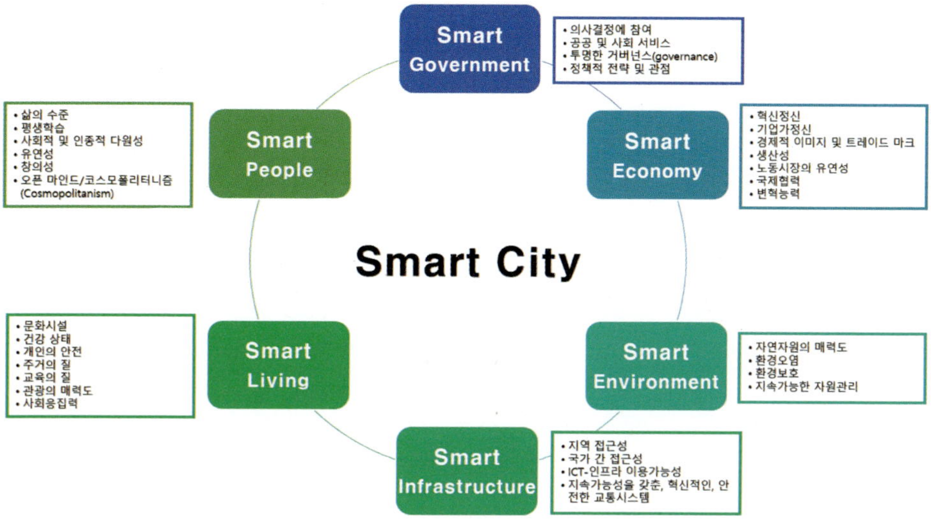

[그림 7-1] 스마트 도시의 핵심요소

1.2 스마트 도시의 발전과정

스마트 도시는 갑자기 등장한 새로운 개념이 아니라 지난 20년에 걸쳐 발전하고 있는 개념이다.[2] 스마트 도시의 발전과정은 세 단계로 구분된다. 1단계는 스마트 도시의 태동기로 1990년대 중반에 '디지털 도시'의 등장으로 시작된다. 디지털 도시는 AOL(America Online)사에 의해 미국에서 시작되어, 1993년에 네덜란드의 암스테르담, 1996년에 핀란드의 헬싱키, 1998년에 일본의 교토 등과 같이 전 세계로 확산되었다. 디지털 도시는 주로 통신사에 의해 주도되었고 도시 전반을 연결하는 네트워크를 구축하여 시민이 활동하는 가상공간을 구축하는 것이 목적이었다. 디지털 도시는 상징적 의미가 크며, 실제적인 도시혁신은 에코 도시(Eco-City), 지속성장 도시(Sustainable City)와 같은 지속가능성(Sustainability) 프로젝트들에 의해 실행되었다.[3]

2) 황종성(2016), IT & Future Strategy 보고서, 한국정보화진흥원(NIA).
3) 한국정보화진흥원(2016), 새로운 기술, 새로운 세상 지능정보사회, NIA IT & Future Strategy 보고서.

2단계는 2003년 한국의 유비쿼터스 도시(Ubiquitous City: U-City) 구축과 같이 기술주도형 스마트 도시 구축 단계이다. U-City는 도시의 경쟁력과 인간 삶의 질을 향상하는 데 U-City기술을 활용하는 것으로 U-City 기반시설을 기반으로 언제 어디서나 U-City 서비스를 제공하는 도시를 의미한다. U-City는 도로, 교량, 학교, 병원 등 도시 기반시설에 유비쿼터스 기술을 융합한 유비쿼터스 도시 기반시설을 구축하여 행정, 교통, 보건 · 의료 · 복지 등 각종 유비쿼터스 도시 서비스를 언제 어디서나 제공하는 도시로 정의된다.[4] U-City는 정보수집, 정보가공, 정보활용의 세 단계로 구성된다. 정보수집단계에서는 도시기반시설에 각종 센서와 CCTV 등을 부착하여 지능화된 시설로 전환하고, 이러한 지능화된 시설을 이용하여 정보를 수집 및 생산한 후에 통신인프라를 이용하여 도시통합운영센터로 정보를 전달하고, 도시통합운영센터에서는 정보를 가공하여 U-교통, U-환경, U-방범 등의 U-City 서비스를 제공하는 것이다. 국내의 경우, 지능형 도시통합 관리 및 도시민의 삶의 질 향상을 목적으로 2000년대 중반에 스마트 도시 개념을 도입했다. 2008년에는 U-City법을 제정하였으며 이후 체계적으로 U-City라는 브랜드를 개발하여 스마트 도시 구축을 진행하고 있다. 스마트 도시 구축의 1단계인 디지털 도시가 온라인 가상공간에서의 부분적인 도시 정보화였다면, 2단계인 U-City는 가상과 현실의 공간을 융합하는 전면적인 도시 정보화를 의미한다.

3단계는 2012년 이후 플랫폼, 데이터 분석 등의 기술발전과 개도국의 도시개발 수요가 결합하여 스마트 도시가 전 세계로 빠르게 확산된 단계이다. 특히 2012년에 스마트 도시 발전에 중요한 두 가지 계기가 발생하였다. 하나는 중국이 스마트 도시 구축을 공식적으로 추진하기 시작하면서 스마트 도시가 개발도상국까지 확산되었다.

4) 국토해양부(2009), 제1차 유비쿼터스도시종합계획(2009-2013).

1.3 스마트 도시의 구조

플랫폼으로서 스마트 도시는 〈표 7-1〉과 같이 기반구조 계층, 데이터 계층, 제도 및 서비스 계층의 세 가지로 구성되며, 이는 다시 7개 계층으로 세분화할 수 있다. 스마트 도시가 7개 계층을 완비한 경우에 스마트 도시 플랫폼이 제대로 작동하고 있다고 할 수 있다. 현재는 이 중에서 일부 계층에만 의존하는 스마트 도시가 많이 존재한다. 예컨대 인도는 도시 기반구조 계층을 현대화하는 목적으로 스마트 도시 개념을 적용하고 있다.

〈표 7-1〉 스마트 도시의 구조

계층		설명	개발주체
기반 구조 계층	① 도시 기반구조	스마트 도시는 기본적으로 SW적이지만 도시 HW의 발전이 반드시 필요	도시 개발사업자 주도(예, 건설산업)
	② ICT 기반구조	- 유무선 통신인프라가 도시 전체를 촘촘히 연결 - 과거에는 사람과 컴퓨터 연결이 주목적이었으나 스마트 도시에서는 사물 간 연결이 핵심 - 향후 5G 무선통신 등장이 큰 변수	ICT산업
	③ 공간정보 기반구조	- 현실공간과 사이버공간의 융합을 위해 공간정보가 핵심 플랫폼으로 등장 - 공간정보의 이용자가 사람에서 사물로 변화 - 지도정보(외부지 + 내부지도), 3D지도, GPS 등 위치측정 인프라, 인공위성, 지오태깅(Geotagging)(디지털 콘텐츠의 공간정보화) 등	과거 공공이 주도했으나, 향후 민간주도가 바람직
데이터 계층	④ 사물 인터넷	- 도시 내 각종 인프라와 사물을 네크워크로 연결 - CCTV를 비롯한 각종 센서 장착 - 스마트시티 전체에서 시장규모가 가장 크고 투자도 가장 많이 필요 - 개별적 추진이 가능하여 점진적 투자확대 가능	교통, 에너지, 안전 등 각종 도시 운영 주체가 주도
	⑤ 데이터 공유	- 좁은 의미의 스마트시티 플랫폼 - 데이터의 자유로운 공유, 활용 지원 - 작은 공유(동일 분야 기관 간)와 큰 공유(다른 분야 간)로 구분하면 큰 공유 실현이 매우 중요 - 도시 내 스마트시티 리더들의 주도적 역할이 필요	- 유형1: 도시 주도 - 유형2: 데이터 시장이 형성되어 민간 주도

제도 및 서비스 계층	⑥ 알고리즘 & 서비스	- 실제 활용 가능한 정도의 높은 품질과 신뢰도를 갖는 지능서비스를 개발하는 계층 - 데이터를 처리, 분석하는 데이터 활용능력이 일차적 관건 - 유럽의 Living Lab 등 다양한 시범사업 전개	공공, 민간의 다양한 주체 등장, 신뢰성 관리가 도시의 역할
	⑦ 도시혁신	- 도시문제를 해결하기 위한 새로운 방법을 고안하고 새로운 서비스가 가능하게 도시제도를 혁신 - 정치적 리더십의 영역이자 사회신뢰 등 사회적 자본이 작용하는 영역 - 중앙정부의 법제도 혁신기능도 중요	시민이 주도하고 정치권이 지원

출처: 황종성(2016)

1.4 스마트 도시의 발전단계

황종성(2016)에 의하면 구조론적 관점에서 스마트 도시의 발전단계는 [그림 7-2]와 같이 5단계로 기반 구축단계, 수직적 구축단계, 수평적 구축단계, 도시 플랫폼, 미래 도시로 구분된다. 예를 들어 경기도는 다음과 같이 플랫폼 도시를 지향한다고 선언하였다.

"경기도는 4차 산업혁명시대에 플랫폼 도시로의 진화를 추구하고 있다. 경기도가 꿈꾸는 미래 도시는 인간과 기술이 만나는 플랫폼이며, 첨단기술을 이용하여 세상과 소통하며 지식과 가치가 융합되는 곳이다. 나아가 도시 플랫폼을 기반으로 협력과 공유가 이루어지며 인공지능, IoT, 자율자동차, 빅데이터, 핀테크 등의 미래혁신을 주도하고 이 결과를 토대로 도시 구성원 모두가 자유, 배려, 행복을 실현할 것으로 기대한다.[5)]"

5) 이수진(2016), "4차 산업혁명 관련 경기도 이슈 - 지역문화관광포럼을 중심으로", 2016년 지역문화관광포럼 자료집.

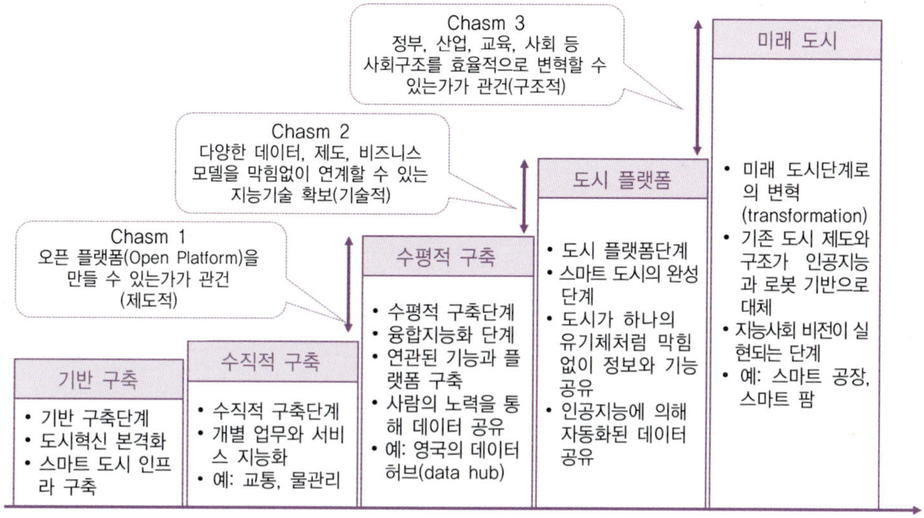

출처: 황종성(2016)

[그림 7-2] 스마트 도시의 발전단계

1단계: 기반 구축단계(Infrastructure)

스마트 도시의 본격적 구축을 위한 기반이 조성되는 단계로 도시혁신과 스마트 도시 인프라의 두 가지 요소를 성숙시키는 단계이다. 먼저 도시혁신은 스마트 도시의 근원으로 ICT나 인공지능기술을 활용하지 않더라도 스마트 도시 구현이 가능하다. 도시혁신 운동은 오랜 역사를 지니며 1990년대 이후에 미국, 유럽 등 선진국을 중심으로 급속히 확산되었고 오늘날의 스마트 도시의 근원이 되었다. 그러므로 도시혁신 역량은 스마트 도시 추진력을 증가시키고 있다. 다음으로 스마트 도시 인프라는 도시 인프라, ICT 인프라, 공간정보 인프라의 조성을 가리킨다. 도시 인프라는 선진국의 경우 이미 잘 정비되어 있지만, 개도국의 경우에는 스마트 도시 사업에서 가장 중요한 요소로 고려된다. ICT 인프라는 유무선 통신망 구축, 전자정부 구축 등과 같이 정보사회를 만들고 오픈데이터(Open Data)를 혁신적으로 활용하는 과제를 포함한다. 공간정보 인프라는 스마트 도시 구축의 근간으로 초정밀지도, 3D 지도, 인공위성 활용 등을 포함한다.

2단계: 수직적 구축단계(Vertical Grid)

이 단계는 개별 분야 및 서비스별로 수직적 연계·통합을 이루어 도시 운영 효율성을 높이는 단계이다. 도시를 하나로 묶는 통합적 접근법 대신에 개별적 및 서비스별로 스마트 도시 구축을 시도한다. 이에 스마트 도시 구축과정에서 상당한 중복투자가 발생할 수 있다. 한국과 중국의 경우는 도시통합운영센터를 구축하여 개별서비스를 연계하고자 하는 사례가 대다수이다. 스마트 도시 플랫폼 구조 중에서 '사물인터넷 계층'을 구축하는 것이 2단계의 핵심이다. 예를 들어 스마트 가로등, CCTV 등과 같이 소규모로 진행되는 사업도 있으나 서울시의 지능형 버스시스템과 같이 한 분야의 플랫폼 자체를 혁신하는 사례가 증가하고 있다. 현재 대다수 국가에서 추진 중인 스마트 도시는 2단계에 머물러 있다.

3단계: 수평적 구축단계(Horizontal Grid)

연관되는 기능과 업무들이 데이터와 플랫폼을 공유하여 더욱 고도화된 분석과 서비스를 제공하는 단계를 의미한다. 분야 간의 경계를 넘어 융합 또는 연계 서비스를 개발하는 단계이다. 따라서 2단계와 3단계 사이에 스마트 도시의 첫 번째 간극(Chasm)이 존재하며, 3단계에 먼저 진입하는 도시가 당분간 스마트 도시의 리더가 될 것으로 예상된다. 3단계로 발전하기 위해서는 스마트 도시 플랫폼 구조 중에서 '데이터 공유'를 실현하는 것이 매우 중요하다. 데이터 공유를 위한 다양한 방법이 존재하나, 3단계에서는 자발적 합의 또는 데이터 마트를 통한 방식이 주로 활용된다. 예를 들어 영국 런던 근방의 소도시인 밀턴케인스(Milton Keynes)는 데이터 소유자들의 자발적 합의와 데이터 공유서비스 제공자의 적극적 역할을 결합하여 데이터를 공유할 수 있었다.

4단계: 도시 플랫폼단계(City Platform)

도시가 하나의 플랫폼처럼 기능하는 단계로서 스마트 도시가 완성되는 단계이다. 데이터 공유문제를 기술적 아키텍처로 해결하고, 도시 내에서 데이터 공유가 특별한 일이 아니라 기본적인 일이 되는 단계이다. 아울러 데이터 공급이 원활하여 스마트 도시 플랫폼 중에서 '알고리즘과 서비스' 계층이 획기적으로 발전한 단계이다. 현재까지 도시 플랫폼 구축을 본격적으로 시도하는 도시는 많지 않지만, 이 단계에서는 표준화를 통해 데이터 공유를 위한 기술적 아키텍처를 구축하려는 노력이 필요하다. 예를 들어 2012년 바르셀로나가 의장국으로 세계 주요 도시, 글로벌 기업, 대학 및 연구기관이 참여하는 스마트 도시 구축을 위한 비영리기구인 City Protocol을 출범했다. 2015년에는 스마트 도시를 위한 사실표준(de facto standard)을 만들기 위한 도시 간 협의체인 Open & Agile Smart Cities(OASC)가 출범했다. OASC의 목표는 도시 내 및 도시 간에 데이터 공유를 위한 기반 조성이다. 도시 플랫폼 기술에서 가장 중요한 것은 수없이 다양한 데이터들을 실시간 가공하여 활용가치와 부가가치를 높이는 '인공지능 큐레이션' 기능이다.

5단계: 미래 도시단계(Future City)

스마트 도시를 넘어 본격적인 지능사회로 진화하는 단계이다. 스마트 도시의 최고단계는 새로운 도시로 넘어가는 것을 의미한다. 스마트 도시가 현재의 도시구조에 지능기술을 접목하는 것이라면, 미래 도시는 현재 존재하지 않는 새로운 도시구조를 만들어 지능기술을 활용하는 것이다. 예를 들어 스마트 농장이 등장하여 도시와 농업이 결합되는 상태이다. 선진국의 신도시형(Greenfield) 스마트 도시는 미래 도시의 청사진을 가지고 추진되는 것이 바람직하다.

2. 스마트 관광 도시

2.1 스마트 관광 도시의 개념

관광지에서 정보기술기반의 스마트 관광을 경험하기 위해서는 해당 도시가 스마트 도시기능을 하고 있어야 한다는 점에서 스마트 도시의 기능이 중요하다.[6] 스마트 관광 도시(Smart Tourism City)는 관광객이 관광(목적)지 주민의 삶과 관련된 공공시스템을 관광객을 위한 환경으로 확장 또는 변환하고 이를 통해 관광객이 목적지의 스마트 도시기능을 관광목적에 최적화하여 사용할 수 있도록 조성한 도시를 의미한다. 오늘날 관광객은 스마트폰을 통해 관광지를 선택하기 이전에 관광지에 관한 정보를 검색하는 것이 일상화되었으며, 관광지가 결정되면 항공, 숙박, 이동 교통수단, 주요 방문지에 관한 예약까지 모든 과정을 해결하고자 원한다. 한 예로, 관광객이 세계 최대 규모의 여행정보를 제공하는 모바일 앱인 '트립어드바이저'를 이용하여 목적지에서 유명한 레스토랑을 찾으려고 한다고 가정해 보자. 관광객이 목적지에서 데이터를 통해 자유롭게 로빙서비스를 사용하지 못하거나 WiFi 서비스를 이용하지 못한다면, '트립어드바이저'는 무용지물이 될 것이다. 또한 트립어드바이저에서 찾은 정보에 대해서 찾아갈 수 있는 구글 지도와 레스토랑에서 결제할 수 있는 시스템은 스마트 도시의 잘 갖추어진 인프라를 이용하여 스마트 관광을 가능하게 한다.

스마트 도시와 스마트 관광의 연결: 스마트 도시 위에 구축된 스마트 기능들을 관광분야의 주요 서비스인 관광, 숙박, 교통, 안전 등과 끊김없이 연결할 때 스마트 관광 목적지의 경쟁력을 달성할 수 있다([그림 7-3]

6) 정남호(2016), "지역경제를 활성화시키는 스마트 관광: 한류의 관광정보화 정책도 맞춤형 정보디자인이 필요하다", *지역정보화*, 98: 19-20.

참조).[7] 아울러 스마트 도시와 스마트 관광을 완벽하게 연결하기 위해서는 정부차원의 정책적 지원과 기존에 구축된 시스템들을 통합하는 노력이 뒷받침되어야 한다.

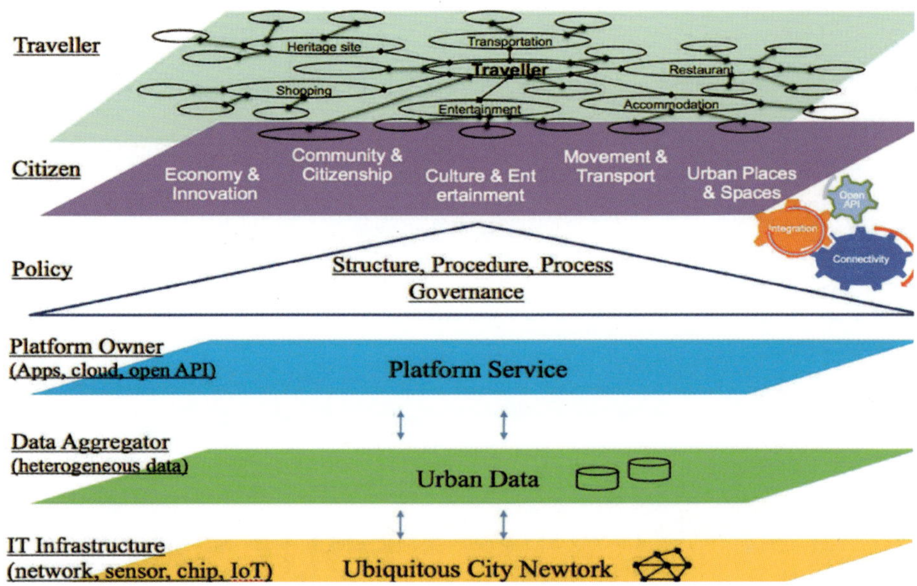

출처: Koo et al.(2017)

[그림 7-3] 스마트 관광 도시 아키텍처

3. 국내의 스마트 관광 도시 사례

스마트 도시 인프라 구축사업에 관광산업을 고려한 다양한 스마트 관광 도시 사례들이 등장하고 있다.

---

7) Koo, C., Park, J., and Lee, J. N.(2017), "Smart tourism: Traveler, business, and organizational perspectives", *Information and Management*, 54(6): 683-836.

3.1 서울특별시의 스마트 관광 정보시스템 구축

서울시는 관광객에게 스마트 관광 경험을 높이기 위해 스마트 관광 정보체계의 구축과 스마트 도시 인프라를 통합하기 위해 노력하고 있다.[8)] 이를 위해 서울시는 서울관광종합안내시스템을 운영하여 온라인과 모바일 플랫폼에서 대응하기 어려운 전문적인 정보서비스를 제공하고 있다. 이와 동시에 스마트폰 사용이 급증하는 상황에서 스마트 관광 정보시스템을 구축하여 다국어 관광 정보를 온라인 및 모바일 플랫폼을 통해 제공하고 있다. 서울관광플랫폼인 비짓서울(Visit Seoul)은 인터넷 홈페이지와 모바일 앱의 연동을 통해 관광객이 관광정보에 쉽게 접근할 수 있도록 하고 있다([그림 7-4] 참조).

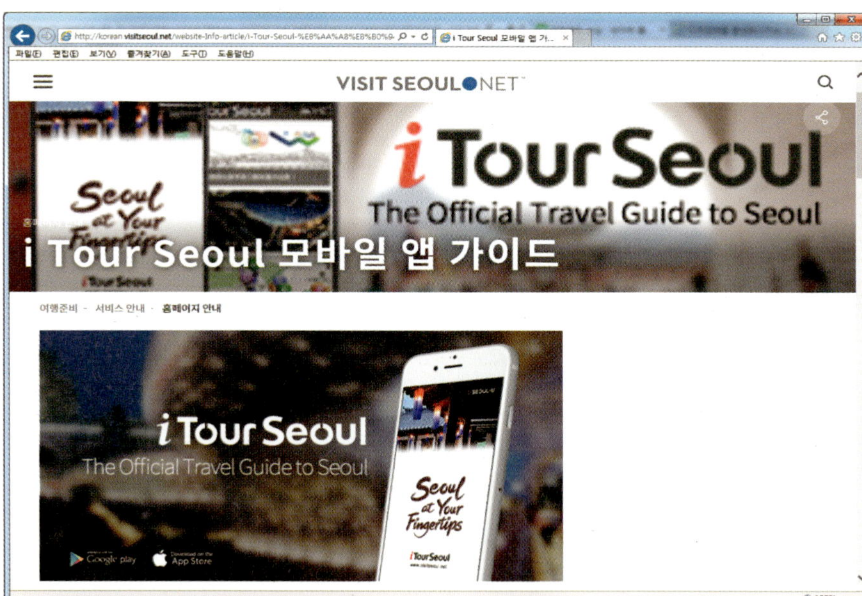

출처: http://korean.visitseoul.net

[그림 7-4] 서울시 공식 관광정보 앱: i Tour Seoul

8) 반정화(2016), "4차 산업혁명시대 도래에 따른 서울시 관광대응 전략 – 디지털 기반의 편리하고 신뢰받는 관광환경조서", 2016년 지역문화관광포럼 자료집.

다음으로 서울시는 스마트 관광을 위한 스마트 도시 구축 노력에 힘쓰고 있다. 첫째는 공공 무선인터넷 구축사업의 확대이다. 서울시는 2011년부터 2018년까지 공공 무선인터넷 구축사업을 진행하여 주요 거리, 관광명소, 전통시장, 공원 등의 184개 지역에 무료 와이파이 서비스를 제공하고 있다. 아울러 「서울 디지털기본계획 2020」에 의해, 홍대, 신촌 · 이대, 강남역 등 대표적인 관광상업지역을 사물인터넷(IoT) 실증지역으로 구축하고 있다. 둘째는 관광특구에 친환경적 및 에너지 절약형의 미래첨단 스마트 도시 인프라를 구축하여 차별적 관광브랜드를 구축하고 있다. 예를 들어 관광특구에 스마트 가로등, IoT 쓰레기통, 스마트 주차장 등을 설치하여 미래 스마트 도시 서울을 나타내는 '2050 Seoul Smart Zone'을 조성하고 있다. 마지막으로 IoT 실증지역에 다양한 스마트 관광서비스를 도입하고 있다. 예를 들면 IoT물품보관 및 전달서비스, 로컬정보 실시간 가이드폴, 비디오맵 기반의 도보여행자 길안내, 여행안전 · 분실방지서비스, 스마트 상점 및 시설 안내, 이미지인식 모바일 문화재 · 관광 안내 등이 있다.

현재 서울시는 자전거 무인대여 시스템 '따릉이'를 제공하고 있다. 따릉이 대여소는 지하철역, 버스정류장, 관공서 및 학교 등을 중심으로 설치되어 시민들이 쉽게 접근할 수 있도록 하였다. 모든 자전거의 대여와 반납은 무인으로 이루어지고 있으며 일종의 정류소와 같은 역할을 한다.

3.2 제주특별자치도의 비콘기반 스마트 관광 플랫폼

제주도는 'Open Platform 기반 Smart Jeju 실현'이라는 목표하에 ICT 서비스 개발을 계획하고 있다.[9] 이러한 스마트 도시 구축사업의 일환으로 스마트 관광 기반조성이 고려되고 있다. 부문별 스마트 도시 구축 계획을

9) 한국지역정보개발원(2015), 제주특별자치도 지역정보화 기본계획(2016-2020), 제주특별자치도.

살펴보면 먼저, 자연환경 부문에서 제주 에너지 관리시스템(즉 제주 스마트 그리드 제어센터)을 구축하여 스마트 그리드(Smart Grid)[10]를 운영하고, 신재생 에너지와 전기차가 연계된 미래형 융복합 신사업(예, 스마트 교통, 전기차 관광)을 발굴하고자 노력하고 있다. 또한 ICT를 이용하여 제주 클린하우스 시스템을 구축 중이다. 예를 들어 쓰레기통에 사물인터넷을 활용하여 지역별로 배출되는 쓰레기 양을 파악하여 우선적인 수거지역을 관리하고, 종류별 쓰레기통에 비콘을 부착하여 사용자가 이 근처를 지날 때 모바일 앱을 통해 각 쓰레기별로 배출일을 제공한다. 스마트 관광 부문은 제주도 홈페이지, 제주관광공사, 제주관광협회 등에서 개별적으로 제공하는 관광정보를 공통 플랫폼을 구축하여 일원화된 정보를 제공하는 데 중점을 두고 있다([그림 7-5] 참조).

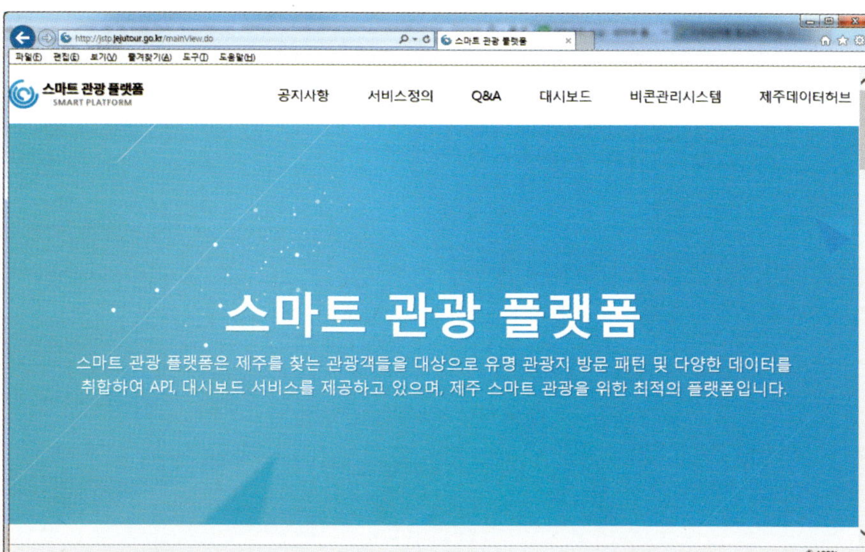

출처: http://jstp.jejutour.go.kr

[그림 7-5] 제주 스마트 관광 플랫폼

10) 기존의 전력망에 ICT를 접목하여 전기 공급자와 소비자가 양방향으로 실시간 전력정보를 교환하여 에너지 이용 효율을 최적화는 차세대 전력망.

제주시는 제주공항, 중문관광단지, 동문시장에 위치기반 근거리 통신 기술인 비콘(Beacon)을 설치하고 있고, KT사는 제주도 전역에 비콘 5,000개를 설치할 계획이다.[11)] 비콘이 설치되면 관광객은 제주의 공공정보(관광지, 도로, 교통)와 사적 정보(숙박, 맛집, 상품 및 할인, 간편결제)를 휴대폰으로 제공받아 스마트 관광을 실행할 수 있다. 중문관광단지와 동문시장에서는 현지 특산물과 기념품의 모바일 결제를 가능하게 하여 지역상권 활성화를 촉진하고 있다. 제주시는 비콘의 활용을 통해 관광형태를 유명 관광지 중심의 당일 여행이 아니라 제주의 구석구석을 경험할 수 있는 장기간 체류형 여행으로 발전시키고자 노력하고 있다.

3.3 부산, 해운대 스마트비치 시스템

부산 해운대는 2010년 전국 해수욕장 중에서 처음으로 '스마트비치 시스템'을 도입했다. 스마트비치는 피서객이 현금을 소지하지 않아도 파라솔, 튜브 등의 피서용품을 빌리고 편의점과 샤워장, 탈의장을 이용할 수 있는 시스템이다. 해수욕장을 찾은 피서객은 종합안내매표소와 9곳의 매표소(유인발권소)에서 신용카드로 팔찌형 이용권(QR손목밴드)을 구입하여 할인된 가격으로 백사장에 있는 20곳의 대여소에서 피서용품을 빌리면 된다. 스마트폰으로 '비치 앱'을 설치하고 회원가입을 한 후에 신용카드나 현금 등으로 'QR코드'나 '팔찌형 이용권'을 구매하면 된다. 가족 이용권에는 보호자 연락처가 입력된 손목밴드를 어린이에게 무료로 제공하여 미아방지서비스 기능이 추가됐다. 스마트비치 도입 첫해에는 이용률이 56%에 그쳤지만 다음해에는 2.5배나 상승하여 매표소를 10곳에서 15곳으로 늘리고 백사장에 있는 대여소 20곳에도 일반마트 등에서 사용하

11) 신동일(2016), "4차 산업혁명 시대와 제주의 스마트 관광", 2016년 지역문화관광포럼 자료집.

는 포스시스템을 추가해 대기시간을 기존 30초에서 5초로 대폭 줄였다. 이 시스템은 해수욕장 내 바가지요금 문제를 해결하고 모든 시설 운영을 투명화하는 데 기여하고 있다.

4. 아시아권 국가의 스마트 관광 도시 사례

4.1 싱가포르, 버추얼 싱가포르 프로젝트

싱가포르는 2014년에 스마트시티스위원회(Smart Cities Council)가 선정한 가장 앞선 스마트 도시 중 하나로 아시아 국가 중에서 유일하다. 이 위원회는 스마트 정부(Government), 스마트 인간(People), 스마트 환경(Environment), 스마트 경제(Economy)의 네 가지 평가영역에서 스마트 도시를 선정한다.[12]

싱가포르의 스마트 네이션(Smart Nation)의 일환으로 '버추얼 싱가포르(Virtual Singapore)' 프로젝트를 2014년부터 시작했으며 2018년에 마무리될 예정에 있다. 스마트 네이션을 통해 싱가포르는 기술과 데이터, 네트워크를 효율적이고 지능적으로 활용해 싱가포르 국민의 삶의 질을 높이고자 시도하고 있다. 이 프로젝트는 싱가포르 국립연구재단(NRF), 국토청(SLA), 정보통신개발청(IDA)이 협력하고 있으며, 국토청(SLA)은 3D 지형데이터를, 정보통신개발청(IDA)은 정보 · 통신 · 기술의 전문지식을 제공한다. 이 프로젝트의 목표는 3차원(D) 플랫폼에 싱가포르의 전 국토를 가상현실로 구현하는 것이다. 산, 바다 등의 자연지형과 건물, 도로, 상하수도 등의 인공지형을 그대로 복제한다. 뿐만 아니라 기후정보, 인구통계정보 등의 도시운영과 관련된 정보, 지리공간정보, 위상기하학(Topology)

12) 바르셀로나 스마트 시티 홈페이지. URL:http://smartcity.bcn.cat/en/smart-city-areas.html

등의 전문데이터도 통합된다. 프랑스의 3차원 설계 소프트웨어 전문 회사인 프랑스의 다쏘시스템이 프로젝트 협력사로 참여하고 있다.

싱가포르 정부는 3D 가상현실을 본뜬 가상공간 속의 싱가포르를 도시의 여러 문제를 해결하는 지능형 정보 플랫폼으로 활용할 계획이다. 즉 스마트폰, 카메라, 센서가 실시간으로 수집한 데이터를 활용하여 도시문제를 해결하는 데 버추얼 싱가포르를 활용할 계획이다. 시민은 버추얼 싱가포르에서 날씨 정보, 버스 정보 등을 얻을 수 있고, 기업은 시민들을 더 편리하게 할 애플리케이션을 개발할 수 있으며, 연구기관들은 복잡한 환경 데이터를 수집해 과학적인 문제해결에 활용할 수 있다.

싱가포르 정부는 버추얼 싱가포르의 목표를 '3V'로 표현하는데, 가상화(Virtual), 시각화(Visual), 벤처화(Venture)이다. 가상화는 싱가포르 도시를 완전히 복제하는 것을 의미한다. 다시 말해서 '디지털 트윈(digital Twin)'을 만드는 것이다. 기존에 존재하는 건물뿐만 아니라 현재 건축 중인 건물의 진행상황을 실시간으로 보여줄 수 있으며, 시민의 눈에는 보이지 않는 지하시설의 복잡한 구조까지도 보여줄 수 있다. 시각화는 도로에 육교를 설치하면 교통흐름이 어떻게 바뀌는지, 장애인들이 제대로 건널 수 있는지를 시뮬레이션하여 의사결정을 지원한다.

싱가포르가 중점을 두는 또 다른 스마트 도시 조성 부문은 교통이다. 도시국가인 싱가포르는 자동차로 인한 교통혼잡과 환경오염에 민감하다. 이에 자가용 차량 사용을 줄이는 차량공유서비스를 빠르게 도입했다. 우버(Uber), 그랩(Grab)과 같은 차량 공유 서비스는 버스나 택시처럼 이미 대중화되었다. 자율주행 차량의 개발이 스마트 네이션의 주요 프로젝트가 된 것은 당연하다. 싱가포르 정부는 자율주행 무인차가 교통혼잡을 줄이고 온실가스 배출을 줄여 더욱 친환경적일 것으로 기대한다.

4.2 아랍에미리트(UAE) 스마트 도시 구축

UAE는 '2020 Expo' 개최와 맞물려 중동국가 중에서 스마트 도시 조성에 가장 큰 관심을 보이는 국가이다.[13] 2013년에 두바이는 '스마트 도시 프로젝트'를 시작했으며, 공공서비스, 교육, 건강, 보건 등의 모든 정보를 최신의 ICT를 활용하여 편리하고 빠르게 전달하는 체제를 구축하는 것이 목표이다. 두바이 정부는 일반인들에게 다양한 스마트폰 서비스를 제공하고 있다. mDubai는 실시간 뉴스와 행사정보, 1,600곳 이상의 약국, 병원, 학교, 경찰서, 관광지 등의 위치정보, 지도와 연락처를 제공하는 서비스로, 즉각적인 피드백 및 제안사항을 보낼 수 있고 정부와의 의사소통을 위해 최적화된 모바일 앱이다. Mpay는 교통범칙금, 전기수도세(DEWA bill), 유료도로통행료(Salik) 등을 스마트폰을 이용해 지불가능하게 해주는 서비스이다. 'MyID'는 스마트폰 또는 인터넷에서 간편한 로그인 절차를 통해 모든 사용자가 이 앱을 통해 두바이의 각종 서비스(예, 온라인 구직, 제안, 결제)를 이용할 수 있다. SMS Dubai는 두바이 정부부처와 이용자 간의 쌍방향 의사소통 채널로 SMS Pull/Push로 나뉘며 두바이를 찾는 방문객들에게 유용한 자료를 제공한다.

5. 유럽 및 북미 국가의 스마트 관광 도시 사례

5.1 스페인, 바르셀로나 스마트 도시

바르셀로나 시정부는 2013년 초부터 도시 계획, 생태학, ICT기술을 통합해 기술의 혜택이 모든 시민에게 도달하는 것을 보장하고 시민의 삶의

13) 전략시장 리포트(2015), "GCC국가 스마트 시티 시장조사 - UAE, 카타르, 쿠웨이트", 한국무역협회.

질을 향상시키는 사업을 계속해서 추진 중이다. 바르셀로나 역시 스마트 도시의 시작은 노후화된 도시 중심지인 본(Born) 지구를 재개발하면서 곳곳에 사물인터넷(IoT) 기술을 적용하는 데서 출발한다. 시작은 노후화된 도시 중심지의 개발이었지만 이를 기회로 스마트 도시로의 발전을 모색한 것이다.

바르셀로나의 접근방식은 하이퍼 커넥티드(Hyper-Connected), 초고속, 배출가스 제로를 목표로 설정하고, 장기적으로 도시 내에서 생산적이고 인간중심의 커뮤니티를 구축하는 것이다.[14] 바르셀로나 스마트 도시 구축으로 시스코의 세계적 유수 기업과 서울, 요코하마, 더블린, 부에노스 아이레스의 세계 주요 도시들 간에 파트너십을 맺고 있다. 특히 바르셀로나 지역의 기업들이 커뮤니케이션 네트워크, 빅데이터 분석, 에너지 기술, 모빌리티 솔루션의 기술들을 제공하면서 파트너로 참여하고 있다.

대표적인 스마트 도시 사업은 새로운 버스 네트워크, 스마트 조명과 스마트 워크, 빌딩의 스마트화와 에너지 절감, 배출 제로 모빌리티, 오픈 정부 등이다. 먼저 2013년부터 시작한 버스 네트워크는 단순한 노선 변경뿐만 아니라 교통신호의 최적화, 환승의 용이성 확대, 버스 내 및 버스 정류장에서의 정보 제공, 속도 최적화를 위한 스마트 배차시간 관리, 시민의 수요를 반영한 자원의 최적화를 포함하는 사업이다.

스마트 조명 및 스마트 워터는 원격제어가 가능한 도로의 가로등은 LED로 교체했으며, 무선 인터넷 공유기를 부착하여 소음 수준, 공기 오염도를 측정하고 인구 밀집도까지 파악한다. 바르셀로나 조명 전력의 50%가 원격제어되고 있으며 도시의 녹색공간을 위한 77개의 분수를 원격제어하고 공원의 40%는 자동화된 물 공급이 가능하다.

---

14) 박정현(2013), [르포] 주차 위성서비스, 와이파이 가로등… '스마트 도시' 바르셀로나, 조선비즈, 2013.11.01.

전기자동차의 사용확대와 함께 충전소 및 자동차 렌털 사업을 확대하여 현재 500대의 하이브리드 택시, 300여 대의 전기 오토바이, 400여 대의 개인용 전기 자동차가 운행 중이다. 마지막으로 오픈정부 사업을 통해 시민에게 정보를 투명하게 공개하며, 한 예로 센서가 장착된 스마트 쓰레기통을 길에 설치해 실시간으로 쓰레기 수준 정보를 파악 및 공유하고 있다.15)

5.2 오스트리아, 빈(Wien) 스마트 도시

빈의 스마트 도시 사업은 2050년까지 최고 수준의 삶의 질을 시민에게 제공하려는 장기 전략 계획하에 진행되고 있다.16) 실행영역은 자원, 삶의 질, 혁신의 세 가지이다. 빈 스마트 도시 사업의 가장 큰 특징은 도시에 '살아 있는 실험실'을 만들면서 진행해 간다는 점이다. 예를 들어 2013년 10월부터 시작하여 2030년 완성을 목표로 하는 아스페론 스마트 도시 사업은 전력공급, 빌딩시스템, 지능형 전력그리드에 ICT기술을 접목하여 미래도시 인프라를 구축하는 것이다. 아울러 아파트, 사무실, 비즈니스, 과학, 교육, 연구 기관을 세우고 이 중에서 50%는 복합단지, 공원, 오락의 공공지역으로 구성 중이다. 빈시가 추진하는 스마트 도시사업은 사회적 및 환경적 목표들을 다수 포함하고 있다. 〈표 7-2〉에는 이와 같은 빈의 스마트 도시를 향한 목표가 나타나 있다.

---

15) 블룸버그 통신, 바르셀로나의 스마트 쓰레기통은 모바일 미래로 가는 길, 2014.02.13. http://www.bloomberg.com/news/articles/2014-02-23/barcelona-s-smart-trash-cans-pave-way-for-mobile-future

16) 한상기(2015), "스마트 도시, 그리고 서울의 과제 - 주요 대도시의 스마트 전략과 시사점", *World & Cities*, 9: 28-33.

〈표 7-2〉 빈(Wien), 2050년까지의 주요 목표

- 이산화탄소 배출: 2050년까지 1990년 대비 80% 감소
- 에너지: 전체 에너지 소비의 50%는 재사용 자원으로 해결한다.
- 모빌리티: 모터를 이용하는 개인 교통량을 현재 28%에서 2030년까지 15%로 감소, 2050년까지는 지자체 경계 안에서 움직이는 모든 차량은 기존의 방식이 아닌 새로운 기술을 사용
- 건물: 기존의 건물 난방, 냉방, 온수를 위한 에너지 소비를 연간 1인당 1%씩 감소
- 혁신: 2030년까지 빈-브루노-브라티슬라바 혁신 트라이앵글을 유럽에서 가장 미래 지향적이고 초국경의 혁신지역으로 조성. 수출물량에서 기술집약 제품의 비중을 현재의 60%에서 2050년까지 80%로 증가. 2050년에는 유럽 5대 규모의 연구와 혁신 허브로 성장
- 보건사회: 빈의 모든 시민은 배경, 신체적/심리적 조건, 성 취향, 성별에 관계없이 좋은 이웃 환경, 안전한 생활조건을 향유
- 환경: 녹지공간 비율을 50% 이상 유지

5.3 네덜란드, 암스테르담 스마트 도시

'암스테르담 스마트 도시' 프로젝트는 가장 혁신적이고 포괄적인 도시 차원의 지속가속성 플랫폼으로 민간과 공공 부문의 협력이 매우 중요하다. 암스테르담의 도시 구축 프로젝트는 '구조적 비전 암스테르담 2040 계획'과 '암스테르담 스마트 도시 프로젝트'로 구분된다. 전자는 급성장 대도시의 '하드웨어' 측면의 개발을 의미하며, 기존의 지역사회 밀도를 높이고 도시를 둘러싼 A10 순환도로에서 가능한 효율적으로 공간을 최대화시키는 새로운 교외사업, 상업, 주거지역을 구축하는 것이 목표이다. 후자는 대도시의 지적인 측면으로 '소프트웨어'에 해당되며, 이동성, 경제, 주거생활, 사회복지, 장소 만들기의 5개 항목을 조직화하는 프로젝트로 가장 효율적인 도시생활을 경험하도록 항목들을 끊김없이 통합하는 것이 목표이다.

2016년에 암스테르담 스마트 도시 구축팀은 'iBeacon과 사물인터넷 생활연구소' 프로젝트를 실행하여, 도시의 거리를 따라 비콘 네트워크를 설치하고, 공공 길찾기를 설계하고, 인기있는 관광루트를 개발하고, 도시의 핵심지역을 홍보하고, 기존의 모바일 앱에서 근접 데이터를 이용할 수 있

도록 하고 있다. 아울러 '스마트 시민' 프로젝트를 통해 지역사회에서 데이터를 크라우드 소싱(Crowdsourcing)[17]한다. 즉 거주민이 공기오염과 소음수준을 측정하는 저가의 센서를 구매하여 관련 정보를 서로 공유한다. 이와 같이 스마트 도시 개발과정에 도시민을 참여시켜 도시의 지속가능성을 위해 모두가 함께 노력하는 것이 중요함을 강조한다.

5.4 핀란드, 세계 최초의 모빌리티 통합플랫폼 'MaaS' 서비스

핀란드는 세계 최초로 교통 인프라와 관련된 서비스와 정보, 결제를 하나의 플랫폼으로 제공하는 'MaaS(Mobility–as–a–Service)'를 시작했다. 이 프로젝트는 핀란드 정부와 헬싱키의 공공기관인 HSL, 핀란드의 통신장비 제조업체인 에릭슨(Ericsson)과 지멘스(Siemens), 우버(Uber) 등의 기업들이 참여하고 있으며 정부와 기업 간의 울타리를 넘어 다양한 조직과 기업이 참여하고 있다. 헬싱키는 2014년 스마트시티스위원회가 선정한 가장 앞선 스마트 도시 중의 하나이다.

MaaS는 이동하고자 하는 사람 또는 물건이 주체가 되어 정보통신기술과 교통 인프라 및 서비스, 정보, 결제 서비스를 통합해 각각의 요구에 가장 적합한 수단을 원스톱으로 유연하고 원활하게 제공하는 플랫폼이다. 이동성의 가치를 최우선으로 하는 이동정보 서비스를 제공하고 있는 것이다. 이용방법은 홈페이지나 모바일 애플리케이션을 통해 출발지와 목적지를 입력하면 최단경로를 찾아 결제까지 한번에 이루어진다. 유럽의 경우 아직까지 교통수단 간의 결제정보가 연계되지 않아 결제를 일일이 따로 진행하고 이용하는 경우가 대부분이다.

17) 대중들의 참여로 해결책을 얻는 방법.

결론적으로 스마트 도시와 스마트 관광의 결합을 성취하기 위해서는 장기적으로는 스마트 관광 발전을 효율적으로 뒷받침할 수 있는 조직체계를 구축하고, 관광관련 빅데이터를 구축하여 활용해 나갈 수 있도록 노력해야 한다. 이를 위해 첫째, 스마트 관광 도시 확대를 장기적인 관점에서 지원하기 위해서는 효율적인 조직체계 구축이 필수적이다. 이를 위해서는 일차적으로 다양한 유관기관들이 모인 스마트 관광 도시를 위해서 스타트업의 창업을 지원하여 민간의 참여를 확대하고 지역주민에게 창업 및 고용의 우선권을 보장하여 지속가능한 발전을 도모하는 것이 중요하다. 각 지자체와 도시들은 스마트 도시의 접근을 관광과 결합한 개념으로 국제회의 유치와 마케팅, 관광상품 개발 및 연구조사, 관광종사원 인력양성 등 관광과 관련한 종합적인 정책을 수립 · 시행하도록 하여 정책집행의 효율성을 높여야 한다. 둘째, 장기적 스마트 관광 도시 활성화를 위해서는 활용성 높은 빅데이터 구축과 이를 이용한 민간기업의 사업 참여 확대가 필수적이다. 특히 이 과정에서 도시의 자료 제공을, 민간은 이를 이용한 사업화를 담당하도록 하는 분업체계를 구축해야 한다. 빅데이터 구축을 위해서는 일차적으로 기관이 보유한 자료에 대한 전수조사가 선행되어야 한다. 다만 개방의 우선순위 결정과정에서 민간사업자와의 충분한 협의가 전제되어야 한다. 스마트 도시 입장에서는 개방의 정책적 효과를 중심으로, 민간 입장에서는 희소성과 사업가능성을 중심으로 개방의 효율성이 높은 자료를 선별하도록 하는 것이다. 이후 자료의 형식 등에 대한 표준화와 체계적 분류를 진행하여 양질의 빅데이터를 구축하고 많은 민간사업자가 이를 활용하여 다양한 플랫폼을 개발해 나갈 수 있도록 지원해야 한다. 마지막으로 민간사업자의 플랫폼 운영과정에서 발생한 데이터를 재수집하고 체계화함으로써 빅데이터 구축의 선순환 구조를 확립해야 한다.

08

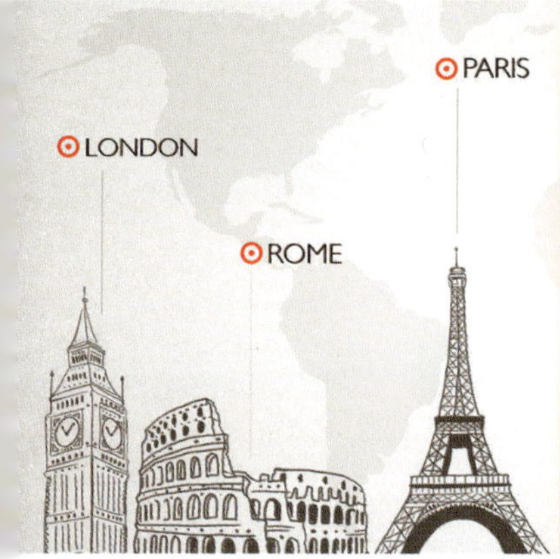

관광 경쟁력과 스마트 관광

이 장에서는 기존의 관광 경쟁력을 살펴보고, 이를 토대로 스마트 관광 차원에서의 관광 경쟁력, 스마트 관광 경쟁력에 대해 살펴본다.

CHAPTER 08

관광 경쟁력과 스마트 관광

1. 관광 경쟁력

1.1 관광 경쟁력의 정의와 발전

다보스 포럼으로도 일컬어지는 세계경제기구(World Economic Forum: 이하 WEF)는 매년 "관광 경쟁력 보고서(The Travel & Tourism Competitiveness Report)"를 발간하고 있고, 보고서에서는 여러 국가들이 관광지로서 갖는 경쟁력을 기준으로 관광 경쟁력 순위가 매겨진다. 관광 경쟁력 보고서에서 관광 경쟁력 순위를 정하는 데, 활용되는 핵심개념 중 하나가 관광 경쟁력(Destination Competitiveness)이라는 개념이다.[1)]

관광 경쟁력은 특정 도시 또는 국가가 관광지로서 경제적, 사회적, 문화적 방면에 얼마나 많이 기여할 수 있는지를 뜻한다. 즉 특정 도시 또는 국가가 거주민들 그리고 관광객들에게 관광을 통해 쾌적한 삶의 환경과 경험을 제공할 수 있는 능력이라고 말할 수 있다.[2)] 관광 경쟁력을 처음으로 제시한 연구의 개념모형을 보면 특정지역이 관광을 발전시키는 목적이 경제적 목적뿐만 아니라 사회적, 문화적, 환경적 목적 등 다양한 의도가 있다는 점과 더불어 그 효과 또한 다방면에 걸쳐 발생된다는 점을 감

1) Roberto, C., and Tiffany, M.(2017), *The Travel & Tourism Competitiveness Report 2017*. The World Economic Forum.

2) Crouch, G. I., and Ritchie, J. B.(1999), "Tourism, competitiveness, and societal prosperity", *Journal of Business Research*, 44(3): 137–152.

안하였다는 것을 알 수 있다.

관광 경쟁력 개념을 구성하는 요소는 크게 6가지로 나눌 수 있다. 첫째, 인적자원, 물적자원, 지식자원 등과 같은 관광지로서 경쟁력을 갖추기 위한 가장 기본적인 부존자원(Comparative Advantages: Resource Endowments) 둘째, 이러한 부존자원을 효과적으로 활용할 수 있는 회계, 관리, 효율성 등과 같은 관광지의 능력(Competitive Advantages: Resource Deployments) 셋째, 관광지로서의 매력(Destination Appeal), 즉 많은 관광객들이 해당 관광지에 가려는 주요 이유가 되는 핵심요소(Core Resources & Attractors) 넷째, 핵심요소가 제 역할을 제대로 할 수 있도록 뒷받침하는 보조요소(Supporting Factors & Resources) 다섯째, 핵심요소의 매력을 높이는 동시에 보조요소의 영향력을 강화시킴으로써 핵심요소와 보조요소 간의 관계를 견고하게 만드는 역할의 관리요소(Destination Management) 마지막으로 여섯째, 핵심요소, 보조요소, 관리요소의 영향력을 제어하고, 역할의 범위를 제한함으로써 최종적으로 관광 경쟁력을 결정짓게 하는 결정요소(Qualifying Determinants). 이러한 6가지를 나타낸 것이 [그림 8-1]에 해당하며 각 요소의 다양한 사례들 또한 확인할 수 있다.

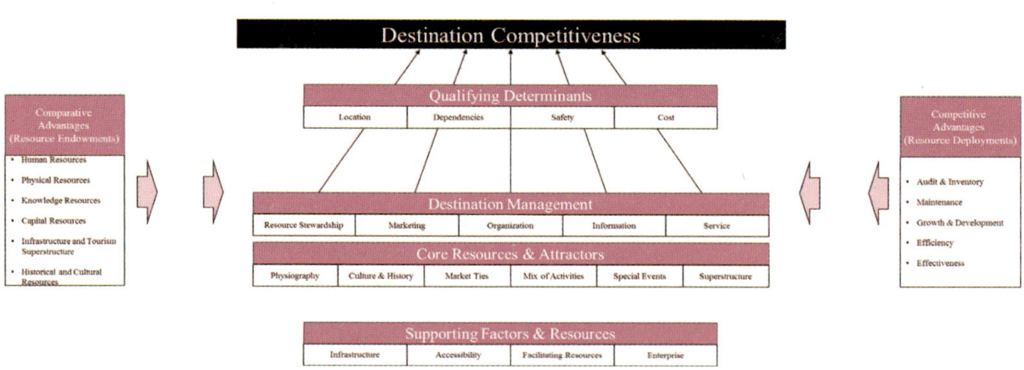

[그림 8-1] Crouch & Ritchie(1999)의 관광 경쟁력 개념 모형

관광 경쟁력 개념이 가장 활발히 그리고 중요하게 활용되는 분야 중 하나가 세계경제기구의 관광경쟁력지수(Travel & Tourism Competitiveness Index: TTCI)이다. 매년 관광경쟁력지수를 토대로 약 130여 개국의 관광 경쟁력 순위가 매겨지고 있으며(2017년 순위: 1위 스페인, 2위 프랑스, 3위 독일, 4위 일본, 5위 영국, 6위 미국, 7위 호주, 8위 이탈리아, 9위 캐나다, 10위 스위스, 19위 한국), 이와 더불어 전 세계 관광의 흐름, 중요 트렌드, 향후 발전방향이 제시되고 있다. 해당 이슈들은 실제로 각 국가들에게 구체적인 발전전략, 방향을 제시하게 되며, 관광정책, 계획 등을 결정하는 데 중요 지표가 되고 있다. 이러한 현상은 '개별 국가들이 관광분야를 발전시킴으로써 경제적, 사회적, 문화적 발전을 이룩하고, 나아가 범세계적인 발전과 평화를 도모시킨다'라는 관광경쟁력 개념 정립의 목적이 실현되고 있음을 반영한다고 볼 수 있다. 관광경쟁력지수는 다양한 요소를 구분지어 측정하게 되는데, 해당 구성요소들은 [그림 8-2]에 나타난 관광경쟁력지수의 프레임워크에서 확인할 수 있다.

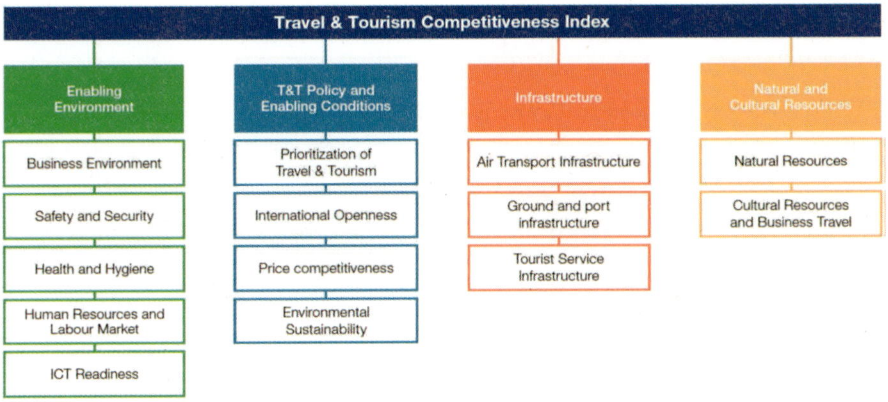

출처: http://www3.weforum.org/docs/WEF_TTCR_2017_web_0401.pdf

[그림 8-2] 관광경쟁력지수의 프레임워크

1.2 관광경쟁력지수

관광경쟁력지수가 갖는 중요성은 다양한 관점에서 꼽을 수 있다. 관광경쟁력을 주제로 한 연구들의 대부분이 관광경쟁력지수를 기본 토대로 활용된다는 점에서 이론적 중요성을 찾을 수 있다. 연구자들에게 체계적인 근거를 제공함으로써 관광경쟁력 개념을 지속적으로 분석할 수 있다는 기회를 제공한다는 점만이 아니라 일반 관광 외 다른 분야에도 관광경쟁력 개념을 적용, 활용할 수 있는 가능성까지 제시한다. 실제로 관련 연구들을 살펴보면 이러한 지속적인 분석의 가능성 그리고 폭넓은 적용 및 활용의 가능성을 확인할 수 있다.

관광경쟁력지수가 갖는 중요성은 실재적 사례에서 찾을 수 있다. 무엇보다 가장 큰 실재적 중요성은 국가들의 관광정책과 발전계획에 기본적 가이드라인으로 작용한다는 것이다. 이러한 의의는 앞에서 언급했듯이 관광경쟁력지수의 목적에서도 드러난다. 또한 각 국가들의 관광경쟁력지수 측정을 위해 각 국가의 정부 데이터, 국제항공운송협회(International Air Transport Association: 이하 IATA), 국제연합세계관광기구(United Nations World Tourism Organization: 이하 UNWTO), 세계여행산업회의(World Travel & Tourism Council: 이하 WTTC) 등의 공공 데이터와 더불어 아코르(ACCOR), 아마데우스(Amadeus), 에어아시아(AirAsia), 힐튼 월드와일드(Hilton Worldwide), 인터콘티넨탈 호텔 그룹(Intercontinental Hotel Group), 메리어트 인터내셔널(Marriott International) 등의 기업 데이터를 활용한다는 점을 감안한다면 관광경쟁력지수의 결과가 각 국가에 어느 정도의 가치를 가질지 예상할 수 있다. [그림 8-3]에 나타난 기사들을 통해, 다양한 국가들이 관광경쟁력지수의 결과를 통해 자국이 관광지로서 갖는 경쟁력의 현주소를 검토하고, 향후 발전방향을 수립하는 데도 해당 분석을 활용한다는 것을 유추할 수 있다.

BUSINESS & ECONOMY

UK score slips in safety pillar of WEF's travel and tourism index amid terror attacks

Arab News | Published — Thursday 6 July 2017

The UK has been hit by a string of terror attacks since the start of 2017. (Reuters)

London supercar season eases into gear as Arab visitors flock to UK capital

The WEF describes the safety and security pillar as the "extent to which a country exposes tourists and businesses to security risks mainly related to serious harm to people such as violence and terrorism", although petty crimes are not taken into account.

Analysis: Slovakia lacks competitive tourism

Neither Slovakia nor the Czech Republic are countries in which tourism could be viewed as the bedrock of their economies, an analysis by UniCredit Bank finds.

Štrbské pleso(Source: Sme)

Reasons behind ranking

Four components make up the competitiveness index - a country's (un)favourable business conditions, policies, infrastructure and natural and cultural resources.

출처: http://www.arabnews.com; https://spectator.sme.sk

[그림 8-3] 관광경쟁력지수의 실재적 가치

2. 스마트 관광 경쟁력

2.1 스마트 관광 경쟁력의 정의와 특징

1990년대부터 등장한 인터넷을 기반으로 다양한 형태로 정보기술이 발전하면서 해당 분야뿐만 아니라 여러 산업분야에서 정보기술의 도입 및 활용이 필수적인 과정으로 자리매김하고 있다. 이는 관광분야도 예외가 아니며, 이러한 현상은 특히 최근에 각광받는 스마트 기술의 접목으로 활발해지면서 스마트 관광(Smart Tourism)이라는 현상을 출현시키게 된다.[3] 스마트 관광은 정확히 다음과 같이 정의된다.

3) Gretzel, U., Sigala, M., Xiang, Z., and Koo, C.(2015), "Smart tourism: Foundations and developments". *Electronic Markets*, 25(3): 179–188.

> *"해당 지역사회의 모든 사람들(관광객과 지역주민)이 사용가능한, 해당 관광지역의 지속가능한 발전을 가능케 하는 스마트 기술을 기반으로 사람과 사람, 사람과 장소, 장소와 장소 간의 정보 교환을 통해 해당 지역이 제공하는 관광 경험과 더불어 지역 주민의 삶의 질을 지속적으로 개선시키는 현상*[4]"

나아가 최근 관련 연구들은 위와 같이 정의된 스마트 관광이라는 현상을 구현하는 관광지를 스마트 관광지로, 해당 현상을 가능케 하는 전체적인 시스템 및 환경을 스마트 관광 생태계라고 정의하기도 한다.[5] 스마트 관광이 세계적인 트렌드로 자리매김한 현상, 해당 현상의 파급력을 고려한다면 관광 경쟁력을 발전시키기 위한 새로운 장치로 스마트 관광이라는 트렌드가 적합하다고 생각된다.

스마트 관광 경쟁력은 특정 관광지의 가능성, 능력을 나타낸다는 점에서 기존의 관광 경쟁력과 공통점을 갖지만, 전자는 해당 지역이 일반 관광보다는 스마트 관광을 구현할 수 있는가에 중점을 둔다는 점에서 차이점을 갖는다. 이러한 차이점을 스마트 관광 경쟁력에 반영하기 위해서는 당연히 스마트 기술에 대한 논의가 추가되어야 하며, 이와 더불어 스마트 기술을 통한 다양한 플랫폼의 통합에 대한 논의도 필수적으로 고려되어야 한다.[6] 관광 경쟁력 개념을 반영한 관광경쟁력지수에도 정보기술 측면을 평가하는 요인인 ICT 준비도(ICT Readiness)[7]가 존재하지만, 스마트 기술보다는 정보기술의 기초적 형태를 측정하는 데 그치고 있으며, 단

---

4) Lopez de Avila, A.(2015), *Smart destinations: XXI century tourism*. In ENTER 2015 conference on information and communication technologies in tourism, Switzerland: Lugano.

5) Koo, C., Tussyadiah, I. P., and Hunter, W. C.(2017), Special issue on how technology-enhanced tourism is transforming societies, cultures and economies, *Technological Forecasting & Social Change*.

6) 구철모(2016), *4차 산업혁명과 스마트관광도시*, 한국관광정책, 가을 65호: 65-72.

7) The World Economic Forum(2017), *The Travel & Tourism Competitiveness Report*.

순히 기술에 대한 수요 및 사용에 국한되어 있다. 이러한 한계점은 〈표 8-1〉에 나타난 관광경쟁력지수의 정보기술 측면을 평가하는 요인의 세부기준들을 확인함으로써 파악할 수 있다. 따라서 스마트 관광경쟁력지수를 개발한다면 특히 이 점에 대한 개선이 필요할 것이다.

〈표 8-1〉 관광경쟁력지수의 ICT 준비도

ICT 준비도(ICT readiness)
관광경쟁력지수의 4개 부문(Subindex) 중 환경(Enabling environment) 부문에 속하는 평가요소 중 하나로 특정 국가의 정보기술의 활용도를 측정하는 데 중점을 두고 있다.
세부기준
• ICT Use for business-to-business transactions: 해당 국가에서 기업 간의 거래를 위해 ICT가 어느 정도 사용되는가? (1: 전혀 사용되지 않는다, 7: 항상 사용된다) • Internet use for business-to-consumer transactions: 해당 국가에서 기업이 소비자에게 상품을 판매하기 위해 ICT를 어느 정도 사용하는가? (1: 전혀 사용하지 않는다, 7: 항상 사용한다) • Individuals using the Internet: 해당 국가 전체인구 대비 인터넷 사용 인구의 비율 • Broadband Internet subscribers: 해당 국가 인구 100명당 광대역 인터넷 사용 인구수 • Mobile telephone subscriptions: 해당 국가 인구 100명당 휴대폰/스마트폰 사용 인구수 • Mobile broadband subscriptions: 해당 국가 인구 100명당 광대역 이동통신 인구수 • Mobile network coverage: 해당 국가 전체 인구 대비 모바일 이동통신 사용 가능 구역에 거주하는 인구의 비율 • Quality of electricity supply: 해당 국가에서 전력 공급은 얼마나 안정적으로 이루어지는가? (정전이나 전압변동 등은 없는가?) (1: 전혀 안정적이지 않다, 7: 매우 안정적이다)

2.2 스마트 관광경쟁력지수

스마트 관광경쟁력의 개념을 바탕으로 특정 관광지(도시 또는 국가)의 스마트 관광을 실현시킬 수 있는 능력을 측정할 수 있는 스마트 관광 경쟁력지수는 앞에서 언급했듯이 현재의 사회 전반적으로 나타나는 현상인 '스마트 기술의 폭넓은 활용'이라는 트렌드를 관광경쟁력지수에 적용한다는 점에서 적지 않은 의의를 갖는다. 관광산업 자체의 폭넓은 범위와 함께 다양한 산업들과의 연관성, 그리고 경제, 사회, 문화에 미치는 영향력을 고려해 본다면, 관광경쟁력을 분석하는 데 있어 특정 지역에서 나타나는 거대한 흐름을 간과하기 어렵다.[8] 또한 관광경쟁력지수에 세계적 이슈를 포함시킴으로써 과거를 토대로 정립된 경쟁력지수를 그대로 사용하는 것이 아닌 현재성을 반영한 경쟁력지수를 사용할 수 있다는 점과 궁극적으로 관광경쟁력지수의 계속적인 발전을 도모할 수 있다는 점도 스마트 관광경쟁력지수를 개발해야 하는 필요성을 말해준다.[9]

스마트 관광경쟁력지수를 개발하기 위해 우선적으로 고려되어야 할 요소는 〈표 8-2〉와 같이 크게 세 가지로 나뉜다. 스마트 기술 활용을 위한 기본적 기반 시설의 준비성(Smart Technology Readiness), 스마트 관광 관련 애플리케이션 활용도(Smart Tourism Application Usage), 그리고 스마트 기술을 통한 관광자원의 통합성(Integration of Resources)이 그것이다.

스마트 기반시설의 준비성의 경우, 기존 관광경쟁력지수의 정보기술 측정요인이 갖고 있는 '기초적인 형태의 정보기술만을 측정한다'라는 한계점을 보완하는 역할을 한다. 과거 정보기술의 구현을 위해 컴퓨터, 인터넷 네트워크 등의 기반시설이 필요하듯이, 스마트 기술의 구현을 위해서도 다양한 기반시설이 필요하다. 대표적인 사례가 공공 WiFi, IoT, 클라우드 서비스(Cloud Services), 시간과 장소에 구애받지 않고 네트워크 접속을 가능하게 하는 사용자 인터넷 시스템 등이 있다.[10] 이와 같은 항목들은 특정 지역 내에서의 해당 기술의 보급률 또는 구축 정도 등으로 측정할 수 있다.

---

8) Li, Y., Hu, C., Huang, C., and Duan, L.(2017), "The concept of smart tourism in the context of tourism information services", *Tourism Management*, 58: 293–300.

9) Koo, C., Shin, S., Gretzel, U., Hunter, W. C., and Chung, N.(2016), "Conceptualization of Smart Tourism Destination Competitiveness", *Asia Pacific Journal of Information Systems*, 26(4): 561–576.

10) Ling-Yun, Z., Nao, L., and Min, L.(2012), "On the Basic Concept of Smarter Tourism and Its Theoretical System", *Tourism Tribune*, 27(5): 66–73.

관련 애플리케이션 활용도의 경우, 스마트 관광이 실재적으로 가장 활발하게 이루어지는 다양한 온라인 플랫폼에 대한 측면을 가리킨다. 스마트 관광 애플리케이션은 관광객이 여행을 하기 위해 사용하는 그리고 관광관련 업체가 여행 서비스를 제공하기 위해 사용하는 모든 온라인 웹사이트, 스마트폰 애플리케이션 등을 말하기 때문에, 스마트 관광의 실재적 측면을 가장 잘 보여줄 수 있다.[11] 대표적인 예로 구글 맵, 에어비앤비, 우버, 페이스북, 트립어드바이저 등이 있다. 이러한 항목들은 요소 이름에서 나타나듯이 특정 지역 내 관광객, 지역주민, 관련 기업들의 애플리케이션 사용 정도로 측정할 수 있다.

〈표 8-2〉 스마트 관광경쟁력지수

요소	스마트 기반시설의 준비성	스마트 관광 관련 애플리케이션 활용도	스마트 관광자원의 통합성
측정개념	스마트 기술의 구현을 위한 기초적 기반시설이 얼마나 잘 갖춰졌는가?	스마트 관광 관련 애플리케이션이 얼마나 활발하게 활용되는가?	다양한 스마트 기술, 관련 애플리케이션 등을 통해 관광 주체 또는 개체들이 얼마나 유기적으로 통합되어 있는가?
항목사례	• 공공 와이파이 • 사물인터넷 • 클라우드 서비스 • 사용자 인터넷 시스템	• 구글 맵 • 에어비앤비 • 우버 • 페이스북 • 트립어드바이저	• 서로 다른 주체 또는 객체 간 커뮤니케이션
항목측정	• 특정 지역 내에서의 해당 기술의 보급률 또는 구축 정도	• 특정 지역 내 관광객, 지역주민, 관련 기업들의 해당 애플리케이션 사용 정도	• 커뮤니케이션을 위한 데이터 전송 속도, 품질 등

11) Wang, X., Li, X. R., Zhen, F., & Zhang, J.(2016). "How smart is your tourist attraction?: Measuring tourist preferences of smart tourism attractions via a FCEM-AHP and IPA approach, *Tourism Management*, 54: 309-320.

스마트 관광자원의 통합성은 최근 이론적 연구들에서 주장하는 스마트 관광 경쟁력을 갖추기 위한 가장 중요한 요소 중 하나로 꼽히는 요소다. 구체적으로 스마트 관광은 해당 지역의 모든 주체 및 개체로부터 발생되는 다양한 형태의 데이터를 수집하고, 분석한 후, 각 주체 및 개체에게 적절한 서비스를 제공함으로써 관광객에게는 보다 개선된 관광경험을, 지역주민에게는 보다 높아진 삶의 질을 선사하는 과정이 실시간으로 이루어지는 것으로 구현될 수 있다. 하지만 이 과정은 단순히 스마트 기술이 갖춰진다고 가능하지 않다. 스마트 기술을 통해 지역주민, 관광객을 비롯해 호텔, 레스토랑, 박물관과 같은 관광지 등 모든 관광 주체 및 자원들이 연결되어 하나의 플랫폼을 이룰 때 가능하다. 다양한 사례 중에서도 서로 다른 주체 또는 개체 간 커뮤니케이션이 얼마나 잘 이루어지는가에 대한 항목이 대표적인 항목으로 꼽힐 수 있을 것이다. 구체적인 측정방법으로는 커뮤니케이션을 위해 이루어지는 데이터 전송, 교환 등의 속도나 품질로 측정이 가능할 것이다. 따라서 위 세 가지를 스마트 관광경쟁력지수를 위해서 우선적으로 반영되어야 하는 요소로 꼽을 수 있으며, 이와 동시에 기존 관광경쟁력지수에 대해 차별성을 가질 수 있는 요소로도 꼽을 수 있다.

09

호텔 관광 산업의 스마트화

이 장에서는 변화된 호텔과 관광산업 패러다임에 대해서 알아보고, 호텔과 컨벤션과 전시산업의 스마트화, 쇼핑관광의 스마트화, 그리고 항공 서비스의 스마트화에 대해 살펴본다.

스 · 마 · 트 · 관 · 광

CHAPTER 09

호텔 관광산업의 스마트화

1. 호텔산업의 스마트화

1.1 호텔고객의 변화

인터넷이 보편화되기 이전에는 호텔을 예약하려면 먼저, 유명 체인호텔들이 소유한 GRS(Global Reservation System) 호텔 예약망을 통하여 목적지 호텔을 예약하는 방법이 있다. 대중화되지 않아 주로 멤버십을 갖고 있거나, 호텔을 자주 이용하는 특정인들만이 혜택을 누릴 수 있는 시스템이라고 할 수 있다. 또 다른 방법은 여행지의 호텔에 직접 전화를 걸어 예약하는 방법으로 주로 브랜드 명성을 갖고 있는 체인호텔이나 유명 호텔이 선택될 가능성이 높다. 그런데 여행사 패키지를 이용하여 여행하는 관광객의 경우, 투숙할 호텔에 관한 정보를 전혀 모른 채 여행길에 오르는 경우도 있었다. 이러한 형태가 인터넷 출현 이전의 일반적인 호텔예약 형태라고 할 수 있다([그림 9-1] 참조).

출처: 구철모(2017)

[그림 9-1] 전통적인 호텔 예약 시스템

정보통신기술이 보편화되고 이를 이용하는 비용이 낮아지면서 인터넷을 토대로 하는 온라인 여행업체(Online Travel Agency: OTA)가 등장하게 되었다. 익스피디아(Expedia.com), 부킹닷컴(Booking.com), 프라이스라인(Priceline.com) 등, 방문하고 싶은 도시의 호텔을 검색하고 적당한 호텔들을 찾아 비교하여 예약할 수 있게 해주는 업체들이 온라인상에 등장하면서 고객의 입장에서는 가격을 포함하여 다양한 정보를 비교해 보고 선택할 수 있는 기회가 대폭 늘어났다([그림 9-2] 참조).[1] 따라서 글로벌 OTA의 전 세계적 호텔산업 지배력이 높아지고 있다.

1) 구철모(2017), "4차 산업혁명 시대 도래에 따른 호텔산업 패러다임 변화", *한국관광정책*, 67: 85-92.

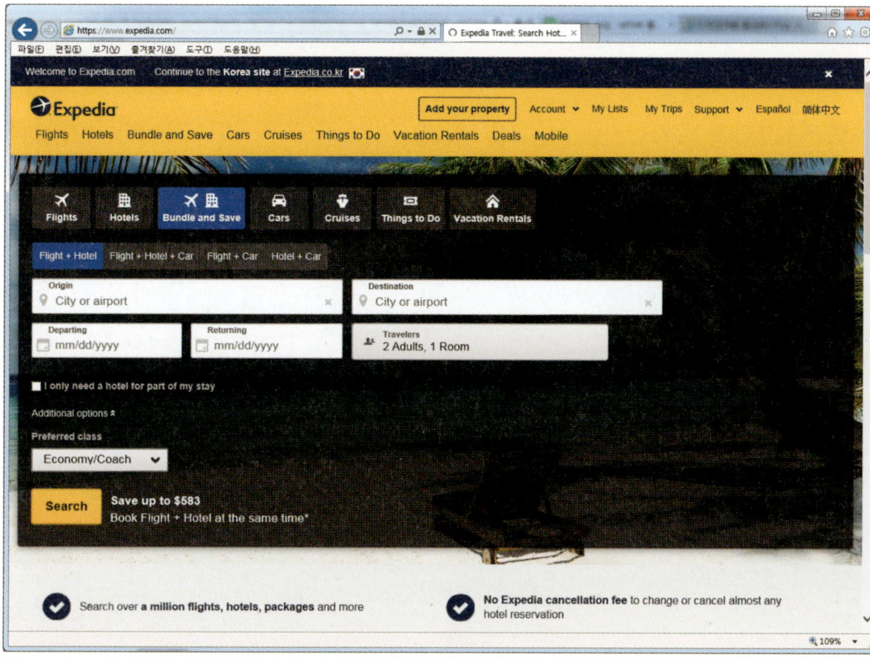

출처: https://www.expedia.com

[그림 9-2] 글로벌 OTA: 익스피디아

이러한 인터넷의 발달로 인하여 겪게 되는 호텔예약 형태의 변화에 대하여 호텔업계의 반응은 크게 두 가지로 양분된다고 볼 수 있다. 그동안 브랜드파워를 앞세워 마케팅을 해오던 유명 체인호텔들은 OTA의 등장으로 새로운 도전에 직면하게 되었다. 단독적으로 전 세계에 예약망을 구축해 놓고 소비력을 갖춘 고객들을 독점하던 과거와는 달리 OTA를 통하여 정보를 비교 탐색하고 호텔을 선택하려는 고객의 등장으로 새로운 국면을 맞게 되었다.

인터넷이 발전하고 보편화되면서 호텔과 고객 사이에 OTA가 등장하게 되고, OTA는 보다 광범위하게 호텔 관련 정보를 검색하여 고객에게 제공하고 그 대가로 수수료를 얻는다. 고객은 이러한 정보로부터 내게 가장 적합한 호텔을 저렴한 가격으로 손쉽게 선택할 수 있는 기회를 갖게 되었다. 또한 호텔은 이러한 시장환경 변화를 수용함으로써 시장으로부터 과거보다 더 큰 추가적인 수익을 얻게 되었는데 공급사슬상의 파트너들이 서로 협력함으로써 모두 이득을 얻게 되는 구조가 된 것이다. 이처럼 OTA의 등장으로 여행객이나 호텔 모두가 큰 혜택을 누린다고 할 수 있다. 현대는 호텔을 검색하게 하고 예약을 대행해 주는 온라인여행사의 등장으로 고객은 전 세계 호텔 중 여행하려는 지역의 호텔을 간편하게 비교하고, 자신한테 적합한 호텔을 낮은 가격에 선택할 수 있게 되었다. 의사결정의 도움을 받기 위해 먼저 이용한 경험이 있는 고객들의 이용후기를 보면서 판단을 구체화할 수 있는 편리한 기능은 설령 이용하고자 하는 호텔이 유명 브랜드를 갖고 있지 않은 지역의 소규모 호텔일지라도 그 호텔이 자신에게 어떠한 상품과 서비스를 제공할 것이라는 확신을 갖게 하는 데 도움을 준다.

출처: 구철모(2017)

[그림 9-3] OTA를 통한 호텔 예약

호텔의 입장에서 보면, OTA의 등장으로 마케팅과 고객관리에 있어서 큰 변화를 가져왔다고 할 수 있다. 전통적으로 거래처를 방문하여 유대를 강화하고 호텔매출에 기여토록 호소하거나, 멤버십을 관리하면서 단골고객의 이탈을 방지하려고 노력해 왔던 방법이 이제는 인터넷 마케팅으로 그 무게중심이 옮겨가고 있다. 인터넷에서 항상 첫 페이지, 윗줄에서 쉽게 찾는 것이 가능하도록 노출 빈도수를 높이고, 착한 가격으로 인터넷상의 고객관심을 높여간다. 고객의 관심을 끌기 위해 매력적인 상품과 서비스 조합으로 경쟁력 있게 상품을 구성하고, 호텔을 경험한 고객으로 하여금 인상적인 이용후기를 남길 수 있도록 친절한 서비스를 제공하는 데 한층 더 노력을 기울인다([그림 9-3] 참조).

1.2 예약방식과 서비스의 변화

호텔을 검색할 수 있는 방법은 매우 다양해졌으며 온라인을 통하여 원하는 정보를 찾는 것은 더욱 쉬워졌다. 인터넷 예약 사이트의 다양성과 모바일의 접근성이 융합되면서 호텔 고객은 원하는 가격, 서비스 및 상품을 비교, 분석하여 검색할 수 있게 되었을 뿐 아니라, 인터넷 예약 사이트와 호텔 간의 상호 경쟁으로 인한 마케팅 프로모션 및 할인 등의 이익을 검색만으로도 손쉽게 얻을 수 있게 되었다. 인터넷 여행 사이트에서 호텔상품의 가격을 비교해 주는 온라인 여행사 중에 구매 인기상품이나 가격을 비교하여 고객에게 가장 저렴한 가격의 정보를 주는 메타데이터(metadata), 카약닷컴(kayak.com), 호텔컴바인닷컴(hotelcombined.com), 트리바고(trivago.com) 등은 맞춤형의 성격을 가지고 있다.

이러한 인터넷 사이트 검색만으로 모든 호텔상품의 가격을 정확하게 비교하고, 보다 철저한 검토를 통해서 결정을 할 수 있다. 최근 구글검색에 추가된 기능인 호텔파인더는 구글 내에서 호텔의 공식 웹사이트와 온라인여행사의 가격을 비교해 볼 수 있게 하였다. 검색과 동시에 특정 호텔의 객실가격을 알 수 있게 된 것이다. 이러한 검색엔진의 다양한 역할로 인하여 호텔 공식 웹사이트에서 제공하는 가격이 자연스럽게 비교되게 되었고, 호텔 공식 가격 또한 균일화되는 경향을 보이게 되었다. 이 같은 변화에 빠르게 대응하고 있는 대표적 호텔 브랜드인 하얏트(Hyatt)와 메리어트(Marriott)는 이런 변화에 호응하면서 고객들의 예약채널을 호텔 공식 웹사이트로 돌리려는 전략을 쓰고 있다. 이와 같은 검색형태는 호텔과 온라인여행사의 가격 경쟁에서의 다양한 변화를 가져다줄 것으로 예상된다.[2]

[그림 9–4] 파크 하얏트 트립어드바이저

[그림 9–5]를 보면 트립어드바이저(Tripadvisor)는 호텔을 이용한 고객들이 이용한 후기를 남겨놓으면 다른 여행객들이 이 후기를 보고 공감을

---

2) 구철모(2017), "4차 산업혁명 시대 도래에 따른 호텔산업 패러다임 변화", *한국관광정책*, 67: 85–92.

표시하거나 다른 의견을 남겨놓는 여행 조언 사이트로 유명하다. 즉 여행객이 목적지의 여행정보를 얻는 데 아주 유용하게 활용할 수 있는 서비스를 제공해 왔다. 또한 트립어드바이저를 통해 호텔을 검색하면 별도의 예약사이트를 거치지 않고도 호텔 예약이 가능하다. 정보 제공과 예약 서비스가 서로 융합하여 새로운 서비스로 발전된 경우라고 할 수 있다.

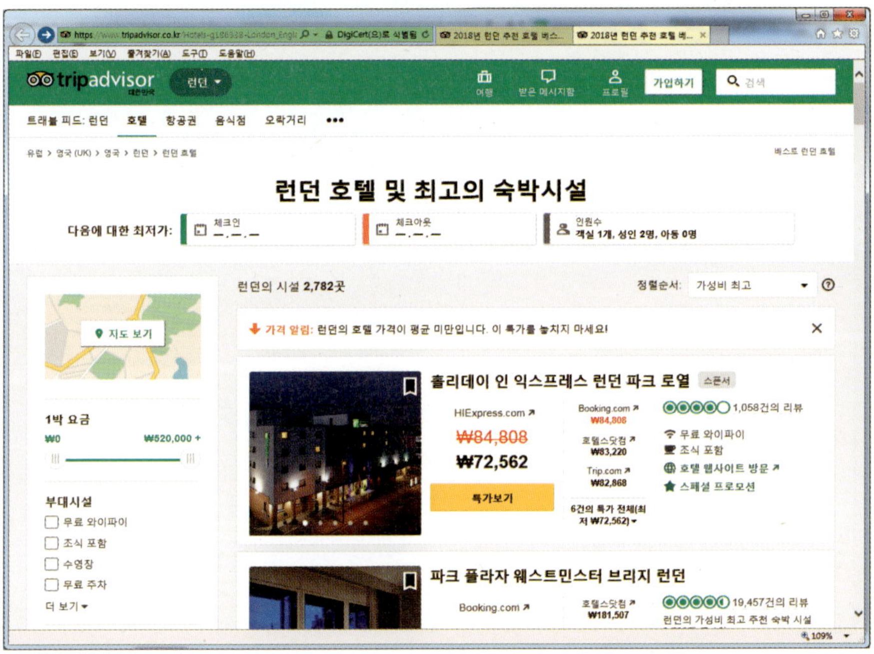

출처: https://www.tripadvisor.co.kr

[그림 9-5] 트립어드바이저를 활용한 호텔 예약

페이스북에서는 2019년 3월부터 시티가이드 서비스를 시작했다([그림 9-6] 참조). 스마트폰 앱을 업데이트하면서 추가한 이 서비스는 자신과 친구를 맺고 있는 이용자가 관광지를 여행하면서 경험한 관광, 숙박, 음식 관련 정보를 올려놓으면, 여행을 계획하고 있는 페이스북 이용자는 교류가 있는 페이스북 친구로부터 얻게 되는 정보를 가지고 의사결정을 하는 데 훨씬 더 신뢰감을 가질 수 있게 되었다. 페이스북의 막강한 브랜드파워와 폭넓은 네트워크를 이용하여 여행과 기존 호텔에 큰 영향을 미칠 수 있는 서비스를 시작한 것이다.

[그림 9-6] 페이스북과 아고다의 결합

한편, 인천국제공항 인근의 D호텔은 첨단 ICT를 활용하여 고객서비스에 응하고 있다. 열쇠가 필요없는 시스템(Keyless System)은 고객이 호텔을 예약하면 고객의 스마트폰으로 호텔의 앱을 전송해 주는데, 여기에 인증번호를 입력하면 객실 출입에 필요한 패스워드를 받게 된다. 이를 가지고 객실 출입은 물론 객실 내에서 조명, 냉난방기의 콘트롤과 블루투스로 연결된 오디오까지 이용할 수 있어 고객으로부터 좋은 반응을 얻고 있다. 호텔 측에서도 서비스에 필요한 인건비를 절약하게 되고, 낮춘 원가를 다시 고객에게 환원하여 저렴한 객실요금으로 고객에 보답할 수 있게 하였다.

호텔의 레스토랑에서도 메뉴판을 사용하는 대신 아이패드(iPad)를 이용하여 메뉴를 소개하기도 한다. 메뉴에 대한 소개는 물론 페이지를 넘기면서 메뉴의 유래와 조리과정 등을 볼 수 있게 구성하여 고객이 음식을 기다리는 시간이 지루하지 않도록 즐거움을 제공한다. 기다리는 시간을 이용하여 관광정보 등을 얻기 위해 웹서핑을 할 수 있는 것은 물론이다. 매년 적지 않은 예산을 투여하여 메뉴판을 제작해야 하나, 아이패드에 메뉴를 탑재함으로써 계절메뉴, 가격조정, 오늘의 스페셜, 프로모션 등 메뉴를 변경해야 하는 경우, 신속하게 변경이 가능하다. 메뉴판 제작에 필요한 비용의 절감은 추가적인 장점이 된다. 고객만족과 함께 무엇보다 편리한 것은 기본 틀만 갖추어지면 메뉴 제작 및 변경을 서비스 스태프가 직접 할 수 있다는 것이다.

2. 컨벤션과 전시산업의 스마트화

컨벤션 전시산업(MICE산업)은 특정 도시나 국가가 전 세계 시장으로부터 거대한 수익을 창출할 수 있는 성장속도가 가장 빠른 관광산업의 한 분야이다.[3)]

컨벤션(Convention)은 'Con(함께, 같이)'과 'Vene(만나다)'가 더해진 단어로, 산업, 학술, 정치, 문화, 종교 등 다양한 분야에서 정보교환을 목적으로 하는 각종 집회, 회의, 연구회, 전시회, 문화예술공연, 체육행사 등의 행위를 말한다. 컨벤션 산업은 전시와 국제회의에 관광과 이벤트까지 포함된 복합적 산업이라고 할 수 있다. 전시산업은 전시시설을 건립 · 운영하거나 전시회 및 전시회와 관련된 국내외 행사를 기획 · 개최 · 운영하고 이와 관련된 물품 및 장치를 제작 · 설치하거나 전시공간의 설계 · 디자인

3) Banu, A.(2016), "MICE-future for business tourism", *International Journal of Advanced Multidisciplinary Research*, 3: 63-66.

과 더불어 이와 관련된 공사를 수행하고 전시회와 관련된 용역 등을 제공하는 산업이다. MICE산업은 회의(Meeting) · 포상관광(Incentives) · 컨벤션(Convention) · 전시회(Exhibition)의 머리 글자를 딴 용어로, 폭넓게 정의한 전시 · 박람회와 산업을 말한다. 이는 좁은 의미에서 국제회의를 뜻하는 '컨벤션'이 회의, 관광, 전시 · 박람회 이벤트 등의 복합적인 산업으로 해석되면서 생겨난 개념으로 볼 수 있다. 컨벤션 전시산업은 보다 많은 인구 유동과 정보 유통을 필요로 하는 관광산업과 정보산업을 긴밀히 연결시켜 비즈니스를 촉진시키는 복합산업이라고 볼 수 있다. 인공지능, 사물인터넷, 빅데이터 등 스마트한 기술의 출현은 이러한 속성을 띠고 있는 컨벤션 전시산업에 긍정적인 역할을 가져다줄 것이며 컨벤션 전시산업 형태의 변화와 발전방향을 제시하는 데 큰 영향을 미칠 것이다([그림 9-7] 참조).

세계이동통신사업자협회(GSMA)와 시장조사기관 스태티스타에 의하면 2020년 전 세계 스마트폰 보급대수는 35억 대로 세계인구의 절반이 사용하고 있다. 한국의 휴대전화 보급률은 100%이며 이 가운데 스마트폰 사용자들이 95%를 차지해 조사대상 국가들 가운데 스마트폰 보급률이 가장 높았다. 이러한 변화에 따라 참가자 등록 시 모바일을 이용한 등록방식이 다양하게 시도되고 있다. 참가자들이 행사 앱을 다운로드받도록 유도해 앱을 통해 참가확인을 하거나 설문지 작성을 하도록 앱 푸시를 하기도 한다. 이렇게 하나의 앱에 모든 기능을 통합하여 참가자들에게 성가심을 줄이는 등록 시스템이 출현되고 있다. 하나의 앱에 모든 등록절차가 통합되면 앱 이용자는 두세 개의 앱에 오고 가지 않아 시간절약이 가능하며 통합 앱은 모든 요구를 한곳에서 충족시키는 상점(One-Stop-Shop)으로서의 역할이 가능하다.

[그림 9-7] ITB Berlin 전시회 앱

최근에는 박람회에서 현장 등록 시 스마트폰으로 QR코드를 찍으면 바로 모바일 등록 양식으로 연결되는 모바일 등록이 빠른 속도로 확산되고 있다. 기존 종이신청서의 경우 현장에서 등록하고자 하는 방문객이 등록 작성대에 줄을 서서 양식을 작성하고, 배지를 받기 위해 기다려야 했다. 수만 명이 방문하는 전시회에서는 끝없이 길게 늘어선 줄에서 기다려야 하는 상황이 연출되기도 했다. 그러나 최근 도입되고 있는 QR코드 현장 등록양식은 방문객이 QR코드를 찍으면 각자의 모바일에 등록양식이 뜰 수 있도록 개발되었다. 모바일 양식에 개인정보를 작성하고 바코드를 발급받으면, 이를 배지 발급프린트에 바코드를 찍어 방문객이 스스로 배지를 발급받을 수 있다. 이러한 스마트 등록방식을 통해 방문객들은 기다리는 시간을 줄일 수 있게 되었으며 동시에 주최사는 등록대에 데이터베이스 작성 인력이나 배지 발급인력 등의 인력비용을 줄일 수 있게 되었다

[그림 9-8] 중국 약품전시회 We Chat QR코드 등록

([그림 9-8] 참조).

국내에서는 광주시립미술관 전시 도슨팅 앱을 통해 전시회와 전시작품 정보를 시간과 장소에 구애받지 않고 볼 수 있으며 또한 미술관을 직접 관람하면서 사물인터넷(비콘)을 통해 전시실을 관람하며 푸시안내에 따른 전시 도슨팅 안내를 받을 수 있다. 음성 안내를 포함한 모든 내용을 한국어뿐만 아니라 영어로도 제공하고 있어 내국인과 외국인의 수요를 동시에 만족시킬 수 있다. 전시 도슨팅 안내를 통해 전시회와 그 작품들이 담고 있는 작가의 의도와 뜻을 내레이션을 통해 생동감 있는 전시작품 정보를 제공받고 부가서비스로 증강현실기반 야외조각 전시품 안내와 미술관의 전시, 교육 이벤트 등을 알려주는 푸시서비스, 360도 동영상 미술관 길안내 등을 제공한다([그림 9-9] 참조).

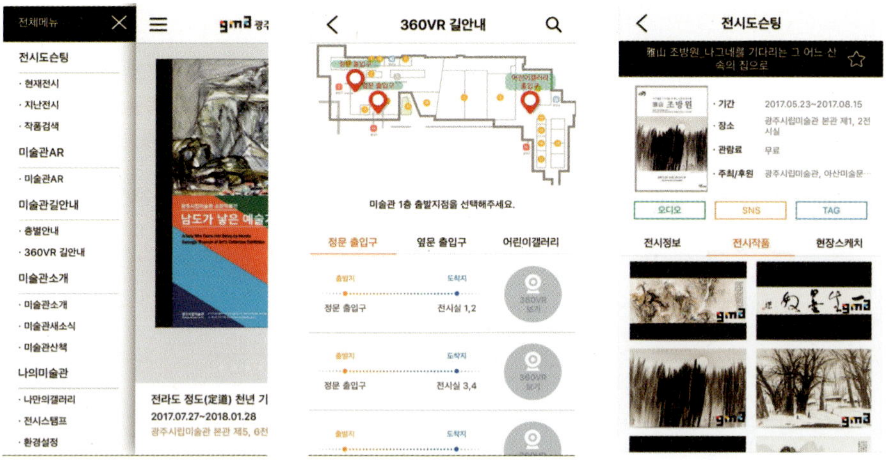

출처: http://artmuse.gwangju.go.kr

[그림 9-9] 광주시립미술관 전시 도슨팅 앱

3. 항공서비스의 스마트화

카타르의 항공사(Qatar Airways)와 네덜란드의 항공사(KLM)는 기업 홍보, 다양한 프로모션과 서비스 이용 안내, 문화혜택, 여행정보 등을 SNS에서 공유하고 있으며, 1,000만 명이 넘는 페이스북의 팔로워를 보유하고 있다. 예약 및 발권이 모바일 앱을 통해 가능하며, 일부 노선에 한하여 종이항공권이 아닌 모바일 항공권으로 탑승할 수 있다. 아시아나항공의 경우, 2017년 4월 국내 최초 A350 항공기에 기내 와이파이 서비스 및 로밍 서비스를 도입하였다. 또한 국내외 항공사에서는 특정 환경 및 상황을 3차원 그래픽으로 나타내는 가상현실 구현기술과 실세계에 3차원의 가상물체를 겹쳐서 보여주는 증강현실기술, 위치기반서비스(Location Based Service: LBS)를 이용하여 기내서비스용품을 개발하고 항공사 및 취항지의 홍보를 위한 마케팅 도구로 활용하기도 한다.

또한 [그림 9-10]과 같은 모바일 앱을 통해 예약, 체크인이 가능하며, 일부 노선에 한하여 모바일 항공권으로 탑승이 가능하다. 위탁 수화물이 없는 경우, 탑승수속을 위해 줄을 서서 기다릴 필요가 없으며, 승객이 스마트폰을 통해 받은 탑승권으로 바코드 스캔 후 탑승이 가능하다. 모바일 서비스를 통해 고객은 공항에서의 대기시간을 절약할 수 있으며, 기업 측면에서는 서비스의 품질을 높여 고객 만족도를 높일 수 있을 뿐만 아니라 기본자원(시간, 종업원, 장비, 설비) 관리에 대한 비용을 줄일 수 있으며 피크타임의 원활한 서비스 대기관리를 가능하게 한다. 또한 모바일 서비스를 통해 시간대별 항공권 가격비교가 가능하고 공항 라운지 이용이나 면세점 할인 등 다양한 연계 프로모션의 혜택을 얻을 수 있다.

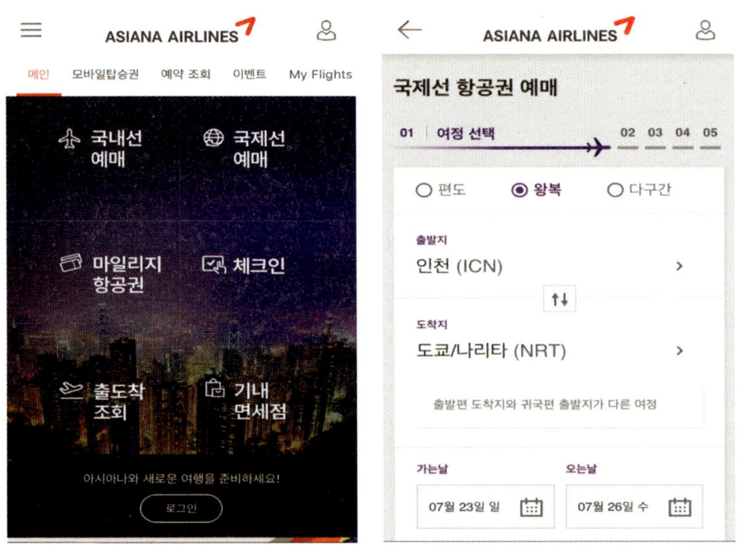

[그림 9-10] 모바일 앱을 이용한 항공권 예매

메신저 대화형 안내로봇

독일의 항공사인 루프트한자(Lufthansa)는 [그림 9-11]과 같이 '마일드레드(Mildred)'라는 페이스북 메신저를 기반으로 한 실시간 대화형 안내

로봇 서비스를 개발하였다. 이는 공항정보와 위치정보(Geolocation) 데이터베이스를 활용하여 위치를 인식하고 정보를 처리한다. 마치 사람과 대화하듯 고객에게 도착지 정보 및 항공권 최저가 등 필요한 정보를 친근하게 알려주는 서비스이다. 여행일정 확정자의 경우 더욱 자세한 검색 결과를 받아볼 수 있으며, 예약 사이트 바로가기 링크 또한 공유되어 있는데 이는 고객 편의성을 고려한 서비스로 볼 수 있다.

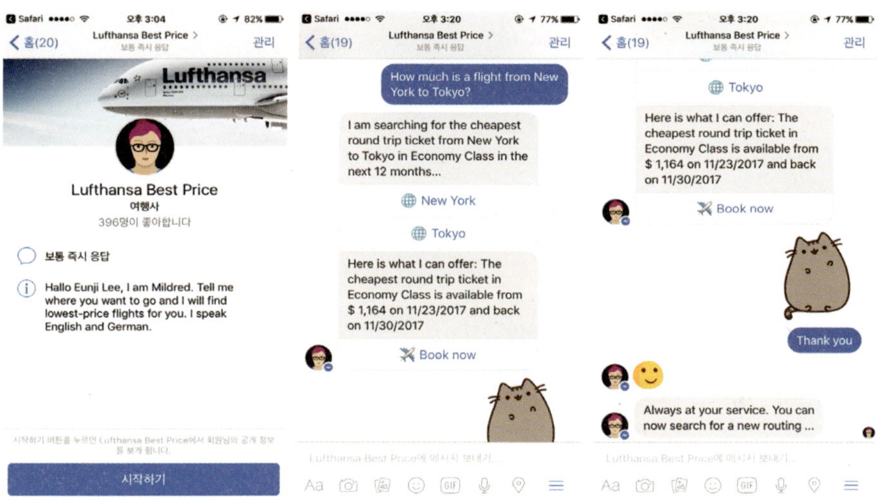

[그림 9-11] 루프트한자 안내로봇 '마일드레드'

기내 와이파이 및 항공 로밍 서비스

최근에는 기내 WiFi 및 항공 로밍 서비스도 일반화되는 추세이다. 사실 이는 항공기 하드웨어 개조 및 운영비에 막대한 초기비용의 부담이 있으나, 인터넷과 모바일 서비스의 중요성이 커지면서 국내외 많은 항공사에서 실시하고 있다. 국내의 경우, 2017년 아시아나항공이 최초로 A350 항공기에 한해 기내 WiFi 및 로밍서비스를 도입하였으며(1시간에 11.95달러, 3시간에 16.95달러, 무제한 이용 시 21.95달러), 중국 국제항공과 하이난항공은 기내 WiFi 서비스를 무료로 제공하는 한편, 일본항공(JAL)은 국내선에 한하여 WiFi 무료 서비스를 시행하고 있다. 실제 2016년 국제항공운송협회(IATA)가 전 세계 145개국 승객을 대상으로 항공여행의 질을 높여주는 서비스를 묻는 질문에 18세 이상 24세 이하의 승객이 기내 WiFi를 1순위로 선택하였으며, 이러한 부가서비스는 기업의 경쟁력을 높이고 고객의 편의성을 제고하여 높은 수익 창출에 기여한 것이라고 할 수 있다.

증강현실기술을 활용한 기내 서비스용품

에미레이트항공은 증강현실 및 비주얼 디스커버리 플랫폼을 보유한 블리파(Blippar, 영국의 AR기술 및 콘텐츠 회사)와 파트너십을 체결하여 승객에게 제공되는 편의용품(Amenity Kit)에 증강현실기술을 활용하였다.[4) 승객이 모바일 앱을 다운받은 후, 편의용품을 앱에 스캔하면 증강현실 및 인공지능기술이 접목된 오디오 및 비주얼 콘텐츠를 즐길 수 있다([그림 9-12] 참조). 또한 에미레이트항공은 '증강현실 스마트안경'을 이용한 서비스를 추진하고 있다. 안면인식기능을 통해 탑승객을 식별하고, 헤드업 디스플레이에 표시되는 탑승객 개인에 대한 항공사 측의 메모를 확인할 수 있게 한다. 이를 통해 항공사는 승객의 니즈를 정확하게 파악하여 최적의 서비스를 제공할 수 있으며, 이는 최첨단기술로 고객지향성을 높인 서비스 사례로 볼 수 있다.

4) Emirates Media Centre, Emirates introduces the world's first interactive amenity kit in Economy Class. https://www.emirates.com/media-centre/emirates-introduces-the-worlds-first-interactive-amenity-kit-in-economy-class#

출처: https://www.youtube.com

[그림 9-12] 에미레이트항공사의 증강현실 서비스

스마트 공항의 등장

공항의 경우, 출국에서부터 입국, 심사, 환승 등 모든 절차에 규제가 있기 때문에 성수기 기간이나 공항 이용 피크시간에는 체크인, 출국, 출국심사, 보안검색 등의 과정에서 보통 때보다 고객 대기시간이 길어진다. 이는 공항 이용 고객들에게 불편함을 느끼게 하고 공항 서비스에 대한 만족도를 저하시키는 요인이 되고 있다.[5] 이에 따라 고객 만족도를 증진시킬 수 있는 서비스를 제공하는 동시에 탑승까지의 과정을 효율적인 방법으로 개선하기 위한 방법으로 스마트 공항이 등장하게 되었다. 즉 웹 또는 모바일 체크인, 셀프 체크인을 시작으로 자동 수하물 위탁 시스템인 셀프 백드롭(Self Bag drop)과 전자여권 및 지문인식만으로 자동 탑승수속이 가능한 무인출국심사대를 거쳐 최종 탑승에 이르기까지 스마트하게 이동의 과정을 거치는 스마트 보딩(Smart Boarding)이 스마트 공항의 대

5) 이재환 · 임현우 · 손세창 · 고승윤 · 홍기성 · 최상균 · 서상원 · 이철웅(2013), "공항 운영 효율성 향상을 위한 보안검색 프로세스 개선 및 스마트 공항 프레임워크 설계", *대한산업공학회지*, 39(2): 129-134.

표적인 사례라고 할 수 있다. 이와 같은 이용 고객들의 편리함과 운영 효율성 극대화를 위한 변화 외에도 공항 자체 수익성 향상 및 관광객들의 여행 관문이 되는 공항이 세계 유명 관광지 자체가 될 수 있도록 영화관, 실내 수목원, 아이스링크, 나비정원, 골프장 등의 다양한 시설 인프라에 투자하는 사례도 증가하는 추세이다. 이처럼 항공 탑승을 위한 대기시간을 간소화함으로써 기존의 공항이 단순히 탑승 대기공간이었다면, 정보기술의 발전으로 관광, 휴식, 비즈니스가 가능한 복합문화공간으로 변화하며 기존과 다른 새로운 경험을 고객들에게 제공하고 있는 것이다. 국내에서는 2017년 7월부터 자율주행기능과 4개 국어(한국어, 영어, 일본어, 중국어)가 가능한 지능형 안내로봇인 '에어스타'를 도입하여 인천공항 중앙서버와의 연동을 통해 항공편 정보, 탑승구 및 편의시설 위치 안내뿐만 아니라 고객 에스코트 등 공항 이용 고객들에게 다양한 서비스를 제공하고 있다.

출처: https://www.airport.kr

[그림 9-13] 인천공항 안내로봇 '에어스타'

이와 같이 호텔 관광산업의 스마트화는 키오스크와 앱 그리고 웹사이트를 연동하여 무인화시스템, 셀프 자동화 시스템을 기반으로 이용고객들에게는 서비스 대기시간의 최소화 및 추천과 혼잡도 감소로 만족감을 증대시켜 줄 것이며, 서비스 운영자의 입장에서는 지능형 로봇 및 사물인터넷을 통한 효율적인 내부자원 활용으로 호텔 관광산업 운영의 효과를 극대화할 수 있을 것이다. 또한 빅데이터의 효과적인 활용으로 이용자를 위한 맞춤형 서비스를 제공하여 고객들에게 새로운 경험가치를 선사해 줄 수 있을 것이다.

10

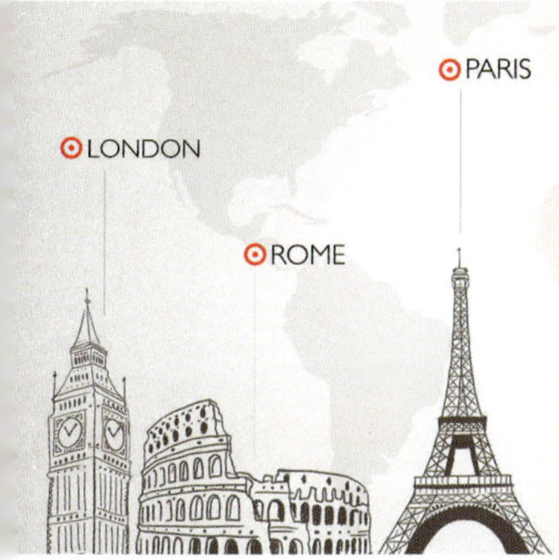

핀테크를 통한 스마트 관광

이 장에서는 최근에 등장한 핀테크라는 개념을 중심으로 스마트 관광에서 핀테크가 어떻게 적용될 수 있는지 살펴보고자 한다. 이를 위해 핀테크의 정의와 서비스 유형을 분류하고 각 유형을 대표하는 주요 사례를 분석한다.

CHAPTER 10

핀테크를 통한 스마트 관광

1. 핀테크의 등장

본 장에서는 급성장하고 있는 핀테크(FinTech)가 스마트 관광에서 어떻게 활용될 수 있는지 살펴보고자 한다.[1] 스마트 관광은 핀테크를 중심으로 관광산업 내의 주체들을 하나로 연결하는 스마트 관광 생태계를 구축하고 있다. 이를 토대로 관광산업 내에서 관광객들이 더욱 편리하게 결제시스템을 사용하여 그에 따른 이익의 공유와 함께 가치창출과정이 전개되고 있다. 스마트 관광은 전체적으로 연결(Connectivity)로 발생되는 대용량의 빅데이터와 누구나 참여가 가능하고 기술자와 비즈니스를 오픈 플랫폼에서 전개할 수 있도록 하며 결제의 효용으로 관광이 좀 더 지능적으로 전개될 수 있도록 하고 있다. 핀테크를 가능하게 하는 스마트 관광의 특징은 다음과 같다.

- 연결성(Connectivity): 무료 인터넷 접속환경 제공, 맞춤형 위치정보 센서 활용 환경 제공, 융합형/O2O관광서비스 대응, 위치기반 다국어 콘텐츠 제공, 상용 플랫폼과의 연계구조를 통한 효과 극대화
- 빅데이터: 위치별 관광객 이동경로, 체류시간 분석, 관광객 소비/행위 데이터 분석활용체계, 개별관광객 등 신규패턴에 대한 분석 대응체

1) 본 장은 최수정 · 구철모(2018)의 "핀테크를 중심으로 스마트 관광생태계의 공유가치 창출방안: 모바일 간편결제와 인터넷 전문은행을 중심으로" 연구에 기반하여 재구성하였다.

계, 데이터 중심 관광산업의 질적 성장체계 구축

- 오픈플랫폼: 신속한 스마트 관광서비스 개발/배포, 지도 중심의 콘텐츠 표현체계, 자원에 대한 공유경제 모델 구축, 창업 및 신규 비즈니스 창출 유도를 통한 스마트 관광 생태계 구축, 채널 확대를 통한 온라인 기반 지역경제 활성화 모델 구축
- 관광지능(Tour Intelligence): 정책 활용체계, 공공데이터 개방, 민간 비즈니스 활용, 관광객 현황분석 및 예측체계 구축

2017년 세계경제포럼(World Economic Forum: WEF)의 조사보고서에 따르면, 한국의 관광경쟁력은 조사대상 136개국 중에서 19위로 지난 2015년도에 비해 10단계 상승했다.[2)] 특히 평가부문 중에서 ICT 준비도(ICT Readiness)는 8위로 다른 부문에 비해 높게 나타나 스마트 관광에 강점이 있음을 보여준다. 관광산업에서 주목할 또 다른 현상은 중국 내 경제성장과 한류 영향으로 중국 관광객의 비중이 증가하는 점이다. 해외로 나가는 중국 관광객 약 1억 2,200만 명 중에서 방한 중국인 관광객은 약 806만 명으로 전체 해외관광 중 6.6%의 비중을 차지하는 것으로 조사되었다. 이처럼 국내 관광산업에서 중국 관광객이 차지하는 비중은 점차 높아지고 있다.

특히 주목할 점은 한국 내 중국 관광객의 알리페이[영어로 Alipay, 중국어로 즈푸바오(支付寶)] 사용이 급증하고 있으며, 이에 국내 은행과 기업이 알리페이를 이용한 지불결제와 부가세 환급 등의 서비스 제공을 위해 앞장서고 있다는 점이다. 알리페이의 해외 전체 가맹점 8만 개 중에서

2) World Economic Forum(2017), "The Travel & Tourism Competitiveness Report 2017: Paving the Way for a More Sustainable and Inclusive Future", World Economic Forum, Geneva.

약 40%가 한국에 진출해 있으며, 알리페이의 영향력에 관한 일례로, 신세계면세점의 중국인 전용 온라인쇼핑몰은 알리페이 간편결제 비중이 70%에 달하며, 알리페이 도입 이후에 매출이 57% 증가한 것으로 나타났다. 이처럼 알리페이와 같은 중국의 지급결제 핀테크 서비스가 국내의 관광 산업 및 핀테크 산업에 미치는 영향력이 증가하고 있다.

핀테크 산업은 역시 다양한 산업들과 관련되어 있으며, ICT기술을 접목하여 기존의 금융서비스를 보다 향상시켰을 뿐만 아니라(예, 모바일 간편결제), 새로운 형태의 금융서비스, 즉 P2P(Peer-to-Peer) 방식의 소액대출, 크라우드 펀딩(Crowd Funding) 및 로보어드바이저(Robo-advisor) 방식의 소액자산관리와 투자, 인터넷 전문은행 등의 다양한 신규서비스가 출현하고 있기 때문이다. 따라서 스마트 관광의 활성화를 위해서는 핀테크 기술이 무엇이며 이를 통해 스마트 관광이 어떻게 활성화될 수 있는지를 이해하는 것이 매우 중요하다.

2. 핀테크의 정의 및 사례

금융위원회는 핀테크(FinTech)를 "금융(Finance)과 기술(Technology)의 합성어로 금융과 IT의 융합을 통한 금융 서비스 및 산업의 변화를 통칭한다"라고 정의하고 있다. 일반적으로 핀테크는 금융과 ICT기술의 융합으로 정의되나, 여전히 급성장하고 있는 핀테크의 범위와 유형을 한정하는 것은 어려운 문제이다. 오늘날 전자금융, 인터넷뱅킹, 모바일뱅킹, 핀테크 등의 다양한 용어가 사용되는 상황에서 핀테크 범위를 규정짓는 것 역시 연구자마다 차이가 있다. 유사한 개념으로 전자금융의 경우, 「전자금융거래법」 제2조는 "금융회사 또는 전자금융업자가 전자적 장치를 통하여 금융상품 및 서비스를 제공하고, 이용자가 금융회사 또는 전자금융업자의 종사자와 직접 대면하거나 의사소통을 하지 않고 자동화된 방식으로 이를 이용하는 거래"로 정의한다. 이 정의에 따라, 폰뱅킹, 인터넷뱅킹, 모바일뱅킹은 모두 전자금융에 해당된다. 국내에서 핀테크는 결제 · 송금서비스로 인식되고 있으나 '인터넷 전문은행', '크라우드 펀딩', '디지털화폐' 등과 같이 다양한 분야가 포함된다.

많은 연구자들이 Ernst and Young(2016)의 핀테크 분류인 전통적 핀테크(Traditional Fintech)와 신흥 핀테크(Emergent Fintech)를 토대로 핀테크 범위와 유형을 설명하고 있다.[3] 전통적 핀테크를 ICT를 이용하여 기존의 금융업무를 지원하는 서비스로 정의하고, 국내 은행과 카드결제 대행사의 인터넷을 통한 은행업무와 인터넷쇼핑을 지원하는 결제 · 송금서비스를 포함했다. 아울러 전통적 금융서비스를 벗어난 크라우드 펀딩, 인터넷 전문은행 등은 신흥 핀테크 분야로 제시했다. 전통적 핀테크가 기존 금융산업의 가치사슬 안에 존재하는 금융서비스의 효율을 높이는 조성자(Facilitator) 역할을 담당한 것에 비해 신흥 핀테크는 기존 금융산업의 가치사슬을 와해하는 파괴자(Disruptor)의 역할을 담당한다고 설명했다. 전자가 ICT를 활용하여 가치사슬상의 금융서비스를 자동화, 효율화하는 데 초점을 맞추었다면(예: 인터넷뱅킹 및 모바일뱅킹), 후자는 ICT기업이 가치사슬상의 핵심 금융서비스를 직접 수행한다(예: 인터넷 전문은행). 이처럼 전통적 핀테크와 신흥 핀테크를 구분하는 핵심은 전자가 전자채널을 이용해 금융서비스를 제공하는 데 중점을 둔 것에 비해, 후자는 모바일기술을 적용하여 금융서비스를 혁신하는 데 중점을 둔다. 핀테크 산업에서 주목할 점은 신흥 핀테크 시대에 금융산업의 주도권이 금융회사에서 IT회사로 넘어가는 현상이다. 다른 연구자들은 핀테크 발전이 금융회

3) Ernst & Young(2016), UK FinTech on the cutting edge—an evaluation of the international FinTech sector. Available at: http://www.ey.com/Publication/vwLUAssets/EY-UKFinTech-On-the-cutting-edge/%

사(Bank)에서 금융서비스(Banking)를 분리해 내고 있음을 강조하며, 전자금융이 금융회사 주도로 ICT를 활용하는 방식인 데 비해 핀테크는 IT기업 주도로 기존의 금융서비스에 참여하는 것이라고 제시했다. 다시 말해서, 전자금융이 기존의 금융시스템을 발전시키는 '지속적 혁신(Sustaining Innovation)'을 의미하며 핀테크는 금융산업의 가치사슬을 변화시키는 '파괴적 혁신(Disruptive Innovation)'을 의미한다고 주장하기도 한다.

서비스를 고도화하여 기존 산업을 개선하는 것이 지속적 혁신이며, 새로운 방식과 기술을 이용해 기존 산업을 대체하는 것이 파괴적 혁신이다. 이러한 관점에서, 전자금융은 지점을 통한 대면서비스를 온라인화하는 지속적 혁신에 해당되며, 핀테크는 기존 금융산업의 가치사슬을 대체하거나 재조직화하는 파괴적 혁신이다.

이처럼 핀테크는 금융과 ICT기술의 융합을 통해 기존 금융시스템의 파괴적 혁신을 촉발한다. 핀테크 범주에 관하여, 세계경제포럼은 2015년에 핀테크의 주요 영역을 지급결제, 보험, 예금 및 대출, 펀딩, 투자관리, 새로운 시장 서비스(예: 빅데이터 수집 및 분석)로 분류했으며, 2017년에 가상은행(Virtual Bank), 모바일뱅킹 플랫폼 강화 등의 현상을 설명하기 위해 디지털 뱅킹(Digital Banking) 분야를 추가했다. 한국인터넷진흥원(2016)은 핀테크 유형을 지급결제 및 전자결제, 자금이체 및 송금, 대출, 디지털 화폐, 개인재무 및 자산관리, 금융기관 도구 제공, 크라우드 펀딩의 7가지로 분류했다.[4] 연구자들마다 핀테크의 범주 안에 고려하는 유형에는 차이가 존재하지만, 일반적으로 지급결제가 가장 성장한 분야이며 점차 송금, 대출, 크라우드 펀딩, 개인자산관리, 그리고 가장 최근에는 인터넷 전문은행으로 발전해 가고 있다는 데 동의한다.

---

4) 한국인터넷진흥원(2016), *Industrial Internet Issue Report: Fintech편*, KISA Report, 2016년 1월, 한국인터넷진흥원.

연구자들에 따른 핀테크의 주요 유형들을 살펴보면, 핀테크의 범주 안에 송금, 결제, P2P 금융플랫폼(투자형 크라우드 펀딩, P2P대출), 금융데이터분석(투자자문, 신용카드 추천)을 포함했다. 핀테크의 주요 분야로 지급결제, 대출, 증권 및 금융정보(자산관리), 인터넷 전문은행을 제시하며, 핀테크 분야로 송금/결제, 금융 소프트웨어/IT서비스, 금융데이터분석, 플랫폼(중개)을 고려했으며, 결제, 송금 등의 지급결제, 대출, 개인자산관리, 자금조달을 주요 영역으로 포함했다. 국내에서 활성화된 핀테크 분야로 송금, 지급결제, P2P 금융플랫폼, 금융데이터분석을 제시했으며, 이 중에서 '모바일 지급결제'가 가장 높은 성장세를 보이고 있다고 설명했다. 이상의 연구를 토대로 본 연구는 핀테크 주요 범주를 지급결제(간편결제, 모바일송금, 전자화폐), 보험, 금융플랫폼(자금중개), 투자 및 자산관리, 인터넷 전문은행의 5개로 구분하고 각 범주별 주요 사례를 〈표 10-1〉과 같이 구분할 수 있다.

〈표 10-1〉 한국 핀테크의 기술에 대한 소개와 설명

<table>
<tr><th colspan="2">범주</th><th>내용</th><th>주요 서비스 사례(국내/국외)</th></tr>
<tr><td rowspan="2">지급
결제</td><td rowspan="2">간편
결제</td><td rowspan="2">- ICT기술을 활용하여 모바일 기기를 신용카드처럼 사용
- 공인인증서, 보안카드 없이 아이디와 패스워드만으로 결제 가능
- 플랫폼사와 유통사를 중심으로 'OO페이' 확산
- 신용카드사의 'OO앱카드'
- 이동통신사의 '전자지갑(월렛)'</td><td>(유통업체)
- 신세계, SSG페이
- 이베이, 스마일페이
(이동통신 사업자) SKT, T페이
(신용카드사 앱카드)
- 신한카드, FANpay
- BC카드, 페이올(PAYALL)
- 국민카드, Kmotion
(제조사) 삼성, 삼성페이
(전자지급결제대행사: PG)
- NHN 엔터, 페이코(PAYCO)
- KG이니시스, 케이페이(Kpay)
- LG유플러스, 페이나우
(플랫폼사)
- 네이버, 네이버페이
- 카카오, 카카오페이</td></tr>
<tr><td>- 미국: 이베이(eBay)의 페이팔, 애플의 애플페이</td></tr>
</table>

			- 중국: 알리바바 그룹, 알리페이
	모바일 송금	- 사용자의 은행계좌와 연결하여 서비스 제공 - 국내 송금, 해외 송금	- 비바리퍼블리카(Viva Repulica), 토스(TOSS): 간편 송금
			- 영국, 트랜스퍼와이즈(TransferWise): P2P 해외송금서비스
	전자 화폐	- 이전 가능한 금전적 가치가 전자적 방법으로 저장되어 발행된 증표	- 문화상품권(예, 컬처랜드, 해피머니)
			- 비트코인(Bitcoin)
보험		- 온라인 보험 및 담보대출 서비스 - 인터넷 보험사	- 교보라이프플래닛: 다이렉트 생명보험 전문 보험사(인터넷 전문 보험사)
			- 중국, 중안 온라인보험(알리바바그룹이 투자한 인터넷 보험)
금융플랫폼 (자금중개)		- 투자자와 소비자 간의 자금 중개 - 자금잉여자와 자금수요자를 연결하는 공유경제 플랫폼 - 크라우드 펀딩 - P2P 대출 - 국내의 P2P 외화송금은 불법 외환거래임	- 어니스트펀드: P2P 금융업체(개인신용대출) - 테라핀테크, 테라펀딩: 부동산(소형 빌라 신축) P2P 금융플랫폼
			- 중국, 알리파이낸스(전자상거래 입점업체에 소액대출) - 중국, 마이지에베이: 알리바바그룹 마이뱅크의 소액대출 플랫폼 - 미국, 렌딩클럽(Lending Club): P2P 대출
투자 및 자산관리		- 위험관리와 정보관리 - 은행, 카드, 보험 등의 다양한 금융서비스의 통합 관리 - 다양한 금융데이터 분석을 토대로 적금, 투자상품 추천	- 에임(AIM: Automated Investment Management): 자동 맞춤형 자산관리
			- 중국, 알리바바그룹의 위어바오(Yu' Bao): 머니마켓펀드(MMF) - 미국, 웰스프런트(Wealthfront): 로보어드바이저 자산관리
인터넷 전문은행		- 오프라인 점포 없이 온라인을 통해 금융서비스 제공	- 케이뱅크(K Bank) - 카카오뱅크(Kakao Bank)
			중국: 알리바바그룹, 마이뱅크(MyBank) - 텐센트, 위뱅크(WeBank)

오늘날 핀테크산업에서 가장 대중적으로 활용되는 분야는 '모바일 간편결제'이며, 모바일 및 O2O(Online-to-Offline) 비즈니스 성장에 힘입어 동반 성장하고 있다. 국내 간편결제 시장은 네이버페이, 카카오페이, 페이코, 삼성페이의 4사를 중심으로 확대되고 있다. 통계청 자료에 따르

면, 2016년 9월 기준 국내의 온라인 쇼핑 거래액 중에서 모바일 쇼핑이 차지하는 비중이 54.7%로 모바일 쇼핑이 증가하는 추세이다. 이처럼, 간편결제 시장의 성장세는 당분간 지속될 것으로 기대된다.

국내 모바일 결제분야는 2014년 금융위원회가 '전자상거래 결제 간편화 방안'을 발표하면서 공인인증서 및 Active-X 사용의무 폐지, 전자지급결제대행사(Payment Gateway: PG)의 카드정보 저장 허용, 사전인증에서 사후인증 가능과 같이 규제를 완화했다. 그러나 여전히 국내 핀테크 시장은 공인인증서만 사라졌을 뿐이고 ARS 또는 SMS 인증, 국내 계좌 보유와 같이 이용자 인증이 복잡한 편이다. 스마트폰 확산과 동시에 급성장 중인 모바일 간편결제는 온라인과 오프라인 쇼핑환경에서 이동성이 높은 모바일기기를 이용해 결제하거나 자금을 이체하는 일련의 활동으로 정의된다. 일반적으로 모바일 간편결제는 한번의 결제정보(예: 카드정보) 등록만으로 이후 결제 시에는 추가적인 정보입력이나 공인인증서 없이 비밀번호만으로 간단하게 결제를 진행하는 서비스를 가리킨다. 즉 간편결제는 온라인 및 모바일 거래 시에 구매자가 신용카드 정보, 계좌 정보와 같은 결제정보를 스마트폰, PC 등의 기기에 최초 1회 입력하고 이후 결제 시에는 공인인증서 없이 비밀번호 입력 또는 휴대전화번호와 SMS 등의 인증만으로 결제를 완료하는 방식을 의미한다. 국내의 간편결제서비스 현황은 〈표 10-1〉에서와 같이, 유통업체, 이동통신사업자, 제조사, 신용카드사를 비롯한 전자지급결제대행사와 플랫폼사에 이르기까지 다양한 산업군에서 시장에 진입하고 있다. 간편결제는 온라인 서비스와 오프라인 서비스로 구분된다.

온라인 서비스는 인터넷이나 모바일 쇼핑으로 구매한 제품을 결제 단말기 없이 결제하는 것으로 휴대전화 소액결제, 네이버페이, 카카오페이, 알리페이, 페이팔 등이 있다. 오프라인 서비스는 매장에서 제품을 구매하고 현금이나 신용카드를 대신하여 전용의 결제 단말기를 이용해 결제하는 것으로 모바일기기 제조사인 삼성페이, 애플페이 등이 대표적이다. 또한 결제정보 저장방식 차이에 따라, 애플페이처럼 결제정보를 유심IC칩에 저장하는 방식과 알리페이처럼 모바일 앱에 저장하는 방식으로 구분해 볼 수 있다. 특히 오프라인 쇼핑에서 모바일 간편결제는 이용이 간편하고 수수료가 없어 확산되고 있으며, 이는 O2O비즈니스 확산의 견인차 역할을 한다. 모바일 간편결제를 이용하는 주요 이유는 결제절차의 간편성과 결제인증방법의 안전성, 할인 및 이벤트 등 경제적 혜택, 이용가능한 매장의 접근성 순으로 조사된 바 있다. 즉 간편성, 안전성, 경제성, 접근성이 모바일 간편결제서비스의 주요 이유이다. 모바일 간편결제서비스인 국내의 카카오페이와 중국의 알리페이를 분석하고 특히 중국 관광객이 대중적으로 사용하는 알리페이에 관하여 집중적으로 살펴본다.

2.1 카카오페이

카카오페이(KakaoPay)는 2014년 9월에 LG CNS, 간편결제솔루션인 MPay, 카카오톡이 제휴하여 만든 국내의 대표적인 모바일결제서비스이다. 카카오페이는 출시 2년 만에 1,300만 고객을 확보했으며 누적결제액은 1조 원을 넘어섰다.[5] 카카오페이는 간편결제서비스 이외에 멤버십, 청구서, 송금의 네 가지 서비스를 제공한다. 카카오페이는 이용자가 최초 1회 자신의 결제정보(신용카드, 체크카드 정보)를 카카오톡에 등록하면 이후 결제부터는 비밀번호 입력만으로 간단히 결제가 진행된다. 이용자는 카카오페이를 이용하여 카카오톡에서 콘텐츠를 구매하거나 제휴 가맹점에서 편리하게 구매결제를 진행한다. 결제정보는 이용자의 스마트폰과

5) 이윤정 · 김승인(2017), "국내 핀테크 시장 사용자 경험에 따른 서비스 분석 - 카카오페이와 네이버페이를 중심으로-," *Journal of Digital Convergence*, 15(4): 387-393.

데이터센터에 분리되어 저장되기 때문에 개인정보 유출이 봉쇄된다. 카카오페이는 또한 결제와 송금에 사용가능한 전자화폐인 카카오머니 서비스를 제공한다. 카카오머니는 연결된 계좌에서 1만 원 단위로 충전하여 송금 시에 사용가능하며, 잔액은 카카오머니로 보관되어 나중에 직불카드처럼 사용가능하다. 카카오페이의 가입자 수는 2017년 4월 기준으로 1,450만 명을 넘어섰으며, 2017년 3일에 알리바바그룹의 앤트금융서비스그룹에게서 투자를 유치하여 카카오페이주식회사라는 독립적인 법인을 설립했다. 이에 국내의 알리페이 가맹점이 카카오페이 가맹점으로 전환될 예정이며 온오프라인 가맹점의 급속한 확산이 기대된다.

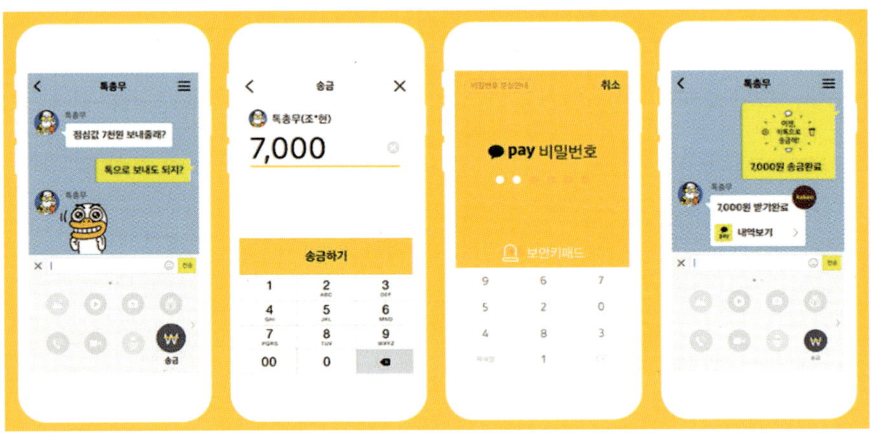

출처: http://www.bloter.net

[그림 10-1] 카카오페이 송금화면

2.2 알리페이

한국과 마찬가지로 중국 역시 가장 급성장한 핀테크 분야는 모바일결제와 P2P 대출이다. 중국의 핀테크 산업은 2005년 P2P 대출이 허용되고 2011년에 중국인민은행(PBC: People's Bank of China)이 전자지급결제대행사를 인정하면서 본격적으로 발전하기 시작했다. 이후 2012년부터 P2P

대출, 크라우드 펀딩, 인터넷 보험시장이 허용되면서 핀테크 산업의 부흥을 가져왔다. 모바일결제시장은 전자상거래의 성장에 따른 상품결제의 편리성과 모바일 시장의 확대로 인해 급속히 성장하고 있다. P2P 대출시장은 2013년 유사보증(Quasi-Guarantee)이 도입되면서 급속히 성장했다. 유사보증은 보증과 유사하게 대출업자가 부도가 나는 경우에 P2P업체가 전액 또는 일정 금액을 보장하는 방식을 의미한다. 알리페이는 중국 최대의 전자상거래 운영업체인 알리바바그룹(Alibaba Group)이 개발한 지급 결제플랫폼으로 대표적인 간편결제서비스이다. 알리바바그룹은 1999년 중국기업의 국내외 판로 개척을 위한 B2B 전자상거래 업체로 출발했다. 2003년에는 C2C 전자상거래 사이트인 타오바오를 개시하고, 2008년에는 B2C 전자상거래 사이트인 텐마오를 개시하면서 비약적으로 성장했다. 2010년에는 공동구매사이트인 쥐화쏸(聚劃算)과 오픈마켓 방식의 해외직구사이트인 알리익스프레스를 개시하면서 중국의 전자상거래 시장을 주도하고 있다. 특히 타오바오는 등록 회원 수가 5억 명에 이르고 있어 중국 최대의 온라인 오픈마켓으로 자리매김했다.

[그림 10-2] 알리페이

알리페이는 알리바바그룹이 타오바오를 개시한 해에 자사의 전자상거래 회원에게 편리하고 신뢰성 높은 지급결제서비스를 제공하고자 개발한 제3자 지급결제보증서비스(에스크로서비스)이다. 알리페이는 제3자 결제방식 즉 구매자와 판매자 간에 임시계좌를 설정하고 송금자금을 일시적으로 보관하였다가 쌍방의 거래가 완료되면 자금을 이체하는 방식이다. 중국 내 신용카드 보급률이 매우 낮은 상황에서, 알리페이는 신용카드 외에 은행계좌, 휴대전화를 이용하여 알리페이 계좌에 돈을 적립하고 이후 필요시에 전자화폐로 변환하여 온라인 쇼핑에서 사용할 수 있도록 함으로써 크게 성공을 거둘 수 있었다. 2014년에는 중국 내 스마트폰의 대중화와 모바일 시장의 성장에 힘입어, 모바일결제가 현금과 신용카드의 결제수단을 대체하면서 대표적인 결제수단으로 확산되기 시작했다. 이러한 성장세에 힘입어 알리페이는 2015년 기준으로 제3자 온라인 결제시장의 약 48% 그리고 모바일 결제시장의 약 72%의 점유율을 차지하였고 중국의 모바일 결제시장을 주도하고 있다. 특히 중국의 모바일 결제시장은 O2O시장의 빠른 성장과 함께 폭발적으로 성장하고 있다. 알리바바그룹은 중국에 진출한 대형 유통업체(예: KFC, 월마트)뿐만 아니라 중국 전역에 1,600개의 점포를 보유한 업계 2위의 전자전문 유통업체와 제휴하여 온·오프라인 결제 시에 알리페이를 이용하도록 하여 O2O시장을 선점하고자 노력하고 있다.

오늘날 중국은 알리바바그룹의 '얼러머(餓了么)' 앱으로 음식배달을 시키고, '디디다처(嘀嘀打車)' 앱으로 택시를 부르고 마지막으로 알리페이로 결제하는 현상이 일반화되었다. 오늘날 알리바바그룹의 전자상거래분야에서의 막강한 영향력을 보여주는 한 예로 광군제 매출규모를 들 수 있다. 타오바오와 텐마오 사이트에서 2015년 11월 11일 광군제 하루 동안 올린 매출액은 약 16조 5천억 원으로, 이는 한국의 주요 오픈마켓인 G마켓, 옥션, 11번가, 인터파크의 1년 거래액과 유사한 수치이다. 이처럼 소비자 신뢰 확보에 성공한 알리페이는 전자상거래 결제수단을 넘어 O2O와 금융에 이르기까지 다양한 산업을 주도하고 있다.

2.3 인터넷 전문은행의 등장

핀테크 분야에서 최근에 가장 주목받는 범주는 단연 '인터넷 전문은행(Direct Bank)'이다. 인터넷 전문은행은 '영업점을 소수로 운영하거나 영업점 없이 업무의 대부분을 ATM, 인터넷 등 전자매체를 통해 영위하는 은행'을 의미한다. 즉 점포 없이 인터넷상에서 예금 수신, 대출 등의 업무를 보는 은행을 의미한다. 인터넷 전문은행이 소규모로 운영되고 별도의 부동산 비용이 없는 저비용 영업구조로 예대마진, 각종 수수료를 최소화하여 기존 은행보다 우위를 점할 수 있다고 주장했다. 국내의 인터넷 전문은행은 금융위원회가 2015년 6월에 한국형 인터넷 전문은행 도입계획을 본격적으로 제시하면서 금산분리의 완화와 최저자본금 요건 등의 기존 은행에 적용했던 규제의 완화를 목표로 은행법 개정을 발표하면서 본격화되었다. 금산분리는 산업자본이 은행 · 보험 · 증권 등의 금융회사를 소유하지 못하도록 법적으로 제한하는 제도이다. 이에 산업자본은 은행의 지분을 최대 10%까지 소유할 수 있고 의결권 있는 지분은 4%로 제한하고 있다. 이어서 7월에는 인터넷 전문은행 인가를 위한 다섯 가지의 심사기준 및 주요 고려사항을 발표했다. 그리고 마침내 12월에는 2개의 인터넷 전문은행 컨소시엄, 즉 카카오뱅크 컨소시엄과 케이뱅크 컨소시엄에 대해 예비인가를 제공했다. 현재 국내에서는 케이뱅크와 카카오뱅크가 인터넷 전문은행으로 운영 중이다. 국내의 인터넷 전문은행은 금융기업 중심이 아닌 ICT기업 중심으로 추진 중이며, 금융기업은 인터넷뱅킹 또는 모바일뱅킹의 확대를 통해 스마트 금융환경에 대응하고 있다.

(1) 케이뱅크와 카카오뱅크

케이뱅크(공식명칭, 주식회사 케이뱅크은행)는 2017년 4월 3일에 본격적으로 영업을 시작한 국내 제1호 인터넷 전문은행이다. 케이뱅크는 개소 4일 만에 신규 계좌 가입자 수가 10만 명을 돌파했으며, 8일 만에 2016년 한 해 동안 은행권 전체의 비대면 계좌개설 건수인 15만 5천 건을 넘어서 매우 폭발적인 고객유입 기록을 달성했다. 연령대별 고객은 20대에 비해 경제활동이 활발한 30대와 40대가 두 배가량 높게 나타났으며, 시간대별 고객유입은 은행업무 시간 외에 42%가 유입된 것으로 나타났다. 케이뱅크의 주요 주주는 KT(8%), 다날(10%), 우리은행(10%), GS리테일(10%), 한화생명보험(10%) 등이다. 다날은 휴대폰 결제 전문기업으로 휴대폰 결제서비스 기술과 노하우, 3만 개에 이르는 온오프라인 가맹점을 보유하고 있다. 케이뱅크의 장점은 '가격경쟁력'과 24시간 서비스 이용이 가능한 '편리성'을 들 수 있다.

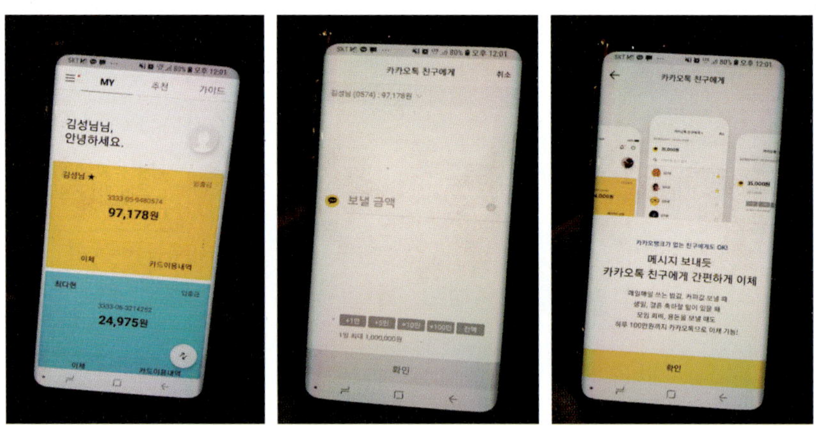

[그림 10-3] 카카오뱅크

카카오뱅크(공식명칭, 한국카카오은행주식회사)는 2017년 7월에 개소하고 5일 만에 100만 명의 고객이 가입하여 케이뱅크보다 폭발적인 고객유입 성과를 달성했다. 케이뱅크가 4개월 만에 40만 계좌를 달성한 데 비해 카카오뱅크는 하루 만에 30만 계좌를 개설했다. 카카오뱅크의 주요 주주는 한국투자금융지주가 58%, 다음카카오가 10%, KB국민은행이 10%, ICT기업이 30% 등이다. 한국투자금융지주는 동원그룹에서 설립한 금융지주회사이다. 카카오는 국내 3,800만 명의 가입자를 보유한 강력한 플랫폼인 '카카오톡'을 활용해 '뱅크월렛카카오'와 '카카오페이' 등의 금융 서비스를 제공하고 있다. 카카오뱅크의 주요 고객은 모바일기기를 이용한 온라인 거래에 익숙한 20~30대이며, 고신용자에게 매우 저렴한 금리로 신용한도대출(마이너스통장) 서비스를 제공하여, 이들의 인터넷 전문은행 이용은 더욱 확대될 것으로 예상된다. 국내 인터넷 전문은행에 관한 내용은 〈표 10-2〉에 정리하였다.

〈표 10-2〉 국내 인터넷 전문은행

항목	케이뱅크	카카오뱅크
자본금	2,500억 원	3,000억 원
영업 시작	2017년 4월 3일	2017년 7월 27일
주요 주주 현황 (지분율)	우리은행(10%), GS리테일(10%*), 한화생명보험(10%*), 다날(10%*), KT(8%*) 등	한국투자금융지주(58%), 카카오(10%*), KB국민은행(10%) 등
특징	- 고객기반: KT(3천만), GS(2천만) 고객 기반 - GS리테일의 ATM 활용한 편의점 뱅킹 및 수수료 면제	- 가입자 수: 500만(기준: 2018.1.7. 3시) - 고객기반: 카카오톡(누적가입자 수 1억 8천만 명), 카카오페이(5백만 명), KB와 우정사업본부의 ATM(1만 5천여 개)
핵심 서비스	- 빅데이터 기반 중금리 신용대출 - 간편심사 소액대출 - 체크카드 발급 - 간편결제서비스 - 휴대폰/이메일 기반 간편 송금 - 로보어드바이저 기반 자산관리 - 실시간 스마트해외송금 등	- 입출금통장, 카카오뱅크 입출금 금리 0.1% - 체크카드 발급 - 카카오톡 기반 간편송금 - 간편결제서비스 - 중금리 대출 등

(2) 중국 인터넷 전문은행

마이뱅크 중국은 2015년 6월 26일 알리바바, 텐센트, 바이두 등의 대표적인 IT기업들에게 인터넷 전문은행 진출을 허가했다. 이에 알리바바그룹은 알리페이 성공을 기반으로 대출, 자산운용, 보험, 은행에 이르기까지 금융산업의 다양한 분야로 진출할 수 있게 되었다. 알리바바그룹은 자체 개발한 지급결제시스템인 알리페이의 성공을 토대로 이 과정에서 축적한 고객 데이터를 활용하여 다양한 금융상품을 시장에 출시했다. 또한 알리페이는 결제 및 송금뿐만 아니라 다양한 금융상품 개발에 활용되고 있다. 2013년에 알리바바그룹은 자산관리기업인 텐홍(TianHong)을 자회사로 편입하고, 알리페이 계정의 여유자금을 활용할 목적으로 자유입출금 방식의 머니마켓펀드(MMF)인 위어바오(Yu'Bao)를 출시했다. 위어바오는 알리페이 계정의 선불예치금에 대해 중국 은행예금보다 높은 이자율을 제공하여 대중적으로 확산되었다. 즉 위어바오는 전자상거래 이용자가 자신의 알리페이 계좌에 적립해 둔 돈을 MMF(Money Market Fund)[6]에 투자하면 일반 시중은행의 두 배인 연 6%의 이자를 제공하는 온라인 재테크 서비스로 크게 성공하였다. 마침내 알리바바그룹은 금융기업들과의 협력을 통해 전자결제, 재테크, 보험, 대출 등을 총괄하는 금융플랫폼인 앤트금융서비스그룹(Ant Financial Service Group)을 설립하고, 2015년 6월에 인터넷 전문은행인 마이뱅크(MyBank)를 출범했다. 알리바바그룹의 마이뱅크는 알리페이와 연결한 소액대출 플랫폼인 '마이지에베이(蚂蚁借呗)'를 출시했고 1년 만에 누적 대출액이 약 8조 2,000억 원이 되었다. 이처럼 알리바바그룹은 전자상거래업체에서 출발한 후 인터넷 금융그룹으로 진화하여 모바일 비즈니스 생태계 구축을 선도하고 있다.

6) 단기금융상품에 집중투자해 단기 실세금리의 등락이 펀드 수익률에 신속히 반영될 수 있도록 한 초단기공사채형 상품.

3. 핀테크 기술의 스마트 관광 활용

관광산업에서 기업이 이미 창출한 가치를 재분배하는 가치공유(Sharing Value)를 넘어 새로운 공유가치(Shared Value)를 창출하기 위해서는 관광 생태계 내의 다양한 구성원들이 가지고 있는 환경적, 사회적, 경제적 요구들을 동시에 파악하고 충족시키는 노력이 필요하다.[7] 이러한 주장은, 다보스포럼에서도 강조한 바 있듯이, 앞으로의 4차 산업혁명시대에는 가치분배보다는 가치창출에 초점을 맞추어야 한다는 주장과 일치한다. 즉 스마트화된 관광서비스와 경험을 창출하고, 관리하고, 전달하는 과정에 스마트 기술을 적용함으로써 통합적 정보공유와 공유가치 창출이 가능하다는 것이다. 이와 같이 핀테크의 단순한 활용을 넘어 가치를 창출하고 공유하는 핀테크를 이용한 구체적 스마트 관광 사례는 다음과 같이 살펴볼 수 있다.

3.1 항공사의 간편결제서비스 도입

제주항공은 기존의 예약센터를 이용한 항공권 예매방식에서 온라인, 모바일 등의 예매비중이 빠르게 증가하는 상황에서 이용자의 결제편의를 향상시키고자, 2016년 8월부터 카카오페이와 페이나우의 간편결제서비스를 도입했다. 2016년 6월 말 기준으로, 제주항공은 국내선 항공권의 온라인과 모바일 예매비중이 76%로 지난해 말 기준인 48%에 비해 28%가 급증했다. 아울러 동 기간에 예약센터를 통한 예매는 9.4%에서 6.3%로 3.4%가 감소하였다. 이러한 변화를 인식한 제주항공은 스마트폰 이용자

7) Porter, M., and Kramer, M.(2011), "Creating Shared Value: How to Reinvent Capitalism and Unleash a Wave of Innovation and Growth", *Harvard Business Review*, 89(1/2): 62-77.

에게 익숙한 간편결제시스템인 카카오페이를 사용하도록 하여 온라인 및 모바일 이용자의 결제 편의성을 크게 향상시켰다.

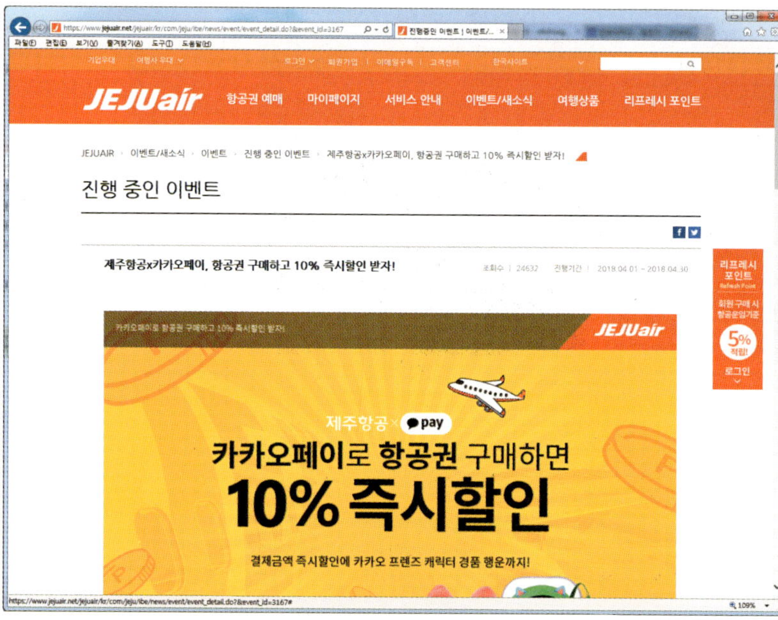

[그림 10-4] 제주항공×카카오페이 온라인 이벤트

대한항공은 2015년 7월에 카카오페이의 간편결제서비스를 도입하여 복잡한 인증절차의 간소화, 구매시간의 단축을 통해 고객의 결제편의성을 높일 수 있었다. 대한항공은 간편결제서비스 홍보 이벤트를 진행했다. 일례로 대한항공의 모바일사이트(m.koreanair.com) 또는 앱에서 카카오페이로 항공권을 구매하면 국내선 7% 및 국제선 5%의 운임할인을 제공했다. 또한 카카오페이를 이용한 항공권 구매자 중에서 10명을 추첨해 국내선 항공권 10매를 증정하기도 했다. 또한 카드사와의 협력을 통해, 카카오페이에 등록된 카드로 일정금액 이상 결제 시에 청구할인 혜택을 제공했다. 이처럼 항공사, 카드사, 카카오페이의 협력은 구성원 모두에게 새로운 가치를 창출한다.

3.2 카카오페이와 알리페이의 제휴

한국관광공사는 우리나라를 찾은 외국인 관광객 중 약 807만 명이 중국인 관광객이며, 이들의 주요 결제수단이 알리페이라는 것을 확인했다. 알리페이는 이미 3만 4천 개에 이르는 국내 가맹점을 가지고 있다. 카카오페이는 이번 알리페이와의 제휴를 통해, '요우커'로 불리는 중국 관광객이 한국에서 지출하는 거래액을 확장할 수 있게 되었다. 특히 중국 관광객은 다른 나라의 관광객과 비교하여 1인당 평균지출액이 크다. 서울시의 "2015 서울시 외래관광객 실태조사" 보고서에 의하면, 중국 관광객의 항공료를 포함한 1인당 평균지출액은 331만 원으로 일본의 107만 원, 기타 아시아 관광객의 154만 원보다 두 배 이상 높았다. 이번 제휴는 또한 온라인에 비해 확장이 어려운 오프라인 가맹점을 증가시키는 데 매우 효과적일 것으로 기대된다. 즉 카카오페이 가맹점은 국내의 알리페이 가맹점을 끌어안을 수 있기 때문이다. 2016년 말 기준, 카카오페이의 가맹점 수는 1천700곳이며, 경쟁서비스 네이버페이의 13만 개에 비해 매우 적은 수였다. 그러나 이번 알리페이와의 제휴를 통해 가맹점 수를 크게 증가시킬 수 있다. 아울러 중국 관광객은 카카오페이와 제휴를 맺은 한국의 가맹점을 통해 한류상품을 보다 쉽게 구매할 수 있게 되었다. 예를 들어, 중국 관광객은 카카오페이의 가맹점인 소셜 커머스 전자상거래업체인 티몬에서 알리페이로 상품을 결제하고 묵고 있는 호텔로 익일 배송을 받을 수 있다. 반대로 국내 이용자 역시 알리페이의 가맹점인 해외 사이트에서 상품을 구매하고 카카오페이로 결제할 수 있다. 마지막으로 카카오사는 중국 핀테크 시장을 주도하는 알리바바그룹의 앤트파이낸셜과의 다양한 협업을 통해 기업가치를 높이고 핀테크 산업을 주도하는 계기를 마련했다. 국내은행 · 기업과 알리페이의 제휴 및 국내은행과 전자지급결제대행사는 중국 관광객의 증가에 따라 알리페이와의 제휴를 통해 한국에서 쇼핑 시에 편리한 결제서비스를 확대 중이다. 예를 들어, 우리은행은 알리페이와의 제휴를 통해 한국스마트카드에서 발행하는 알리페이용 교통카드인 '알리페이 엠패스 티머니'를 김포공항과 인천공항 내의 지점에서 판매하고 있다. 하나은행은 알리페이와 제휴를 맺고 결제대행서비스, 부가세 환급지원 서비스 등을 제공하고 있다. 한국정보통신(KICC)은 알리페이와 제휴하여 GS25, CU 등의 국내 편의점에서 '알리페이 지갑(Alipay Wallet)'을 이용해 바코드 결제와 부가세 환급지원 서비스를 제공하고 있다. 전자지급결제대행사인 KG이니시스는 인터파크 글로벌 쇼핑몰 해외결제를 위해 알리페이를 제공하고 있으며, 롯데닷컴과 국내 면세점에서도 바코드와 QR코드를 통해 알리페이를 이용한 온·오프라인 결제서비스를 제공하고 있다. 이처럼 국내은행과 기업은 알리페이와의 협력을 통해 새로운 가치를 창출하고 있다.

11

스마트 관광과 거버넌스

이 장에서는 국내외에서 정부와 지방자치단체가 추진하고 있는 스마트 관광 정책의 동향과 스마트 관광의 활성화를 위한 사례를 살펴보고 국가의 관광정책 방향 및 전략과 실행방안에 대해 소개한다.

CHAPTER 11

스마트 관광과 거버넌스

1. 스마트 관광 거버넌스

거버넌스(Governance)는 정부가 모든 문제를 해결하려는 행정국가적 발상에서 벗어나 지역사회에서부터 국제사회에 이르기까지 여러 공공조직뿐 아니라 민간 · 시민 모두를 문제 해결의 주체로 인식하는 협력적 · 수평적 네트워크를 특징으로 한다. 거버넌스는 '협치', '함께 다스림', '국정관리' 등으로 다양하게 번역되고 있다. 거버넌스는 국가 정책과 행정서비스 공급체계의 복합적 기능에 중점을 두고 있는 포괄적 개념으로서 공공 · 민간 · 시민 간 관계에서 광범위한 협력과 지원이 뒷받침되어야 한다.

이러한 관점에서 스마트 관광 거버넌스의 개념은 정부 · 지자체 · 민간 · 소비자가 수평적 구조하에서 스마트 관광을 구성하고 있는 관광정보, 관광서비스, 관광인프라가 유기적으로 연동되어 하나의 생태계를 이룰 수 있도록 관광정책 결정과 스마트 관광서비스 제공 분야에 참여하여 함께 해결해 나가는 협력적 관리체계를 의미한다. 따라서 스마트 관광 거버넌스는 스마트 관광을 지원하고 이와 관련된 관광정책 방향, 전략, 조직, 인력, 업무 프로세스, 협력관계 등을 모두 포함하는 개념이다.

우리나라는 지자체마다 관광 관련 부서와 정보화 관련 부서가 분리되어 스마트 관광이 추진되고 있어 스마트 관광이 지향하는 방향이 명확하지 않고 추진체계의 일관성도 부족하다. 스마트 관광의 핵심은 스마트 관광의 개념과 정의에 대한 명확한 이해를 토대로 정부–지자체–민간기업–소비자가 함께 참여하는 '열린 거버넌스' 협력체제를 구성하는 것이다. 즉 스마트 관광이 활성화되기 위해서는 스마트 관광의 핵심요소인 정보, 서비스, 인프라 측면에서 한쪽에 치중되지 않은 균형 잡힌 개발이 필요하며, 이를 효율적으로 실행 · 관리하기 위해서는 정부, 지자체, 민간기업, 소비자가 함께 참여하는 통합적 거버넌스 구축이 필요하다. 정부가 주도하는 거버넌스 체계를 형성하고 있으면서도 지자체와 민간의 자유로운 참여를 보장하기 위해 정부의 간섭과 규제는 최소화하고 각각의 역할에 집중할 수 있는 문화 콘텐츠와 민 · 관이 함께 협력하는 거버넌스 환경이 조성되어 있다. 범위가 크고 수익성과 관계가 없는 인프라의 구축에는 중앙정부와 지자체의 역할이 중요하며, 상황에 따라 유연하게 대처할 수 있는 비즈니스 플랫폼은 지자체와 민간이 협력하는 방식으로 정부 주도적인 획일화된 형태에서 벗어나 지역 고유의 특성을 살릴 수 있는 형태를 유지할 수 있다.

2. 스마트 관광 거버넌스 이슈

스마트 관광의 당면과제에 있어서 고려해야 할 부분은 관광정보, 관광인프라, 관광서비스, 거버넌스로 구분해 볼 수 있다. 첫째, 관광 정보의 고도화를 위한 세부 이행과제로는 관광 안내 표지판 정보 관리, 스마트 관광 빅데이터 센터 구축, B2B(Business to Business) 데이터 마켓 플레이스 구축, 확장된 형태의 데이터 개방 정책을 들 수 있다. 둘째, 서비스 분야 과제는 관광객 편의성 제고가 있다. 예를 들어 개별 자유여행(Free Independent Tourism: FIT) 활성화를 위한 통합적인 교통망 및 교통 정기권 서비스, 외국인 관광객을 위한 레스토랑 정보 개방, 여행 안전정보 서비스가 있다. 언어 소통의 편의성을 위해서는 통역 앱의 고도화, 외국인 관광객이 스스로 여행을 계획할 수 있는 지능형 투어 앱 개발, 문화자원 연계 및 증강현실을 융합한 새로운 모델의 투어 서비스 개발 등이 있다. 셋째, 인프라 분야 과제는 결제 인프라와 접속 인프라의 고도화로 요약할 수 있다. 중국의 알리페이(Alipay) 시행에 대한 요구가 증가하는 것은 결제 편의성에 있다. 관광지에서 보다 빠르고 안전하게 결제할 수 있는 결제 시스템 인프라를 개선함으로써 결제 편의성을 제공할 수 있을 것이다. 또한 공공 와이파이 제공 및 다국어 관광정보 제공 플랫폼을 구축함으로써 접속 인프라의 고도화를 달성해야 한다.

따라서 정부 중심의 스마트 관광정책은 크게 정보부문, 서비스 부문, 인프라 부문으로 구분할 수 있다. 스마트 관광서비스 제공을 위한 공공관광 정보정책은 정보 개방과 공유, 협업, 민간 활용의 촉진을 증대하는 방향에서 추진되어 왔다.

2.1 정보부문

국내에서는 1994년부터 공공기관의 ICT를 활용한 관광 안내 정보 시스템과 종합 관광 정보 시스템 구축 사업이 한국관광공사에 의해 추진되었다.[1] 2011년에는 국가정보화전략위원회에서 스마트 관광 활성화 계획을 발표했으며, 2014년에 한국문화관광연구원은 '관광자원 데이터', '문화관광 정책 데이터', '문화관광 통계 데이터'를 공공 데이터 유통 플랫폼인 데이터 스토어(www.datastore.or.kr)에 공개하였다. 최근 문화체육관광부는 공공 데이터 포털과 연계한 최신 관광정보를 개방하여 다양한 애플리케

1) 문화체육관광부(2011), *2010 문화예술정책백서*, 문화체육관광부 & 한국문화관광연구원.

이션(Application) 개발 및 활용이 가능하도록 Open API(Application Program Interface) 형태의 공공데이터 'Tour API'를 제공하고 있다. 이를 통해 7만 여 건의 관광정보를 다국어로 제공하고 있으며 Tour API를 통한 민간 스마트 관광 사업자와의 협업이 가능하다. 현재 협업의 산출물로 개발된 관광 앱이 약 70여 건에 달하고 있다. 또한 정부는 공간정보 기반으로 데이터를 융합해 빅데이터 분석을 실시함으로써 관광지 우선 개발과 맞춤형 관광서비스, 관광홍보 제공 등을 통해 관광산업 활성화를 지원하고 있다. 빅데이터 적용을 통한 외국인 관광산업 지원 서비스로서 외국인 관광객 소비 패턴과 트렌드 등을 복합적으로 분석하여 관광지 추천과 같은 개인 맞춤형 관광정보 서비스를 제공하고 빅데이터 분석 정보를 정부 관광정책에 활용하고 있다.

Tour API는 9개국 언어의 관광정보는 물론, 무장애여행정보부터 관광사진 갤러리, 관광용어외국어용례사전, 생태관광정보까지 다양한 서비스를 제공하고 있다. 관광정보 목록은 지역별, 타입별, 분류별로 검색할 수 있으며 키워드 검색 및 내 주변 관광정보, 날짜별 행사축제 목록, 베니키아 · 한옥 · 굿스테이 숙박 검색까지 제공하고 있다. 해당 관광지에 대한 대표이미지, 주소, 좌표, 전화, 개요정보 등의 공통정보는 물론, 휴무일, 안내정보 등도 조회가 가능하다.

2.2 서비스 부문

스마트 관광정책의 서비스 부문은 보다 구체적이고 직접적인 관광서비스 개발과 통합 플랫폼 앱 구축 등과 관련되어 있다. 다양한 정보기술의 등장과 모바일 시장의 변화 및 스마트폰 이용자 수 증가에 힘입어 정부는 2010년 스마트폰 기반 관광서비스 로드맵을 수립하고, 스마트폰 관광정보 서비스를 시작하였다. 미래창조과학부는 부처 간 협업 프로젝트인 '창조비타민'을 통해 문화체육관광부 및 문화재청 등과 함께 ICT를 결합한 관광수요 창출을 위해 다양한 사업을 지원하고 있다. 예를 들어 증강 · 가상현실 기반 스마트 문화유산 관광 체험 서비스(예: '내 손안의 고궁 · 박물관' 등), 외국인 대상 스마트 관광서비스를 통해 전시 · 컨벤션 등 MICE 동반 성장을 위한 비즈니스 모델을 발굴 · 지원하고 있다(예: 민속촌 등 주요 관광명소별 외국인 대상 3D 전통문화 체험존 운영 등). 정부는 2014년 제1차 관광 진흥 확대회의[2)]를 통해 다양한 분야에서 ICT기반 관광서비스 과제를 선정하였다. 예를 들어 한식 콘텐츠 데이터베이스(Data Base: 이하 DB) 구축, 홀로그램으로 구현하는 문화 콘텐츠 상설 전시관 조성, 외국인 대상 공연정보 통합 서비스, 전국 도보 여행길 종합정보 서비스, 자전거 레저관광 확산을 위한 '자전거길 행복 나눔' App 구축, 한국형 숙박 연계 시스템 구축, 한국형 숙박문화 체험 서비스(예: 한(韓)스테이), 의료 관광정보 통합 플랫폼 개발 등이 포함되었다. 디지털 관광안내 플랫폼 확충(예: 대한민국 구석구석 App 등), 다국어(영 · 중 · 일어) 오디오 투어 가이드 서비스(예: 스마트 투어가이드 App 등), 스마트 관광특구 운영, 해양관광 포털(예: 바다 여행), 생태관광 3.0정보 포털 등 유관 사이트와 연계하여 다양한 관광자원 정보를 체계적으로 제공할 수 있도록 하였다.

2) "제1차 관광 진흥 확대 회의", 문화체육관광부 보도자료, 2013.7.17.

출처: https://korean.visitkorea.or.kr

[그림 11-1] 대한민국 구석구석 웹사이트

한국관광공사에서 제공하는([그림 11-1] 참조) '대한민국 구석구석'의 경우에는 사이트와 모바일 앱을 통하여 관광지, 행사, 음식점, 숙박 등의 정보를 제공한다. 뿐만 아니라, 관광의 최신동향은 물론 생태관광, 산업관광, 무장애관광, 그리고 테마관광에 대한 정보도 더하였고, 관광객들끼리 서로의 여행기를 나눌 수 있는 공간도 마련하여 보다 다채로운 관광이 가능하도록 하였다.

2.3 인프라 부문

정부는 관광활동의 편의성을 제공할 수 있는 스마트 관광 인프라를 구축할 수 있는 사업을 추진하고 있다. 가장 대표적인 것으로 관광 활성화를 위해 주요 관광지 및 편의시설에 관광객을 위한 공공 WiFi 서비스를 제공하는 것을 꼽을 수 있으며, 이를 지속적으로 확충할 수 있는 방안에 대한 구체적인 계획이 필요한 실정이다. 이는 비단 공공 와이파이의 문제뿐만 아니다. 정부는 공유경제를 활성화의 일환으로 공유숙박 서비스 '에어비앤비'를 합법화할 수 있는 근거를 마련하겠다고 했다. 해외의 경우에는 인프라를 꾸준히 확보하고 있는 것으로 보인다. 그 예로 런던박물관 및 프랑스 루브르박물관의 경우에는 AR와 VR기술을 기반으로 하여 '스트리트 뮤지엄' 및 '루브르-DNP 박물관 랩'과 같은 서비스를 제공하였고 이에 큰 인기를 끌었다. 반면에 우리나라는 KT와 문화재청이 2013년 AR 기술을 접목하여 '내 손안의 덕수궁'이라는 애플리케이션을 출시하였으나 사용자가 많지 않아 2017년 12월 서비스를 중단해야 했다.[3)]

3. 국내 스마트 관광 거버넌스

3.1 서울시

서울시는 스마트 관광정보 부문 측면에서 '서울시 열린 데이터 광장'을 운영함으로써 공공 데이터를 활용한 맞춤형 관광상품 개발 및 스마트 관광 시너지 창출을 시도하고 있다. 서울 관광명소 확산을 위한 서울관광발전종합계획(2014~2018) 중 스토리텔링을 통한 디지털 아카이브 및 모바일 온라인 플랫폼 구축, '미리 가보는 서울' 사이버 투어, 서울시 공식 관광정보 모바일 · 웹사이트 'Visit Seoul', 사용자 위치 인식 기반으로 주변 관광지를 추천하는 'iTour', 365개 관광 콘텐츠 선정 및 DB 시스템, 서울 의료관광 홈페이지와 종합안내 시스템, 서울시 문화유산 스탬프 투어

3) 김흥순, [新문화관광]ICT 강국 맞니… 쉴 · 놀거리 없는 스마트 관광, 아시아경제. http://www.asiae.co.kr/news/view.htm?idxno=2018031610150434952

App, 관광상품 판로 지원 시스템, 스마트 관광안내 시스템 활성화 등을 추진하고 있다. 또한 유동인구 밀집지역과 관광특구를 중심으로 공공 무선 인터넷 인프라 서비스를 시행하고 있다.

출처: http://korean.visitseoul.net

[그림 11-2] Visit Seoul 서울도보관광 예약 페이지

[그림 11-2]에서 보는 Visit Seoul에서는 서울 관광과 관련한 모든 정보를 제공한다. 지도에서 원하는 위치를 선택하여 주변 관광지를 물색해 볼 수도 있고, 공연 예약과 순례길 및 근·현대 건축기행 및 야행 등의 서울 도보관광 예약도 가능하다. 서울 가이드북 및 지도도 무료로 신청하여 받아볼 수 있으며, PDF 파일로 다운받아 사용하는 것도 용이하다. 더불어 한류스타 스케줄을 매주 업데이트하고 있기 때문에, 한류관광을 위해 서울을 찾는 외국인들에게는 필수로 방문해야 할 사이트로 알려져 있다.

3.2 부산시

부산시는 해운대구의 경우, SNS 빅데이터를 활용하여 관광정책을 도입하고 있으며, 나날이 증가하는 개별 관광객을 위해 관광객이 스스로 관광코스를 짤 수 있는 지능형 앱을 개발하고 중국 현지 온라인사이트를 운영하는 등 온라인 마케팅 기반을 조성하였다. 부산시 문화관광포털, 모바일 서비스를 통해 부산관광, 문화공연 전시, 스토리텔링, 교통서비스 등 관광정보 서비스를 제공하고 있다([그림 11-3] 참조). 특히 2014년 관광진흥계획을 통해 낙동강 하구 생태관광 포털사이트, 스마트 부산 자전거 여행앱 업그레이드, 개별 외국인 관광객을 위한 '모바일 관광정보센터' 구축 등과 같은 스마트 관광 관련 정책을 시행하고 있다. 또한 부산시의 경우 무인 U-관광 안내소를 운영하여 터치스크린을 통해 다양한 관광정보 및 서비스를 제공하고 있으며 해운대, 광안리 해수욕장, 부산역 광장 등에서 무료 공공 무선 인터넷 인프라 서비스를 제공하고 있다.

출처: https://tour.busan.go.kr

[그림 11-3] 부산 문화관광포털

부산 문화관광포털은 부산시의 관광지 및 테마관광 등을 소개한다. 눈여겨봐야 할 점은 국제영화제를 위해 부산을 찾는 외국인들을 위하여 부산국제영화제 관련 정보와 관광안내지도, 관광카드, 무선인터넷 와이파이에 대한 안내를 영문으로도 제공하고 있다는 것이다. 더불어 '누리부산' 페이지에서는 나만의 여행코스를 직접 만들어 공유할 수도 있다.

3.3 제주시

제주시는 관광 콘텐츠 Open API를 통해 제주관광공사가 제주 관광지, 음식, 쇼핑, 여행정보 등 제주도의 관광 콘텐츠와 데이터를 App 개발 등에 사용할 수 있도록 개발자를 위한 인터페이스를 제공하고 있다. 한편 제주도 관광객을 위한 웹, 모바일 관광 정보 서비스 '놀멍쉬멍'에서 제주 여행에 관련된 기본적인 관광정보, 제주도 관광과 오름, 해수욕장 등 세부정보까지 제공하고 있다. 그 외에도 통역 비서앱, 제주도 공공 와이파이 인프라 서비스 등을 제공하고 있다([그림 11-4] 참조).

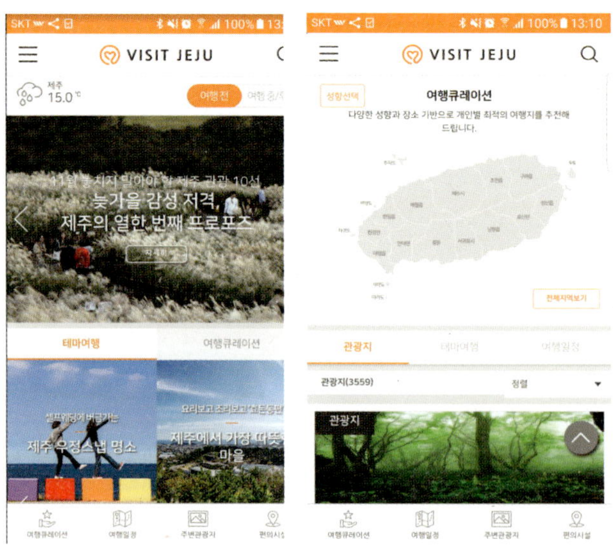

[그림 11-4] 놀멍쉬멍 Visit Jeju 앱

제주 올레는 홈페이지를 통해 올레길 지도를 안내한다. 각 코스별 경로는 물론, 스탬프 찍는 곳, 숙소, 식당, 공식안내소, 화장실, 기념품 판매소 등의 위치도 함께 조회해 볼 수 있다. 스마트폰에서 웹사이트에 접속하면 GPS기능을 통해 현재 위치도 확인할 수 있도록 하여 편리성을 더했다.

3.4 경기도

경기도는 경기도 관광 포털을 통해 이야깃거리, 볼거리, 즐길거리, 먹을거리, 잘거리, e-관광안내소, 경기관광공사 등 7개의 메뉴로 경기도의 주요 관광정보 및 여행에 필요한 서비스를 제공하고 있다. 또한 세계문화유산 수원화성앱으로 위치 기반 서비스를 통해 현실적인 지리 안내 서비스 및 관람객의 동선을 확인하여 무인 음성 안내 서비스를 제공하고 있다. 경기도 역시 주요 시설과 관광지 등에서 무료 와이파이 서비스를 제공하고 있다.

출처: http://ggtour.or.kr

[그림 11-5] 경기관광포털

[그림 11-5]와 같이 경기관광포털은 경기도의 관광지 및 식당과 숙박시설에 관한 정보를 제공한다. 가평, 광주, 남양주 등등 경기도 각 지역에서 제공하는 시티투어의 코스와 가격까지 자세한 정보를 알아볼 수 있으며, DMZ프로그램 예약 사이트로도 이동할 수 있다.

4. 외국 스마트 관광 거버넌스

4.1 일본

일본의 경우 일본무역진흥기구(Japan External Trade Organization: JETRO)와 일본정부관광국(Japan National Tourism Organization: JNTO) 간 연계를 통해 스마트 관광을 지원하는 '쿨재팬(Cool Japan)' 정책을 전개하고 있다. 한편 스마트 관광 거버넌스 일환으로 다국어 문제를 해결하고 관광상품 홍보채널을 일원화하기 위해 47개 지자체-재팬 타임라인(Japan Timeline, 민간 플랫폼)-1,000여 개의 관광 관련 기업이 협력하여 지자체에 흩어져 있는 산발적 정보를 체계적으로 분류하여 재팬 타임라인을 통해 통합 제공함으로써 효율성을 극대화하고 있다. 최근 일본의 스마트 관광정책은 2021년에 개최될 올림픽 및 패럴림픽과 관련한 스마트 관광에 초점을 두고 있으며, 다양한 정책을 통해 일본 정부의 적극적 지원이 이루어지고 있다. 일본은 아·태지역에서 최대 온라인 여행 시장으로 스마트 관광을 주도하고 있다. 이는 특히 스마트폰과 연계된 빅데이터를 이용하여 관광객의 행동을 분석하고 일본 관광청이 제공하는 모바일앱을 통하여 관광 정보 및 다국어 서비스를 지원하는 등의 일본의 노력으로 이루어진 결과라고 할 수 있다. 이는 스마트 관광정책과 문화 콘텐츠 정책 '쿨재팬(Cool Japan)'과의 연결을 통해 일본 문화 콘텐츠의 해외 홍보뿐만 아니라 인프라 구축까지 이뤄내고 있는 것을 예로 들 수 있다. 또한, 일본을 방문하는 외국인 여행자들을 위한 편의를 제공하기 위하여 무료 와이파이 환경, 쇼핑 및 숙박시설의 환경 등을 개선하기 위한 정책을 실행하고 있다. 이러한 스마트 관광정책은 중앙정부, 지자체, 민간부분에서 서로 간의 연계와 협력 그리고 적극적인 지원을 통해 활발히 진행되고 있다.

4.2 중국

중국은 중앙-지자체 거버넌스를 통해 2012년 18개의 국가 스마트 관광 시범도시를 선정, 스마트 관광 도시 건설 계획을 시행하고 있다. 그러나 현재는 비용이 많이 드는 대규모 사업을 중심으로 거버넌스가 이루어지고 있기 때문에 민간기업의 자발적인 투자유치와 참여를 바탕으로 하는 거버넌스는 기대에 미치지 못하고 있다.

중국의 경우 아·태지역에서 가장 빠른 온라인 여행시장의 성장률을 보이고 있다. 중국에서 스마트 관광시장의 높은 상승세와 스마트폰을 활용한 모바일 관광 예약시장의 빠른 확장, ICT에 대한 지속적이고 막대한 투자, 모바일 결제의 대중화 등으로 세계적인 관광 트렌드에 발 빠르게 대응할 수 있었기 때문이다. 세계 ICT시장이 급성장하는 큰 원동력은 이러한 중국과 같은 신흥국가들로부터 생겨나고 있다고 해도 무방하다.

중국은 스마트 관광 분야에서 균형적인 사업적 체계를 이루기 위해 노력하고 있으며 이를 위해 다양한 스마트 관광 관련 정책을 제시하고 있다. 예를 들어, 관광지에 관한 안내 시스템과 관광 지리에 관한 정보 시스템 등의 개선을 위해 정책을 제시하였으며, 중국의 스마트 관광 관련 웹사이트인 '지혜관광(智慧旅游)'을 운영하고 스타트업 육성 등을 체계적으로 추진하여 스마트 관광 플랫폼 마련을 위한 정책을 제시하였다([그림

11-6] 참조). 또한 관광객 관리 개선 및 관광무역결제센터를 운영하는 등의 인프라 구축을 위한 정책을 제시하였으며, 2014년 '2014 아름다운 중국, 스마트 관광'(내수 관광시장용) 및 'Beautiful China, 2014 Year of smart Travel'(인바운드 관광시장용)로 스마트 관광과 관련한 슬로건을 발표하여 국내 및 해외 관광객을 대상으로 관광시장 활성화에 기여하고 있다.

[그림 11-6] 중국의 스마트 관광

4.3 홍콩

홍콩은 총수익의 약 30% 이상이 관광분야에서 발생할 정도로 국가 수익의 많은 부분이 정보기술과 관광에서 나타나고 있다. 이런 이유로 중앙정부에 의해 관광품질이 관리되어 왔고 품질관광협회의 'QTS(Quality Tourism Services)' 같은 품질인증제도가 시행되고 있으며 홍콩 관광청(Hong Kong Tourism Board: HKTB)을 통해 '트래블 킷(Travel Kit)'서비스가 제공되고 있다. 국민들 또한 이러한 정책에 적극 호응하고 있으며 과거 영국에 소속되어 있었던 배경으로 인하여 관광에 언어 관련 인프라를 제공하고 있다. 반면 홍콩은 관광 인프라와 IT가 충분히 발달한 국가임에도 불구하고 스마트 관광에 대한 정부와 민간의 움직임은 활발하지 않은 편이다. 그리하여 관광부서가 아닌 통신기술 관련 부서에서 추진하고 있는 스마트 관광 관련 인프라 또는 콘텐츠 정책에서 ICT 기반의 관광정책을 대신 찾아볼 수 있다. 즉 차세대 정부의 데이터 센터 단지의 설립과 공공 와이파이인 'GovWiFi'사업 등을 예로 들 수 있다. 홍콩은 충분한 관광 인프라와 IT가 이미 마련되어 있으므로 이와 연동된 ICT정책만으로도 시너지 성과가 충분히 나타나고 있어 별도의 스마트 관광정책에 대한 필요성을 크게 느끼지 않기 때문이다.

4.4 미국

미국은 2010년 전 세계 관광객들에게 미국을 알리는 마케팅 기구로서 Brand USA를 출범시켰다. Brand USA를 주축으로 협업 · 통합과 활용을 모토로 전 세계 여행업계를 파트너로 삼아 민간기업 간 협력이 자유롭게 이루어지고 있다. 또한 민간기업들이 IT기업의 서비스 플랫폼을 이용하여 다양한 관광서비스를 개발하고 있다. 이렇듯 미국은 정책적인 지원보다는 스마트 관광을 통한 비즈니스 연계 및 활용이 두드러지게 나타나고 있으며, 각 주별로 구성된 회의 및 관광안내사무소(Convention & Visitor Bureau: CVB)를 중심으로 지역 관광 홍보를 위해 스마트 관광을 적극 활용하고 있다. 미국은 ICT를 통하여 국민들에게 미국의 넓은 영토 위 형형색색의 다채로운 자연과 역사 그리고 엔터테인먼트 산업 등을 바탕으로 많은 경험과 볼거리를 제공하는 것을 중요시한다. 또한, 외국인 여행객의 편의를 위한 서비스 품질의 향상을 통하여 새로운 일자리를 만들어내고 동시에 미국 관광산업의 성장을 이루어내는 것에 많은 관심을 두고 있다. 미국은 공공 데이터의 공유 및 민간의 활용을 활성화하고, 뉴미디어 관련하여 고부가가치의 관광 콘텐츠 개발에 노력을 기울임으로써 관광서비스 발전을 위해 심혈을 기울이고 있다. 이러한 노력에 부응하여 지방정부도 여러 가지 뉴미디어 채널과 창의적 관광 콘텐츠 개발 등을 통하여 지역의 관광산업 활성화와 다양한 일자리를 만들어내고 있다. 하지만 미국을 중심으로 한 북미지역의 온라인 여행시장은 성장 정체기에 이른 것으로 판단되고 있다. 이러한 정체를 벗어나기 위해 미국의 온라인 여행시장은 모바일로 눈을 돌리고 있으며, 주로 할인상품이나 크지 않은 금액의 지불 등과 관련하여 스마트폰을 이용한 여행구매가 상승세를 보이고 있다.

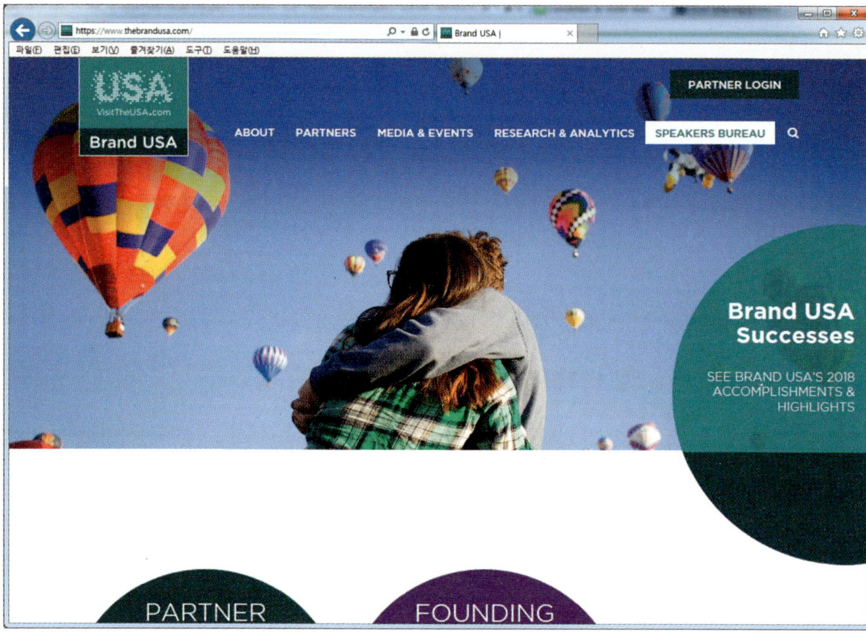

출처: https://www.thebrandusa.com

[그림 11-7] Brand USA 웹사이트

미국은 별도의 국가관광협회(National Tourism Organization: NTO)를 두지 않고, 각 주마다 CVB를 만들어 지방자치단체 중심의 지역관광을 장려하고 있으며 각 주마다 존재하는 지역관광협회(Regional Tourism Orgnization: RTO)를 바탕으로 관광정책들을 시행하고 있다. 또한, 방미 외래 여행객의 감소에 대한 대안으로 [그림 11-7]에서 보는 바와 같이 'Brand USA'라는 관광 홍보 기관이 소셜 미디어(Social Media)나 웹사이트를 이용하여 관광 마케팅을 하고 있으며, 민간기업 및 관광서비스에 구글과 같은 IT기업의 서비스 플랫폼을 이용하고 있다.4)

4.5 프랑스

프랑스는 스마트 관광의 세계적 흐름에 조금 늦게 뛰어들었으나 조급하게 스마트 관광 개발에 무조건 속도를 높이기보다는 프랑스의 전체적인 분위기와 상황에 맞게 스마트 관광을 발전시켜 가고 있다. 예를 들어, 프랑스는 문화적인 자원이 많은데, 이를 잘 관리하여 의미 있게 이용하는 것을 국가의 의무라고 생각하며, 이러한 국가의 의무가 단순히 문화자산의 관리에만 머무르는 것이 아니라 더 나아가 디지털 기술을 활용하여 적극적으로 그것의 숨겨진 가능성을 개발 및 활용하는 것으로까지 이어지고 있다. 이에 따른 스마트 관광정책으로 SNS를 통해 다양한 관광 마케팅을 제시함으로써 젊은 계층과 새로운 관광 트렌드를 동시에 포용 가능하게 하였다. 이는 온라인에 e-Tourism 플랫폼의 확대와 스마트폰의 확산 및 모바일 통신의 상승에 맞추어 ICT기술을 연계한 공공 서비스 시스템인 프록시마 모바일(Proxima Mobile)의 개발 및 운영에서 찾아볼 수 있다([그림 11-8] 참조). 또한, 프랑스 관광청(Atout France)의 'A Strategy Destination France 2010-2020'과 '디지털 프랑스 2012'와 같은 ICT정책과 연동된 스마트 관광정책에 주목할 필요가 있는데 특히, 후자는 자국민들의 디지털로부터 오는 격차 해소에 크게 이바지하고 있다.

4) 문정욱(2013), "관광서비스 발전을 위한 ICT 활용현황과 시사점 국내외 사례분석을 중심으로", *방송통신정책*, 25(20): 1-35.

출처: http://www.proximamobile.fr

[그림 11-8] 프록시마 모바일(Proxima Mobile) 웹사이트

4.6 스페인

북미지역 다음으로 서구 유럽의 관광시장은 두 번째로 온라인 여행시장에서 큰 비중을 차지하고 있으며 그중 스페인은 스페인 전체 e-커머스 시장에서 온라인 여행이 차지하는 비중이 약 60%가량 될 정도로 유럽 온라인 여행시장의 성장에 큰 비중과 역할을 하고 있다. 또한 스페인은 ICT를 적극 활용하여 연령, 사회적 또는 경제적 지위, 신체의 차이 등에 구애받지 않고 모든 사람들이 즐겁고 편하게 관광할 수 있는 서비스 환경을 만들기 위해 노력하고 있다. 또한 스페인은 스마트 관광정책에서 관광 지식체계를 마련하고 여행객의 최신 정보 획득과 비즈니스 경영 및 협력을 위한 플랫폼 구축을 중요시하였으며 다자 간 협력을 위해 소통과 민간의 참여 장려 정책에 중점을 두었다. 이는 스페인의 관광 도시 중 대표적

도시인 바르셀로나가 2010년부터 5년간 진행된 바르셀로나 관광 비전(Vision Tourism BCN 2010~2015)을 통해 다양한 소통을 바탕으로 한 스마트 관광분야의 거버넌스 구축에 중점을 두고 있음을 통해 알 수 있다([그림 11-9 참조]). 바르셀로나 관광청은 온라인을 통해 단순히 웹사이트를 중심으로 한 방향으로 받아들여지는 관광 관련 정보 및 상품들 또는 서비스의 제공이 아닌 실제 바르셀로나 지역 거주민들과의 쌍방향 소통을 바탕으로 흥미롭고 유익한 관광정보들과 관광상품 등에 관한 의견들을 모으고 있다. 소셜 네트워크, 온라인 커뮤니티 등을 통해 관광과 관련 있는 지역 상인들이 경험한 외국인 관광객에 대한 실질적인 정보들은 바르셀로나의 관광서비스를 질적으로 높이는 데 도움을 주고 있으며 지역 거주민과 외국인 여행객의 직접적인 교류를 위해 스마트폰 메신저나 페이스북 등과 같은 커뮤니티 참여를 북돋우고 있다.

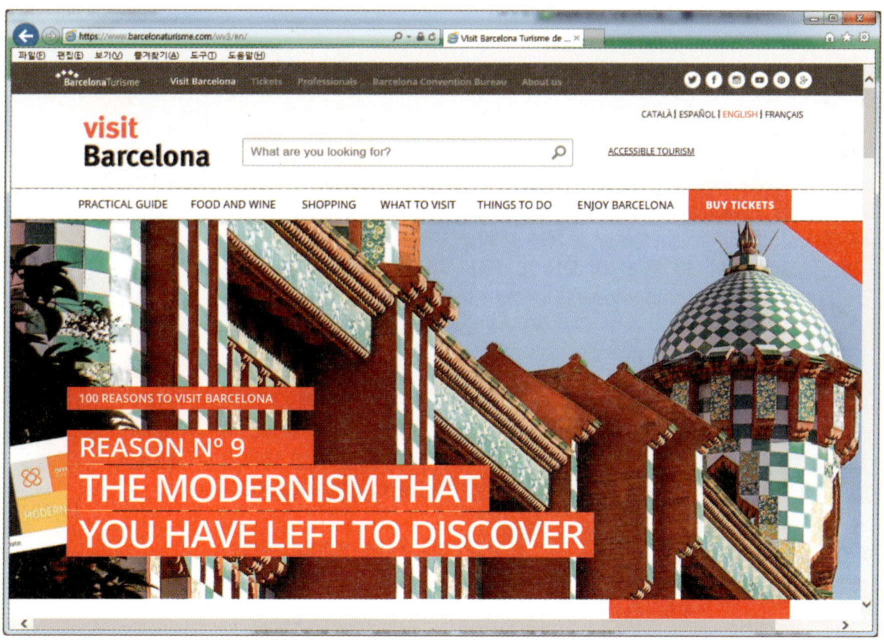

출처: https://www.barcelonaturisme.com

[그림 11-9] 바르셀로나 관광청 웹사이트

5. 스마트 관광 거버넌스 실행방안

스마트 관광을 하기 위해서는 ICT기반 관광의 정보화와 지능화를 통해 관광산업 경쟁력 제고뿐 아니라, 관광을 국가 경제의 성장동력으로 이끌어 경제 발전과 국민의 삶의 질 향상에 기여하는 지속가능한 스마트 관광 생태계를 실현할 수 있어야 한다. 스마트 관광 활성화를 통해 스마트 관광서비스 제공 및 새로운 일자리 창출이 가능하고 국가의 신성장 동력으로서의 역할을 기대할 수 있다. 스마트 관광이 지향하는 바를 실현하기 위해서는 첫째, 정부 주도형 관광정책에서 벗어나 이용자가 중심이 되는 개방과 공유의 관광으로 전환되어야 한다. 관광객의 자발적 참여가 활성화되면서 관광경험이 공유되고 관광서비스를 이용하는 대상자가 확대될 수 있는 구조가 형성되어야 한다. 둘째, 지역사회의 균형 발전을 위한 지역 관광 활성화를 위해 정부의 지원과 지자체의 노력, 민간의 참여로 이루어지는 지역사회 네트워크가 형성되어야 한다. 셋째, 새로운 스마트 관광 콘텐츠를 지역의 정보와 연계하여 개발함으로써 관광정보와 콘텐츠가 결합된 고품질 관광서비스를 제공해야 한다. 넷째, 미래의 성장동력으로 발전하기 위해서 스마트 관광에 필요한 ICT 기반의 선도기술과 인프라에 대한 적극적인 투자를 통한 혁신적 관광 비즈니스 모델을 개발하고 지원해야 한다. 다섯째, 민간기업이 자발적이고 주도적으로 참여할 수 있는 관광 생태계를 형성할 수 있는 거버넌스 체계가 필요하다. 특히 대규모 투자가 필요하기 때문에 민간의 접근이 어려운 통합 관광 빅데이터 관리 시스템과 인프라에 대한 투자는 공공부문에서 담당하고 이용자 중심의 스마트 관광서비스 개발 및 App 구축 등은 민간의 참여를 활성화시킴으로써 일자리 창출과 경제 활성화를 도모하는 전략이 필요하다.

12 스마트 관광의 공유경제 이슈

이 장에서는 최근 등장한 스마트 관광산업 중 공유경제와 관련된 이슈와 우려점에 대해 살펴보고, 공유경제가 실제 관광산업과 접목되어 발전하기 위한 각국의 노력과 어떤 정책들이 검토되어야 하는지를 알아본다.

스 · 마 · 트 · 관 · 광

CHAPTER 12 스마트 관광의 공유경제 이슈

1. 공유경제의 개념

공유경제(Sharing Economy)라는 개념은 2008년 미국의 법학자 로렌스 레식(Lawrence Lessig) 교수의 저서 『리믹스(Remix)』에서 최초로 사용되었다. 로렌스 레식 교수는 공유경제를 상업경제(Commercial Economy)와 대비되는 개념으로 간주하며 생산과 소비에 초점을 둔 과거의 상업경제와 달리 공유경제는 이미 생산된 제품을 구성원 간에 공유하는 형태의 경제활동이라고 보았다. 상업경제는 돈과 노동, 수요와 공급에 따라 작동하는 경제를 뜻하며, 이와 반대로 공유경제는 거래되는 물품이나 서비스가 누군가의 소유가 아닌 생산되어진 제품을 여럿이 공유하여 사용하는 협업 소비를 기초로 한 경제라고 설명한다. 가격적인 요소가 주를 이루는 전통적인 상업경제와 달리 공유경제는 협업소비가 이루어지기 때문에 사회관계가 기반을 이룬다.

레이첼 보츠먼(Rachel Botsman)과 리사 갠스키(Lisa Gansky) 등은 레식 교수가 정의한 공유경제의 의미를 오프라인으로 더욱 확대하여 ICT를 기반으로 다른 사람들과 재화를 공유함으로써 새로운 가치를 창출하는 사업 및 현상으로 설명한다. 정보통신기술의 발달이 가져온 새로운 소비 패턴은 인터넷과 모바일, 소셜 네트워크 서비스가 발달하면서 새로운 경제개념으로 확산되었고 이러한 정보통신의 발달로 업종 간 융합현상이 급속히 일어나면서 공유경제가 급속도로 확산되고 있다. 공유경제 활동을 함으로써 제공자는 경제적인 이익을 얻게 되고 사용자는 경제적 비용을 감소시키는 효과를 가지게 되면서 공유경제는 복지와 유휴자원 활용을 극대화하는 등 경제적 측면에서 효율성이 높다.

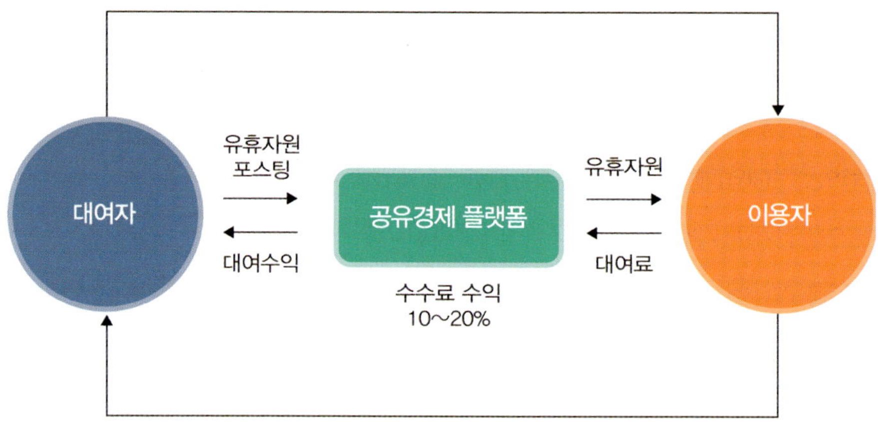

[그림 12-1] 공유경제의 비즈니스 모델

[그림 12-1]에서 보는 바와 같이 공유경제 플랫폼 기업은 대여자의 유휴자원을 이용자에게 중개하고 이용자는 그에 따른 대여료를 대여자에게 지급하는 구조이며, 중간의 플랫폼은 대여료의 일정부분을 수수료로 취하게 된다. 이때 대여자의 신뢰성과 이용자의 후기를 통한 피드백이 서로 상호작용하며 공유경제 활동을 가능하게 한다.[1]

1) 본 장은 이한나 등 (2017)의 "공유경제가 갖는 국내 시장 영향력과 관광산업을 위한 정책적 시사점: 숙박 공유를 중심으로" 연구에 기반하여 재구성하였다.

2. 공유경제의 우려사항

스마트 관광에서 공유경제는 스마트폰과 정보통신기술에 기반한 디지털 플랫폼을 기반으로 소유자 또는 보유자의 자산을 소비자 및 관광객에게 공유하여 공급자와 수요자 간 거래가 발생하는 최근 서비스 산업의 비즈니스 모델이다. 그러나 스마트 관광에서 공유경제라는 새로운 형태의 서비스는 기존 사업자와의 이해관계에서 충돌이 발생하고 있으며, 법 · 제도적 측면에서 커다란 이슈를 만들어내고 있다.

스마트 관광에서 공유경제는 기존의 숙박산업을 위협하여 영업권, 소유권 및 이용권의 혼재로 과세와 법적인 이슈가 발생하고 있다. 또 다른 측면에서는 스마트 관광에서 공유경제는 거래 및 신뢰를 기반으로 운영되어야 하나 개인 사업자와 소비자의 거래에 따른 안전문제와 서비스 품질의 보장에 대한 문제 및 우려가 제기되고 있다. 스마트 관광에서 공유경제의 기술적인 문제는 결제와 보험 그리고 세금을 기존 사업자처럼 통제할 수 있는 완벽한 정보시스템이 제공되어야 하나 이는 아직까지 문제점으로 부각되고 있다. 스마트 관광에서 가장 커다란 문제점으로 소비자 보호와 기존 사업자와의 충돌 및 마찰을 들 수 있으며 이를 해결할 수 있는 법적 · 제도적인 규제가 제시되어야 한다.

- **법적인 이슈:** 영업권, 소유권, 이용권 문제
- **과제의 문제:** 개별사업자의 과세문제, 국제적 과제문제
- **소비자 보호:** 안전과 서비스 품질
- **보험:** 화재 및 서비스에 대한 보호 및 보험 문제
- **기술적인 문제:** 글로벌 결제시스템

2.1 공급자 및 소비자의 안전성

공유경제는 비대면으로 거래하기 때문에 수요자는 서비스의 질을 가늠하기 어렵고 공급자 역시 수요자를 미리 파악하거나 관찰하는 것이 어려워서 도덕적 해이로 이어질 수 있다.[2] 공유경제의 분야에 따라 자산 손피, 범죄행위(절도, 기물 파손, 성폭력 등), 교통사고, 채무 불이행 등의 문제점이 야기될 수 있다.

에어비앤비의 경우 사용하지 않는 유휴공간을 타인에게 빌려준다는 측면에서 경제적인 이익을 창출할 수 있으나 안면 없는 타인을 자신의 집에 초대해 숙박한다는 것이 호스트와 게스트의 입장에서 불안감을 야기할 수 있다. 실제로 숙박공유가 확산됨에 따라 에어비앤비를 통해 숙소를 예약한 집에서 몰래카메라를 발견했다는 사례나, 성폭행문제가 발생된 사례가 보고되고 있다. 또한 숙박공유가 활성화될 경우 주거 안정성을 해칠 것이라는 우려도 존재한다. 소음이나 청결 관리의 문제에서부터 늘어나는 숙박공유 시설로 인한 집값 상승문제 등이 우려된다. 실제로 관광객들이 많이 몰리는 대도시의 경우 에어비앤비 같은 단기 숙소 임대업이 성행하고 있다. 에어비앤비가 등장한 이후 대도시의 숙박업자가 급격히 늘어나 젠트리피케이션 현상(Gentrification: 낙후된 구도심이 번성해 중산층 이상의 사람들이 몰리면서 임대료가 오르고 기존의 지역주민들이 내몰리는 현상)이 부작용으로 발생되고 있다. 또한 공유숙박이라는 새로운 개념이 등장하면서 기존 숙박업자와 공유 숙박업자의 갈등이 발생할 수 있다([그림 12-2] 참조). 통계에 따르면 급격한 에어비앤비의 성장으로 인해 기존 숙박업계(호텔)의 합병활동이 활발해졌고 에어비앤비의 기업가치는 힐튼, 메리어트, 윈드햄과 같은 대형 체인 호텔들의 시장가치를 넘어서고

2) 김민정 · 이화령 · 황순주(2016), "공유경제에 대한 경제학적 분석: 기대효과와 우려요인 및 정책적 함의", *KDI Research Monograph,* 2016-11.

있다.[3)] 이에 따라 기존의 숙박업계는 현재 동등하게 적용되지 않고 있는 관련 규제를 신규 공급자에게도 동일하게 적용되어야 함을 주장한다.

[그림 12-2] 바르셀로나에서 열린 에어비앤비 반대 집회

2.2 세금문제

공유경제는 소비자와 공급자 그리고 플랫폼의 상호작용을 통해 이윤을 창출하는 구조를 지닌다. 이 과정에서 소비자는 편익을 얻고 공급자와 플랫폼은 소득을 얻으며 소비세와 소득세의 납부의무가 발생한다. 하지만 아직 공유경제에 대한 법제도가 뚜렷하게 마련되어 있지 않아 공유경제의 상당수가 법적 등록 없이 이루어지고 세금을 회피하는 현상이 나타난다. 에어비앤비의 경우 세금과 관련된 법제도가 미비한 상태이고 에어비앤비로 영업하는 모든 주거시설에 대해 현실적으로 파악하고 단속하는데 어려움이 있다.

3) Epochtimes(2015). http://www.epochtimes.co.kr/news/articleView.html?idxno=396

2.3 신뢰문제

P2P(Peer to Peer) 기반의 공유경제는 공급자와 소비자 간의 신뢰성이 중요하게 작용한다. 공유숙박의 경우 온라인 리뷰가 호스트와 게스트에게 중요하게 작용하는데 온라인 리뷰에 대한 신뢰성 문제가 제기된다. 한 사례로 에어비앤비의 호스트들이 서로 좋은 후기를 써주는 '후기 품앗이'가 에어비앤비의 신뢰성 문제로 떠오르고 있다. 또한 불만족 후기를 쓴 게스트에게 후기를 수정해 달라고 요청하는 호스트들의 문제도 공유숙박의 신뢰성에 문제가 되고 있다. 좋지 않은 서비스를 걸러내기 위하여 도입한 평점제도가 오히려 신뢰성에 문제를 일으키고 있는 것이다.

공유경제는 기본적으로 ICT 네트워크를 통해 개인정보를 수집하게 된다. 차량공유인 우버(Uber)의 경우 실시간 위치추적이 필수이기 때문에 위치정보의 수집이 중요하다. 에어비앤비의 경우 신뢰를 주기 위해 여권정보를 입력하도록 하는데 이는 오남용, 보안사고 및 사생활 침해의 위험이 우려될 수 있다. 이외에도 우버나 에어비앤비는 〈표 12-1〉과 같은 갈등이 상존하고 있다.[4)]

4) 이경민 · 배채윤 · 정남호(2018), "4차 산업혁명 시대의 공유경제 생태계 정책 제안: 우버(Uber) 사례를 중심으로", *지식경영연구*, 19(1): 175-202.

〈표 12-1〉 대표적인 공유경제 서비스인 우버와 에어비앤비의 갈등유형

갈등유형	우버(Uber)	에어비앤비(Airbnb)
기존 산업과의 마찰	택시 산업과의 마찰 – 운전자의 자격: 범죄경력 등의 백그라운드 체크 & 운전능력 검증을 위한 테스트 유무 문제	호텔산업과의 마찰 – 세금, 렌털 요금, 숙소 미등록 등에 대한 명확한 법률 및 기준의 부족
기업/커뮤니티와의 마찰	운전자의 처우에 대한 마찰: 독립적인 계약자로서, 아니면 고용 근로자로서 계약할 것인지에 대한 갈등과 이와 연관된 보험관련 문제	공유공간 인근 거주자들의 불만 및 신고 발생. 이와 관련하여 책임 소재 불분명
자원 공유자와 이용자 간의 마찰	폐쇄된 공간이라는 환경으로 인한 상호 간의 폭력이나 성범죄 발생	공간에 대한 훼손, 상호 간의 커뮤니케이션이나 신뢰 부족으로 인한 문제가 발생하며, 이와 관련하여 책임 소재 불분명함. 폭력 등의 범죄가 발생하기도 함

2.4 법적 · 제도적 문제

(1) 미국

스마트 관광을 위한 숙박업의 법적/제도적 문제의 경우 각 나라마다 다르지만 우선 공유경제의 발생지인 미국의 경우를 살펴보면, 미국은 지방정부 수준에서 숙박, 차량 등 주요 서비스와 관련한 규제를 마련하고 있다. 샌프란시스코 시의회는 숙박과 관련하여 2014년 10월 단기임대업을 허용하는 법개정을 통해 2015년 2월부터 샌프란시스코 거주자의 주택을 30일 이내의 단기간 동안 임대하는 것을 허용하였다. 에어비앤비가 호스트(공급자)를 대신하여 이용객에게 숙박세를 받아 시에 납부하도록 하였다. 차량공유의 경우 몇몇 대표적인 주를 살펴보면, 캘리포니아, 일리노이, 매사추세츠, 네바다, 위스콘신 주는 승차공유 업체의 허가증과 손해배상보험 가입, 기사 이력 조회에 대한 의무화 제도를 법안으로 제도화하였다.[5] 이와 같이 공유경제에서는 공급자에 대한 법적인 가이드라인을

5) 김민창(2018), "공유경제 관련 국내외 규제현황 및 시사점", *이슈와 논점*, 제1447호, 국회입법조사처.

제시해야 한다. 공유경제 플랫폼에서 거래되는 숙박 및 차량과 관련해서는 비전문적이고 일시적인 개인 공급자와 사업적 전문 공급자가 구분되어야 하며 이해관계 충돌을 막을 수 있는 방안이 필요하다. 이를 위한 구체적인 방안으로는 거래량 연동규제 방안의 도입으로 거래한도를 정하여 한도 이상으로 거래하면 전문적, 상시적 사업자로 간주하여 기존의 전통적 공급자 규제를 적용하고 한도 이하로 거래하면 비전문적, 일시적 사업자로 간주하여 완화된 수준의 규제를 적용하는 것을 말한다.

또한, 미국 상무부는 공유경제에 대한 보고서에서 공유경제가 제기하는 문제와 규제적 도전과제들을 다음과 같이 정리하였다.6)

〈표 12-2〉 공유경제가 제기하는 문제와 규제적 도전과제

- 서비스와 공급자들의 잠재적 수입이 불확실하고 불안정함
- 서비스와 공급자는 자영업자로 분류되기 때문에 이들에 대한 근로상의 제도적 보호장치가 미비함
- 서비스 공급자는 자신에 대한 교육훈련의 책임과 부담을 스스로 지며, 고정투자와 유지비용도 감당해야 함
- 소비자의 개인정보 보호와 보안문제가 해결되어야 함

이러한 문제들을 해결하기 위해 규제적 대응이 필요한 과제는 다음과 같이 정리된다. 먼저, 근로자의 분류문제와 관련하여 현재 많은 디지털 매칭회사(공유경제-플랫폼)의 서비스 공급자들은 '피고용인'이 아닌, '자영업자'로 분류되고 있으며, 조세와 규제순응의 문제로서, 숙박전문 디지털 매칭회사들에 대한 호텔세 적용가능성이 지방정부에서 제기되고 있다. 또한 장애인이나 취약계층과 같은 사회적 약자들에게도 동등한 서비스 접근성을 보장해야 하며, 소비자 안전을 확보하기 위해 서비스-공급자에 대한 인증방안을 마련해야 한다는 것이다.

6) 최유성(2018), "숙박 · 교통분야 공유경제 활성화를 위한 규제개선 방안", 한국행정연구원 규제연구센터.

(2) 유럽

스마트 관광의 대표적인 사례인 에어비앤비와 우버 등 공유경제 비즈니스 사업모델에 대한 유럽의 권고사항을 살펴보면 다음과 같다.

- 시장접근요건(Market Access Requirements): 특정 활동에 대한 전면적 금지는 최후수단으로 고려되어야 함
- 전문적 사업자와 일시적 공급자를 구분할 수 있는 분야별 합리적 기준이 마련되어야 함
- 책임소재(Liability Regimes): 온라인 플랫폼은 불법적 온라인 콘텐츠를 차단하고 신뢰성 증진을 위해 노력해야 함
- 소비자 보호(Protection of Users): 소비자가 불공정 거래관행으로부터 높은 수준의 보호를 받을 수 있도록 해야 함
- 일시적 공급자에게는 과도한 정보의무와 기타 행정적 부담을 부과하지 말아야 함
- 고용(Self-Employed and Workers in the Collaborative Economy): 고용과 관련한 부분은 각 국가의 자율권에 맡기는 것이 원칙임
- 근로자의 플랫폼 고용여부에 대한 판단은 근로자와 플랫폼 간의 계약관계, 근로의 특성, 보수의 유무 등을 기준으로 판단할 수 있음
- 과세(Taxation): 서비스 공급자와 플랫폼은 여타 경제주체와 마찬가지로 개인소득세, 법인세, 부가가치세 등을 납부해야 할 의무가 있음
- 플랫폼은 납세당국의 징세활동에 적극적으로 협조해야 함

이와 같이 스마트 관광의 이슈는 기술과 글로벌 시장 그리고 새로운 경제방식에 대한 과도한 규제와 관련한 것들로 기술발전과 함께 창출되고 있는 새로운 기회와 혁신적인 방안에 대한 이슈를 정리하면 다음과

같다. 첫째, 스마트 관광을 통한 새로운 비즈니스 모델은 긍정적인 편익이 존재하며 잠재적인 경제성장을 이끌고 있다. 따라서 정부의 규제는 경제활동을 가로막거나 억제하는 규제방침을 최소화하거나 새롭게 설정하여 새로운 공유경제체제를 최대한 수용하고 시행 후에 발생하는 문제 해결방안을 마련하는 사후적 접근방식이 필요하다. 따라서 혁신적인 분야에는 사전 규제가 아니라 일단 허용과 사후 규제 방식으로 전환할 필요가 있다. 둘째, 스마트 관광에서 발생하는 여러 가지 이슈를 정리하여 P2P 방식으로 기업가나 투자자 그리고 소비자와 공급자가 서로의 이익이 충분히 실현되고 거래로부터 발생되는 위험이 관리될 수 있도록 해야 한다.

3. 공유경제를 위한 정책, 시장동향 및 과제

위에서 언급한 다양한 공유경제의 우려에도 불구하고 각국은 공유경제가 관광산업에 미치는 파급효과를 고려하여 다양한 정책을 세우고 있다. 이에 공유경제 활성화를 위한 정책과 함께 각국의 동향을 살펴보고 이를 바탕으로 공유경제 활성화를 위한 과제를 논의하고자 한다.

3.1 공유경제 정책과 각국의 동향

공유경제의 시장 확대를 위한 사회적 정책으로는 첫째, 안전성의 문제를 해결해야 한다. 차량공유와 관련해서는 엄격한 안전규제 없이 운전자들이 승차서비스를 제공할 경우 교통사고가 증가할 가능성에 대한 우려가 있다. 실제로 공유경제가 확산됨에 따라 미국 뉴저지주에서는 우버나 리프트(Lyft) 등의 차량공유 서비스업의 운전자는 신원조회 절차를 반드시 거쳐야 하고 성폭행, 음주운전, 범죄행위 등의 전과기록이 있거나 난

폭운전 등의 운전기록이 있는 운전자는 차량공유 서비스 영업을 하지 못하게 막고 있다. 둘째, 고용 불안정성의 문제를 해결해야 한다. 특히 노동력이 거래되고 있는 재능공유의 경우 노동 수요자에 비해 노동 공급자의 경우 언제든지 대체가 가능하고 희소성이 떨어지기 때문에 이들 간의 경쟁이 치열해질 가능성이 높다. 셋째, 기존 공급자와의 마찰을 해결하여 규제의 형평성을 맞춰야 한다. 이 부분은 공유경제를 활성화하는 부분에서 가장 부각되는 문제이다. 기존 공급자의 경우 숙박의 소방과 위생 규제, 책임 보험 규제 등을 준수하면서 거래를 하지만 신규 공급자의 경우 규제를 회피할 가능성이 있다. 택시업계에서는 우버 운전자들이 자신들과 같은 세금과 규제가 적용되지 않고 있다고 비판의 목소리를 내고 있다. 특히, 공유경제의 경우 다수의 사람인 온라인으로 서비스를 공유한다는 특성 때문에 다양한 거래위험이 수반될 수 있다. 우선 정보의 비대칭성(Information Asymmetry)이 커서 소비자의 입장에서는 상품이나 서비스의 질을 가늠하기가 어렵고 이러한 상품과 서비스의 질에 대한 불확실성은 공급자로 하여금 도덕적 해이로 이어질 수 있다는 것이다. 또한 공급자 역시 수요자를 미리 파악하거나 꾸준히 모니터링하는 것이 불가능하기 때문에 수요자의 도덕적 해이도 나타날 수 있다. 이에 대한 법적 기준이 미비하기 때문에 보험이나 법적 기준을 세워 신뢰성을 높여야 한다. 이외에도 각국은 공유경제 활성화를 위한 다양한 정책을 시행하고 있다.

(1) 에어비앤비 관련 각국의 동향

공유경제의 가장 대표적인 사업으로 알려진 에어비앤비(Airbnb)는 온라인 플랫폼(Online Platform) 숙박공유 서비스로, 2017년 말 기준 전 세계 사용자가 2억만 명에 이르며, 6만 5천 개 이상의 도시, 191개국에 3백만 개 이상의 숙소를 두고 있다.7) 이러한 에어비앤비의 비즈니스 모델은 다양한 나라의 전통 숙박업에게 도전을 받고 있다. 이에 각국에서는 에어비앤비와 전통 숙박업이 공존하기 위한 다양한 세금정책을 운영하고 있다. 이를 간략히 살펴보자면 미국 샌프란시스코는 단기임대업 이용객에게 숙박세(Transient Occupancy Tax)를 14% 부과하고 에어비앤비가 호스트를 대신하여 이용객에게 숙박세를 받아 시에 납부하도록 하고 있다.8) 네덜란드 암스테르담은 현재 에어비앤비와 MOU를 체결하여 숙박공유가 제도적으로 안착할 수 있도록 노력하는 도시 중 하나이다. 암스테르담의 에어비앤비 호스트들은 공유민박으로 벌어들인 수익에 대한 소득세를 납부해야 하고, 이용객은 관광세(2015년 기준 숙박비의 5%) 납부 의무를 지니며 현재는 시 당국과 에어비앤비가 맺은 협정에 의해 플랫폼이 관광세를 대납하고 있다. 캐나다 토론토의 경우 시에 등록된 숙박공유 시설일 경우 숙박세로 최대 10% 이내의 세금을 부과할 예정이며, 퀘벡주의 경우 2017년 10월부터 31일 미만 단기체류 예약자 대상 숙박세를 3.5% 부과하고 있으며 징수된 세금은 퀘벡주 내 22개 지역 관광청 마케팅 예산으로 재분배하고 있다. 숙박공유 시장이 급성장함에 따라 공정한 경쟁환경을 조성하기 위해 에어비앤비 이용객 대상 숙박세를 징수하게 되었고, 유사 공유숙박 플랫폼에도 점차 확대 적용할 계획이다.

(2) 우버 관련 정책

우버(Uber)는 2010년 7월부터 '우버캡(UberCab)'이라는 이름으로 영업을 시작했는데, 2010년 10월, 우버캡은 '적절한 면허 없이 택시와 유사한 영업을 하고 있다'는 이유로 샌프란시스코 교통당국과 캘리포니아주 공

7) Airbnb(2017); http://www.airbnb.co.kr/welcome/evacuees

8) 안희자(2017), "주요국의 숙박공유 정책 동향과 시사점", *한국문화관광*, 106: 34-43.

공유틸리티위원회로부터 영업 정지명령을 받았으며, 이후 자사의 브랜드명과 로고에서 '캡(Cab)'을 삭제한 후, '우버(Uber)'로 영업을 계속하고 있다. 그러나 2015년에는 택시회사로부터 소송이 제기되기도 하였다. 이후 몇 번의 법적 마찰을 통해 우버 드라이버는 개인 비즈니스 면허 하나로 여러 도시에서 운행이 가능하게 되었다.

한편, 스페인의 마드리드에서는 우버 영업 소식이 들리자 기존 택시산업과 마찰이 발생하였으며 2014년 6월 택시업계의 파업으로 이어졌다. 택시 파업에도 불구하고, 우버는 우버팝(UberPOP) 상품을 출시하였고 이후 우버의 불공정한 경쟁과 비전문적인 계약이 국가 법과 맞지 않는다는 이유로 영업을 금지당하기도 하였다. 그러나 2017년 11월 초에 대법원으로부터 영업 면허가 합법 판결을 받게 됨으로써 우버는 합법적인 영업이 가능하게 되었지만 여전히 택시업계와 마찰이 이어지고 있다. 런던에서는 2013년 7월에 우버엑스로 영업을 시작하였으나 우버가 전문 면허 없이 영업한다는 이유로 택시 운전 유자격자협회에서 파업을 진행했다([그림 12-3] 참조). 그러나 런던교통공사(Transport for London)에서 차량

[그림 12-3] 2014년 런던에서 열린 우버 반대집회

공유 서비스 우버의 합법성 여부에 대해 긍정적인 결과를 발표함으로써 우버의 합법적 운행이 가능하게 되었다.

국내에서는 2013년에 시범 서비스를 제공함으로써 영업을 시작하였으나 법적인 문제로 인해 결국 2015년에는 서비스를 중단하게 되었다. 이후, 2016년에 제9차 무역투자진흥회의에서 기획재정부 등 정부 관련부처가 '한국판 우버를 키우겠다'고 발표했으며, 경찰청에 등록되어 있는 면허정보를 우버와 같은 차량공유업체에 제공하여 운전하기에 부적격한 자를 거를 수 있도록 지원하겠다는 내용이 포함되어 있었다. 이에 우버는 우버블랙(UberBLACK)이라는 새로운 프리미엄 택시 서비스, 교통 약자를 위한 우버어시스트(UberASSIST), 그리고 출퇴근 전용 카풀 중개 서비스인 우버쉐어(UberSHARE), 자전거와 오토바이를 활용하여 배달 서비스를 제공하는 우버잇츠(UberEATS) 등의 새로운 서비스를 제공하고 있다. 즉 국내에서 우버는 우버블랙을 필두로 카풀 서비스인 우버쉐어(UberSHARE) 등의 다양한 기능으로 한국 내에서의 공유경제 생태계를 확장시키기 위한 노력을 기울이고 있다. 이와 같이 우버와 같은 공유경제에 대해 각 도시 및 지역의 정책입안자는 공유경제를 중심으로 한 상황이 서로 다르기 때문에 지역 중심의 클러스터를 통한 정책을 활용할 것인지, 혹은 공유경제가 세계적으로 확장된 상황이기 때문에 비즈니스 생태계 전략을 통한 정책을 개발할 것인지에 대한 결정에 직면해 있다.

3.2 공유경제 시장 확대를 위한 과제

(1) 공유경제 비즈니스 모델을 이용한 문화적 커뮤니티 조성

에어비앤비의 국제적인 노력은 공유경제의 사회적 가치창출이라는 점을 이용하여 사용자들이 문화적인 가치를 서로 공유할 수 있도록 만들어 주는 데 큰 의미를 준다. 구성원들이 동일한 목표를 가지고 공유경제시장에 참여할 수 있는 동기를 부여하며 지역사회에 경제적인 이윤을 만들어 낸다. 또한 관광지역을 중심으로 생성된 상업활동들이 전 지역사회로 확장되면서 이로 인한 새로운 비즈니스 창업, 일자리 창출 및 문화적인 교류와 마케팅을 동시에 이룰 수 있게 되었다. 지역 전체를 문화적인 관광지로 만들어 숙박과 지역의 경험을 제공하는 점에서 공유경제의 시장은 무한할 것으로 예상된다. 이에 대한 대응으로 정부는 지속적으로 개발되는 사회적, 문화적인 경험 콘텐츠에 대해 정책적으로 지원하여 공유경제 활동을 적극적으로 지원해야 한다.

(2) 새로운 시장 형성

소유하고 있는 자원을 다시 이용하여 경제적인 이윤을 창조시키는 활동은 기존에 있지 않았던 새로운 시장을 형성한다. 예를 들면, 청년층, 주부층, 장·고령층으로 시장이 확대되어 새로운 경제적인 이윤집단을 형성할 수 있다. 에어비앤비는 여성과 고령층의 활동을 권장하고 기존의 시장만이 아닌 새로운 마켓을 형성하는 것에 관심을 가지고 있다. 또한 어느 특정지역의 맛집, 헤어숍, 특색 있는 활동 등을 포함한 경험콘텐츠를 만들어 시장을 확대하고 수요를 넓히고 있다. 이에 정부는 공유경제의 아이템들을 창의적이며 혁신적인 관점에서 받아들이고 이에 맞는 현실적인 정책대응을 해야 할 것이다.

(3) 스마트 관광을 통한 서비스 강화

ICT의 발전과 확대로 우리는 4차 산업혁명의 시대에 접어들었다. 세계 어디를 가더라도 충분한 정보와 안전성이 보장된다. 이것은 전 세계를 어느 한 점으로 모아주는 '인터넷 정보시스템 통합'을 통해 이루어졌다. 구글(Google)이 그 대표적인 예이며, 레스토랑 리뷰 플랫폼 옐프(Yelp)나

호텔 리뷰 플랫폼 트립어드바이저를 통해 빅데이터가 빛을 보는 시대가 되었다. 이러한 정보들은 소비자들에게 객관적이고 보편화된 정보를 제공하여 구매의사에 매우 중요한 역할을 하고 있다. 이러한 노력은 국내에서도 볼 수 있는데, 국내의 스마트 관광서비스 사례를 보면 한국을 보여줄 수 있는 애플리케이션 서비스가 주를 이루고 있다. 국내의 숙박 애플리케이션 비앤비히어로와 코자자는 한옥체험이나 농촌체험 등 관광 콘텐츠를 도입하여 방문객에게 신선하고 한국적인 경험을 제공해 주고 있다. 그러나 국내에서만 통용되는 애플리케이션을 해외 방문객이 알기에는 제한적인 면이 있다. 이러한 점을 보완하기 위해서는 외국인에게 쉽게 알릴 수 있는 정보시스템을 구축해야 한다. 또한 이미지 중심적인 많은 관광상품을 제공자 중심에서 사용자 중심으로 개발해야 하며 더불어 정보 플랫폼의 일치 및 글로벌 기준에 상응하는 서비스 디자인이 개발되어야 할 것이다. 국내에서 사용되는 스마트 관광서비스 사례를 보면 대한민국을 보여줄 수 있는 애플리케이션 서비스가 주를 이루고 있다. 국내의 숙박 애플리케이션 비앤비히어로와 코자자는 한옥체험이나 농촌체험 등의 관광 콘텐츠를 도입하여 방문객에게 신선하고 한국적인 경험을 제공해 주고 있다. 그러나 국내에서만 통용되는 애플리케이션을 해외 방문객이 알기에는 제한이 있다. 이런 점들을 보완하여 글로벌 중심적인 정보시스템을 구축해야 한다.

(4) 유연성 있는 정책 마련

공유경제라는 개념은 새로운 비즈니스 모델이며 국내외에서는 이 같은 새로운 비즈니스 모델에 대한 정책마련이 시급한 문제이다. 앞서 보았던 것처럼 에어비앤비의 해외사례의 경우 국내 모델에 적합한 정책방안과 공유경제활동이 있을 경우 그 정책을 받아들여 국내에 도입할 수 있는 사용자 중심의 유연성 있는 정책마련이 필요하다. 앞에서와 같이 국제모델을 보았을 때 에어비앤비에 대응하는 국제적인 태도를 받아들여 국내모델에 적합한 정책방안과 공유경제활동을 더욱더 권장할 수 있는 사용자 중심의 정책이 되어야 할 것이다.

(5) 신뢰의 비즈니스와 관계 마케팅이 필요

공유경제는 특히 신뢰성에 깊은 바탕을 두고 있다. 모르는 사람의 집을 빌려 쓰고, 차를 빌려 타고, 개인의 삶을 공유한다. 이에 따라 발생하는 문제점들은 사회적인 이슈가 되고 경제적인 손해와 관광이미지에 타격을 입힌다. 에어비앤비는 호스트와 게스트의 신원조회를 시스템화하여 양자 간의 신뢰성을 높여주고, 언제든지 가능한 메시지 시스템과 SNS를 연계시켜 서로 간의 상호적인 관계가 될 수 있도록 노력하고 있다. 개인과 개인의 교류와 관계가 중요시되는 공유경제는 신뢰를 바탕으로 한 마케팅을 할 필요가 있다. 그러기 위해서는 호스트들이 단지 숙박을 렌트해주는 중간사람이 아닌, 문화적인 대사의 역할과 책임을 다해야 할 것이며, 정부도 이 같은 호스트들이 전문성을 가지고 일에 임할 수 있도록 정책적인 지원을 해야 할 것이다.

13

스마트 관광의 경제적 파급효과

이 장에서는 스마트 관광의 경제적 파급효과를 살펴보고, 이를 바탕으로 스마트 관광의 현재 상태 파악 및 향후 발전방향을 살펴본다.

본 장은 이현애 · 정남호 · 구철모(2020)의 "스마트 관광의 경제적 파급효과: 산업연관모델을 활용하여" 연구에 기반하여 재구성하였다.

스 · 마 · 트 · 관 · 광

CHAPTER 13

스마트 관광의 경제적 파급효과

1. 경제적 파급효과

1.1 스마트 관광의 경제적 파급효과의 개념

관광의 경제적 효과는 스마트 관광의 등장으로 더욱 증진될 것으로 기대된다. 이는 스마트 관광이 실시간 정보를 수집 · 시각화 · 모델링 · 공유함으로써, 관광 도시 생태계를 구성하는 여러 이해관계자(정부, 지자체, 관광기업, 거주민, 관광객 등)의 경제적 혜택과 사회적 혜택을 모두 증진시키는 '공유가치'를 창출하며, 이러한 공유가치 창출은 스마트 관광에서 필수적 요소인 '경제적 지속가능성'을 달성하는 데 기여하기 때문이다.

구체적으로, 경제적 측면에서 스마트 관광은 관광지의 이해관계자(경제적 주체) 간의 정보 흐름에 대한 통제력을 갖게 되며, 이러한 통제력을 기반으로 관광지는 경제적 능력을 갖게 된다. 또한, 관광지는 지속적으로 정보통신기술을 발전시킬 수 있음은 물론, 효율적인 기술 적용과 활용을 통해 관광지 운영 비용을 감소시킴으로써 저비용 관광지를 구현할 수 있다. 일자리 측면에서 살펴보면, 관광지 전반에 걸쳐 정보통신기술 전문가에 대한 수요가 증가하며, 관광지의 거주민들은 정보통신기술 활용능력과 지식관리능력이 자연스럽게 향상되면서 고급 인력으로 성장할 수 있다[1]. 이러한 측면에서 스마트 관광을 통해 경제적 파급효과가 얼마나 이루어

1) 정남호 외(2019), 스마트 관광 도시 - 포용적 혁신의 플랫폼, 경희대학교 출판문화원.

지는지를 수치적으로 파악하는 것은 스마트 관광의 효용성에 대한 확보와 함께 향후 발전방향을 모색해 볼 수 있다는 점에서 의미가 있다.

한편 스마트 관광은 생태계를 구성하는 다양한 산업들의 융합으로 실현된다. 따라서 스마트 관광의 경제적 파급효과를 추정하기 위해서는 관광분야나 정보통신기술분야뿐만 아니라 여러 산업의 경제적 활동 내역에 대한 데이터가 필요하다. 이에 본 장에서는 다양한 산업 간의 경제활동의 내역이 담겨 있는 전국산업연관표를 분석에 사용한 연구를 소개하고자 한다.

1.2 산업연관분석

한국은행에서 주기적으로 발간하는 산업연관표는 국가 경제를 구성하는 산업들 간에 일정기간 동안(일반적으로 1년) 이루어지는 재화와 서비스의 거래내역을 행렬로 정리한 표로, 여러 산업의 경제적 활동 내역을 파악하는 데 적합한 데이터라고 할 수 있다. 산업연관표는 산업 간의 재화 및 서비스의 거래 내역, 즉 다른 산업의 생산 활동을 위한 원재료 또는 부재료로서의 활용, 국내 소비 및 투자, 해외 수출의 상황을 나타내며(한국은행, 2015a), 이러한 산업연관표를 활용하여 산업 간 상호연관관계를 수량적으로 분석하는 것을 산업연관분석(inter-industry analysis) 또는 투입산출분석(input-output analysis)이라고 한다[2].

산업연관분석은 바실리 레온티에프(Wassily W. Leontief)가 1936년 그의 논문에서 미국경제에서 모든 재화와 서비스의 흐름을 일괄적으로 표현한 경제표를 작성하면서 시작되었다[3](Leontief, 1936). 이후 레온티에

2) 한국은행(2015), 2010년 및 2013년 지역산업연관표.

3) Leontief, W.(1936), "Quantitative input and output relations in the economic system of the United States", *The Review of Economic Statistics*, 18(3): 105-125.

프는 이를 기반으로 1919년부터 1929년간 미국경제에 대한 투입산출표를 작성한 논문과 1939년까지로 그 범위를 넓힌 논문을 발표함으로써, 산업연관분석의 토대를 닦았다. 산업연관표는 일반적으로 5년을 주기로 발행되기 때문에 산업연관분석은 과거자료를 토대로 현재의 경제적 파급효과를 파악해야 한다는 한계를 갖고 있다. 그러나 다른 경제적 파급효과 분석방법인 경제기반분석(economic base analysis)과 소득-지출 분석(Income-Expenditure analysis)이 통합된 승수를 도출하는 것과는 달리(예: 관광산업 전체), 산업연관분석은 개별 승수(예: 스마트 관광) 도출이 가능하기 때문에 현재까지 개발된 방법론 중에서는 가장 신뢰할 만한 방법론으로 간주되어 다수의 선행연구에서 활발히 사용되어 왔다.

한편, 산업연관표는 작성 대상 지역에 따라 전국산업연관표와 지역산업연관표로 분류된다. 전국산업연관표는 전국을 기준으로 산업별 거래내역을 나타낸 것으로 다양한 생산기술구조를 평균적 개념으로 작성한 표이며, 특정 산업이나 이벤트가 전국단위에 미치는 경제적 파급효과를 추정할 때 사용된다. 반면, 지역산업연관표는 지역 간 상이한 산업구조와 기술구조, 거래형태를 반영하기 위해 지역별, 산업별 거래내역을 나타내는 데 사용된다. 연구목적과 연구대상에 따라 산업연관표를 선택하게 되지만, 일반적으로 전국산업연관표는 산업들이 대분류, 중분류, 소분류로 구분되어 있어, 연구자가 연구 목적에 부합하는 분류를 선택하여 경제적 활동 내역을 파악할 수 있다는 장점을 갖고 있다(대분류는 33분류, 중분류는 83분류, 소분류는 165분류. 2015년 기준). 이 분류는 381개의 기본부문을 바탕으로 각각 통합한 것으로, 가장 최신의 자료인 2015년 전국산업연관표의 경우, 2015년 경제총조사에 적용된 9차 한국표준산업분류(Korean Standard Industrial Classification, KSIC)를 기본적인 분류체계로 하여 작성되었으며, 2016년 광업제조업조사 및 서비스업 총조사 등 통계청 기초자료에 적용되는 한국표준산업분류 10차 개정(안)도 반영하기 위해 확정작업 과정 중에 부문분류를 재조정한 것이다(한국은행, 2019). 반면 지역산업연관표는 각 지역의 경제구조는 물론, 지역 간 · 산업 간 상호연관관계도 보여주고 있어, 지역 단위의 산업구조 분석과 지역경제정책 수립 및 효과분석에 유용하다는 장점을 갖고 있다.

전국산업연관표를 사용하는 분석방법을 '전국산업연관분석'이라고 하며, 지역산업연관표를 기반으로 하는 분석방법은 '지역산업연관분석'이라고 한다. 연구자는 연구목적과 연구대상에 따라 산업연관표의 종류를 선택하게 된다. 연구대상이 전국단위에 미치는 경제적 파급효과를 보기 위해서는 전국산업연관표를 사용한다. 특히 아직 발생하지 않은 메가 이벤트(mega event)나 새로 추진해야 하는 신산업 또는 최근 각광받는 새로운 사회현상의 경제적 파급효과가 전국단위에 미치는 경제적 파급효과를 추정하기 위해 전국산업연관분석이 활용되었다.

2. 스마트 관광의 경제적 파급효과 추정

스마트 관광의 경제적 파급효과를 추정하기 위해서 [그림 13-1]과 같이 3단계의 연구절차를 따랐다. 먼저 1단계에서는 스마트 관광산업의 범위를 설정한다. 이때, 스마트 관광에 대해 선행연구들이 제시한 정의를 토대로 스마트 관광산업을 조작적으로 정의하고, 스마트 관광산업의 범위를 설정한다. 이때, 관련산업의 범위는 연구자의 판단으로 설정될 수도 있지만 보다 객관적인 설정을 위해 이른바 델파이(delphi) 분석 기법이라는 전문가 인터뷰를 사용하기도 한다. 본 연구에서는 스마트 관광산업의 범위를 보다 정확하고 객관적으로 설정하기 위해 12인의 전문가들을 대상으로 두 차례에 걸친 델파이 조사를 실시하였다. 1차 델파이 조사에서는 전국산업연관표의 83개 산업 중 스마트 관광산업에 해당되는 산업을 선택하도록 하였고, 2차 델파이 조사에서는 모든 전문가들이 의견을 취합 및 정리한 뒤, 이를 모두와 공유하여 다시 선택하도록 했다. 이를 통해 최종적으로 스마트 관광산업의 범위를 설정하였다.

2단계에서는 산업연관표 분석하여 유발계수를 도출한다. 즉, 1단계에서 선택된 산업별로 생산승수, 소득승수, 부가가치승수, 간접세승수, 고용승수를 계산하였다. 승수는 최종수요 한 단위가 발생했을 때, 각 산업부문에 직접적 · 간접적으로 유발 또는 파급시키는 생산효과(생산승수), 소득효과(소득승수), 부가가치효과(부가가치승수), 재정수입효과(간접세승수), 고용효과(고용승수)를 의미한다.

3단계에서는 산업별 유발계수와 투자액을 곱하여 생산파급액, 소득파급액, 부가가치파급액, 간접세파급액과 총고용창출 인원을 추정하였다.

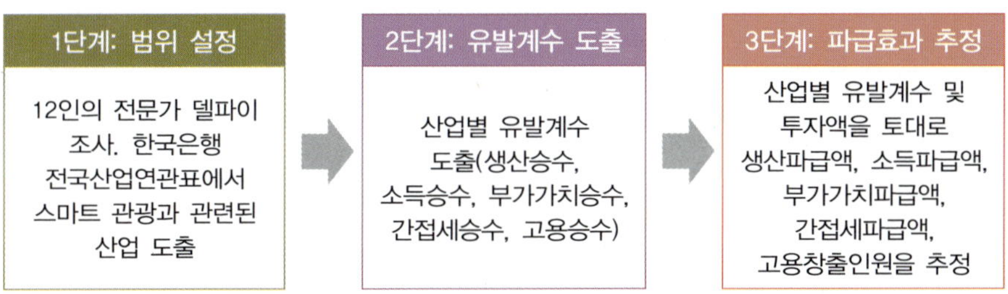

[그림 13-1] 스마트 관광 경제적 파급효과 추정 절차

2.1 1단계: 스마트 관광의 범위 설정

스마트 관광에 대해서는 2000년대 후반 이후로 많은 수의 연구들이 쏟아지고 있으나, 관광분야나 정보통신기술분야에 비해 비교적 최근에 각광받기 시작한 연구 분야로, 그 정의와 범위를 명확히 하기에는 좀 더 긴 시간과 많은 연구가 필요하다. 그러나 산업연관분석을 활용하여 스마트 관광, 스마트그리드, 신재생 에너지산업 등 신산업의 경제적 파급효과를

추정한 여러 논문들은 연구자의 주관대로 관련 산업들이 선택되어 과대추정 또는 과소추정의 위험성을 갖고 있다. 이에 일부 선행연구들은 델파이 조사를 통해 보다 객관적으로 관련 산업의 범위를 결정하고자 하였다. 본 연구에서는 두 차례에 걸쳐서 델파이 조사를 수행하였는데 관광학을 전공한 국내 대학 교수 및 국책연구원 소속의 연구원들로 산업연관분석과 스마트 관광에 대한 학술적 지식을 갖고 있으며, 한국관광공사와 스마트 관광연구소에서 추천받은 학자들 12인으로 구성하였다. 1차 델파이 조사에는 12인의 전문가들로 하여금 2015년 전국산업연관표(중분류)상에서 스마트 관광산업에 해당된다고 판단되는 산업을 개수 제한 없이 선택하도록 하였으며, 그 후 2차 델파이 조사에서는 전체 전문가들의 의견을 취합한 뒤, 과반수(6인) 이상에게 선택된 산업 리스트를 공유하였다. 이후, 선택된 산업들이 스마트 관광과 얼마나 관련이 있다고 인식하는지를 리커트(likert) 5점 척도(1점: 매우 관련 없다, 5점: 매우 관련 있다)로 측정하게 하였다. 이후 전문가들에게 받은 평균 점수가 3점을 넘는 산업만을 스마트 관광 관련 산업으로 최종적으로 27개 산업을 결정하였다 (〈표 13-1〉 참조).

〈표 13-1〉 델파이를 통해 파악된 스마트 관광 관련 산업

분야 및 산업			평균	표준편차
스마트 분야 (10)	031	반도체	3.67	1.30
	033	기타 전자부품	3.50	1.17
	034	컴퓨터 및 주변기기	4.17	0.94
	035	통신, 방송 및 영상, 음향기기	4.50	0.52
	059	통신서비스	4.75	0.45
	060	방송서비스	4.33	0.65
	061	정보서비스	4.58	0.51
	062	소프트웨어 개발 공급 및 기타 IT서비스	4.50	0.67

	064	영상, 오디오물 제작 및 배급	4.33	0.78
	072	과학기술 및 기타 전문서비스	3.58	1.08
관광 분야 (7)	052	도소매 및 상품중개서비스	4.33	1.15
	053	육상운송서비스	4.50	0.67
	054	수상운송서비스	4.08	1.16
	055	항공운송서비스	4.50	0.90
	058	음식점 및 숙박서비스	4.67	0.65
	079	문화 및 여행 관련 서비스	4.67	0.89
	080	스포츠 및 오락 서비스	4.08	1.00
제반 분야 (10)	056	창고 및 운송보조서비스	3.25	1.22
	057	우편 및 소화물전문운송 서비스	3.08	1.44
	063	신문 및 출판 서비스	3.33	1.23
	065	금융서비스	3.92	0.90
	066	보험서비스	3.08	1.24
	067	금융 및 보험 보조서비스	3.50	1.24
	070	연구개발	4.08	0.67
	073	장비 · 용품 및 지식재산권 임대	3.58	1.16
	074	사업지원서비스	3.17	1.27
	077	의료 및 보건	3.58	1.38

2.2 2단계: 유발계수 도출

2단계에서는 델파이 조사를 통해 확정된 스마트 관광 관련 산업들의 유발계수를 도출하였다. 이를 위해서는 생산유발계수행렬$(I-A^d)^{-1}$을 계산해야 하는데, 그 과정은 다음과 같다. 우선, [그림 13-2]의 산업연관분석표에서 1번 산업의 중간투입액인 $[X_{11}, X_{21}, \cdots X_{n1}]$을 총투입액인 X_1으로 나눈 값을 각각 $[a_{11}, a_{21}, \cdots a_{n1}]$라고 할 때, 이는 1번 산업의 생산물 1단위를 생산하기 위해 필요한 각 산업부문의 생산물의 크기를 나타내는 투입계수를 의미한다[4]. 투입계수란 한 산업부문이 다른 산업부문으로부

4) 이충기(2011), 관광응용경제학, 대왕사.

터 원재료를 구입함에 따라 파급되는 직접효과를 의미하며, 산업 간의 상호의존관계를 분석하는 기초가 된다. 투입계수를 구하는 식은 다음 식 (1)과 같다. 이때, a_{ij}는 투입계수를, X_{ij}는 j부문의 생산에 필요한 i부문으로부터의 투입량을, X_j는 j부문의 총투입액을 의미한다.

$$\text{투입계수}(a_{ij}) = \frac{j\text{부문의 생산에 필요한 } i\text{부문으로부터의 투입량}(X_{ij})}{j\text{부문의 총투입액}(X_j)} \quad \cdots\cdots\cdots\cdots\cdots (1)$$

이를 통해 투입계수행렬인 (A)를 구성하게 되며, 이를 행렬로 표현하면 다음과 같다.

$$A = \begin{bmatrix} a_{11}\ a_{12} \ldots a_{1j} \ldots a_{1n} \\ a_{i1}\ a_{i2} \ldots a_{ij} \ldots a_{in} \\ a_{n1}\ a_{n2} \ldots a_{nj} \ldots a_{nn} \end{bmatrix}$$

산업연관표		중간				최종수요	수입(공제)	총산출액
		1	2	…	n			
중간투입	1	X_{11}	X_{12}	…	X_{1n}	Y_1	M_1	X_1
	2	X_{21}	X_{22}	…	X_{2n}	Y_2	M_2	X_2
	…	…	…	…	…	…	…	…
	n	X_{n1}	X_{n2}	…	X_{nn}	Y_n	M_n	X_n
부가가치		V_1	V_2	…	V_n			
총투입액		X_1	X_2	…	X_n			

➡

투입계수행렬(A)		중간수요			
		1	2	…	n
중간투입	1	A^d_{11}	A^d_{12}	…	A^d_{1n}
	2	A^d_{21}	A^d_{22}	…	A^d_{2n}
	…	…	…	…	…
	n	A^d_{n1}	A^d_{n2}	…	A^d_{nn}

[그림 13-2] 전국산업연관표의 형식

이후 단위행렬 (I)에서 (A)를 뺀 뒤, 이를 역행렬하면 $(I-A^d)^{-1}$ 를 구할 수 있다. $(I-A^d)^{-1}$는 생산유발계수 행렬 또는 Leontief의 역행렬이라 하며, 소득유발계수행렬, 부가가치유발계수행렬, 간접세유발계수행렬,

노동계수행렬에 곱해져 승수 도출에 사용된다. 본 연구에서는 총 다섯 가지의 승수를 도출하였으며, 각 승수에 대해 한국은행에서 제시하는 정의와 공식은 〈표 13-2〉와 같다.

〈표 13-2〉 승수의 정의 및 공식

승수	정의	공식
생산승수	최종수요 한 단위가 발생할 때, 전 지역과 전 산업에 유발하는 생산 효과	생산유발계수 $(I-A^d)^{-1}$의 열(列)의 합
소득승수	최종수요 한 단위가 발생할 때, 전 지역과 각 산업부문이 이를 충족시키기 위해 전 산업에 파급시키는 직접적 · 간접적 소득 효과	$[A^p(I-A^d)^{-1}]$ A^p=소득유발계수행렬 =피용자보수/총투입계
부가가치 승수	최종수요가 한 단위 발생할 때, 각 산업부문이 이를 충족시키기 위해 전 산업에 파급시키는 직접적 · 간접적 부가가치 효과. 영업잉여, 고정자본소모, 간접세, 보조금, 피용자보수 등으로 구성	$[A^v(I-A^d)^{-1}]$ A^v=부가가치유발계수행렬 =부가가치계/총투입계
간접세 승수	최종수요가 한 단위 발생할 때, 각 산업부문이 이를 충족시키기 위해 전 산업에 파급시킨 직접적 · 간접적 재정수입 효과	$[A^t(I-A^d)^{-1}]$ A^t=간접세유발계수행렬 =기타 생산세/총투입계
고용승수	최종수요가 한 단위 발생할 때, 국민경제 전반에 걸쳐 직접적 · 간접적으로 유발되는 고용효과	$[A^l(I-A^d)^{-1}]$ A^l=노동계수행렬 =고용자 수/총투입계

2.3 3단계: 경제적 파급효과 추정

끝으로 경제적 파급효과를 추정할 때에는 어느 정도의 투자액이 투자되었는지를 파악해야 한다. 이에 본 연구에서는 약 150억 정도가 스마트 관광에 투입될 때를 가정하여 경제적 파급효과를 추정하였다. 전문가 델파이 조사결과를 거쳐 최종 선정된 스마트 관광 분야의 27개 산업과 비(非)스마트 관광 분야의 56개 산업별 생산승수, 소득승수, 부가가치승수, 간접세승수, 고용승수를 계산하였으며, 그 평균값은 〈표 13-3〉과 같다.

〈표 13-3〉 스마트 관광 분야와 비스마트 관광 분야의 승수별 평균

	생산승수	소득승수	부가가치 승수	간접세 승수	고용승수
스마트 관광 분야(27개 산업)	1.7494	0.3507	0.7892	0.0603	0.0090
스마트 분야(10개 산업)	1.7592	0.2988	0.7549	0.0424	0.0068
관광 분야(7개 산업)	1.7569	0.3151	0.7172	0.0711	0.0084
제반 분야(10개 산업)	1.7342	0.4274	0.8740	0.0706	0.0117
비(非)스마트 관광 분야 (56개 산업)	1.9059	0.3030	0.7221	0.0596	0.0070

*음영은 스마트 관광 분야와 비스마트 관광 분야 중 값이 높은 쪽을 의미

〈표 13-3〉에 스마트 관광의 투자액인 150억을 곱하면 스마트 관광의 경제적 파급효과를 파악할 수 있다. 분석 결과 스마트 관광의 생산파급효과는 약 5,088억 원으로 추정되었으며, 스마트 분야의 파급효과가 매우 높은 것으로 나타나, 생산파급효과가 상대적으로 취약한 관광 분야를 보완하는 것으로 나타났다. 소득파급효과는 약 1,144억 원, 부가가치파급효과는 약 2,465억 원, 간접세파급효과는 약 152억 원, 고용파급효과는 약 3,015명으로 추정되었으며, 이 효과들 중 절반 정도가 제반 분야에서 유발되는 것으로 파악되었다. 즉, 스마트 관광의 경제적 파급효과는 정보통신기술이나 관광의 단순 결합보다는 스마트 관광의 제반 분야에서 상대적으로 더 큰 경제적 파급효과가 발생한다고 볼 수 있다.

3. 스마트 관광 경제적 파급효과의 활용

스마트 관광의 경제적 파급효과를 분석한 결과를 살펴보면 흥미로운 결과를 알 수 있다. 먼저, 스마트 관광 분야는 비(非)스마트 관광 분야보다 생산승수는 낮게 나타난 반면, 소득승수, 부가가치승수, 간접세승수,

고용승수는 높게 나타났다. 이는 스마트 관광이 고소득, 고부가가치를 갖고 있으며, 일자리 창출과 세수 확보에 크게 기여할 수 있음을 의미한다. 생산승수가 비교적 낮게 나온 이유로는, 관광산업의 특성상 재화와 서비스가 타 산업에 원재료로 사용되는 것이 아니라 바로 부가가치로 전환되기 때문으로 간주할 수 있다. 둘째, 스마트 관광에 150억 원을 투자할 경우, 총 27개 산업에 걸쳐 약 8,850억 원의 경제적 파급효과(생산파급액, 소득파급액, 부가가치파급액, 간접세파급액의 합)와 3,015명의 고용창출효과를 보일 것으로 추정되었으며, 이 파급효과 중의 절반 정도가 스마트 관광의 제반 분야에서 기인하는 것으로 나타났다.

이러한 연구결과는 스마트 관광의 현재 상태 파악 및 향후 발전 방향을 모색하는 데 도움을 줄 수 있다. 즉, 본 연구의 결과는 스마트 관광이라는 이름 아래 관광 또는 정보통신기술에만 초점을 맞추는 것이 아니라, 생태계적 관점에서 제반 시설과의 연계를 강화하는 방향으로 나아가야 함을 보여주고 있다. 현재 스마트 관광이라는 명목하에 거의 모든 지자체들이 우후죽순처럼 개발하고 있는 관광앱 등으로는 긍정적인 경제적 효과를 얻지 못한다. 본 연구 결과는 스마트 관광을 생태계적 관점에서 이해하고, 모든 이해관계자들과 지속적으로 상호작용함으로써, 스마트 관광을 발전시킬 때 긍정적 · 경제적 효과를 얻을 수 있다는 점을 강조한다. 스마트 관광이 정보의 흐름에 대한 통제력으로부터 경제적 능력을 획득하는 만큼, 기업과 정부는 관광객의 성향 및 행동 등을 파악할 수 있는 실시간 데이터(예: 관광지 입장 데이터, 관광 상품 구매 내역 등)를 다른 이해관계자들과 공유해야 한다. 이를 통해 관광객의 요구에 맞는 관광 정책 개발, 관광 상품 개발 및 마케팅이 이루어져야 한다. 물론, 이를 위해 개인정보 보호와 데이터 3법에 대해서도 충분한 논의가 이루어져야 한다.

참고문헌

국내문헌

구철모(2016). "4차 산업혁명과 스마트관광도시". *한국관광정책.* 가을 65호: 65-72.

구철모(2017). 4차 산업혁명 시대 도래에 따른 호텔산업 패러다임 변화. 한국관광정책. 67: 85-92.

국토해양부(2009). 제1차 유비쿼터스도시종합계획(2009-2013).

김덕기 · 김현주(2013). 관광산업의 고도화를 위한 생태계 구축 방안. 기본연구 2013_08. 한국문화관광연구원.

김민정 · 이화령 · 황순주(2016). "공유경제에 대한 경제학적 분석: 기대효과와 우려요인 및 정책적 함의". *KDI Research Monograph*. 2016-11.

김민창(2018). "공유경제 관련 국내외 규제현황 및 시사점". 이슈와 논점. 제1447호. 국회입법조사처.

문정욱(2013). "관광서비스 발전을 위한 ICT 활용현황과 시사점 국내외 사례분석을 중심으로". *방송통신정책.* 25(20): 1-35.

문화체육관광부(2011). 2010 문화예술정책백서. 문화체육관광부 & 한국문화관광연구원.

박정현(2013). [르포] 주차 위성서비스, 와이파이 가로등… '스마트 도시' 바르셀로나. 조선비즈. 2013.11.01.

반정화(2016). 4차 산업혁명시대 도래에 따른 서울시 관광대응 전략 – 디지털 기반의 편리하고 신뢰받는 관광환경 조서. 2016년 지역문화관광포럼 자료집.

시사오늘(2016). "신한카드 빅데이터 센터, 20대와 여성이 제주관광 주도". http://www.sisaon.co.kr/news/articleView.html?idxno=48046

신동일(2016). 4차 산업혁명 시대와 제주의 스마트관광. 2016년 지역문화관광포럼 자료집.

안희자(2017). "주요국의 숙박공유 정책 동향과 시사점". *한국문화관광.* 106: 34-43.

오리가사 가즈후미 저. 김재홍 역(2004). 고도 정보화 사회의 여러 모습. 커뮤니케이션북스.

우혁준 · 이정훈 · 박소연(2011). "유비쿼터스의 특성에 따른 사용자 중심의 u-서비스 가치 분류체계". *한국 IT 서비스학회지.* 10: 119-139.

원동규 · 이상필(2016). "인공지능과 제4차 산업혁명의 함의". *ie 매거진.* 23(2): 13-22.

이경민 · 배채윤 · 정남호(2018). "4차 산업혁명 시대의 공유경제 생태계 정책 제안: 우버(Uber) 사례를 중심으로". *지식경영연구.* 19(1): 175-202.

이수진(2016). 4차 산업혁명 관련 경기도 이슈 – 지역문화관광포럼을 중심으로. *2016년 지역문화관광포럼 자료집.*

이윤정 · 김승인(2017). "국내 핀테크 시장 사용자 경험에 따른 서비스 분석 - 카카오페이와 네이버페이를 중심으로-". *Journal of Digital Convergence.* 15(4): 387-393.

이재환 · 임현우 · 손세창 · 고승윤 · 홍기성 · 최상균 · 서상원 · 이철웅(2013). "공항 운영 효율성 향상을 위한 보안검색 프로세스 개선 및 스마트 공항 프레임워크 설계". *대한산업공학회지.* 39(2): 129-134.

이태민 · 전종근(2004). "유비쿼터스 접속성과 상황기반 제공성이 모바일 상거래 수용의도에 미치는 영향에 관한 연구". *경영학연구.* 33(4): 1043-1071.

이한나 · 김예지 · 구철모 · 정남호(2017). "공유경제가 갖는 국내 시장 영향력과 관광산업을 위한 정책적 시사점: 숙박 공유를 중심으로". *관광레저연구.* 30(10): 95-112.

전략시장 리포트(2015). GCC국가 스마트 시티 시장조사 – UAE, 카타르, 쿠웨이트. 한국무역협회.

정남호(2016). 지역경제를 활성화시키는 스마트관광: 한류의 관광정보화 정책도 맞춤형 정보디자인이 필요하다. *지역정보화.* 98: 19-20.

차윤숙 · 정문상(2007). "유비쿼터스 특성요인이 모바일 서비스의 사용의도에 미치는 영향". *정보시스템연구.* 16(2): 69-91.

최수정 · 구철모(2018). "핀테크를 중심으로 스마트관광생태계의 공유가치창출 방안: 모바일 간편결제와 인터넷 전문은행을 중심으로". *기업경영연구.* 25(3): 91-111.

최유성(2018). "숙박 · 교통분야 공유경제 활성화를 위한 규제개선 방안". 한국행정연구원 규제연구센터.

한국문화관광연구원(2017). *4차 산업혁명과 관광산업의 미래.* 웹진 문화관광.

한국인터넷진흥원(2016). *Industrial Internet Issue Report: Fintech편.* KISA Report 2016년 1월, 한국인터넷진흥원.

한국정보화진흥원(2016). 새로운 기술, 새로운 세상 지능정보사회. NIA IT & Future Strategy 보고서.

한국지역정보개발원(2015). 제주특별자치도 지역정보화 기본계획(2016~2020). 제주특별자치도.

한상기(2015). "스마트 도시, 그리고 서울의 과제 – 주요 대도시의 스마트 전략과 시사점". *World & Cities*. 9: 28-33.

황종성(2016). *IT & Future Strategy 보고서*. 한국정보화진흥원(NIA).

국외문헌

Banu, A.(2016). MICE–'future for business tourism'. *International Journal of Advanced Multidisciplinary Research*. 3: 63-66.

Bauman, Z.(2000). *Liquid Modernity*, Cambridge: Polity Press.

Bselokon(2017). How Technology is Changing the Travel and Tourism Industry. Flightbucks. http://www.flightbucks.com/blog/how-technology-is-changing-the-travel-and-tourism-industry

Crouch, G. I., and Ritchie, J. B.(1999). "Tourism, competitiveness, and societal prosperity". *Journal of Business Research*. 44(3): 137-152.

Derzko, W.(2006). "Smart technologies in the new smart economy". 1st Technology Futures Forum(TFF) VTT Valimo(Metallimiehenkuja 2), Otaniemi, Espoo, Finland Dec. 1, 2006. http://www2.vtt.fi/liitetiedostot/cluster6_rakentaminen_yhdyskuntatekniikka/smart%20_technologies_derzko.pdf

Ernst & Young(2016). UK FinTech on the cutting edge—an evaluation of the international FinTech sector. Available at: http://www.ey.com/Publication/vwLUAssets/EY-UKFinTech-On-the-cutting-edge/%

Gretzel, U., Sigala, M., Xiang, Z., and Koo, C.(2015). "Smart tourism: Foundations and developments". *Electronic Markets*. 25(3): 179-188.

Gretzel, U., Werthner, H., Koo, C., and Lamsfus, C.(2015). Conceptual foundations for understanding smart tourism ecosystems. *Computers in Human Behavior*. 50: 558-563.

Ham, J., Koo, C., and Chung, N.(2019). "Configurational Patterns of Competitive

Advantage Factors for Smart Tourism: An Equifinality Perspective". *Current Issues in Tourism*. Accepted 29 Dec. 2018. https://doi.org/10.1080/13683500.2019.1566303

Harrison C., Eckman, B., Hamilton, R., Hartswick, P., Kalagnanam, J., Paraszczak, J., and Williams, P.(2010). "Foundations for Smarter Cities". *IBM Journal of Research & Development*. 54(4): 1-16.

Heck, E. V., & Vervest, P.(2007). Smart business networks: How the network wins. *Communications of the ACM*. 50(6): 28-37.

Heidegger, M.(2002). "Building dwelling thinking". in *BasicWritings*(London: Routledge). pp. 347-363.

Hlee, S. Lee, H., and Koo. C.(2018). "Hospitality and Tourism Online Review Research: A Systematic Analysis and Heuristic-Systematic Model." *Sustainability*. 10: 1141.

Koo, C., Chung, N., and Kim, H-W.(2015). "Examining Explorative and Exploitative Uses of Smartphone: A User Competence Perspective." *Information Technology and People*. 28(1): 133-162.

Koo, C., Gretzel, U., Hunter, W., and Chung, N.(2015). "The Role of IT in Tourism". *Asia Pacific Journal of Information Systems*. 25(1): 99-104.

Koo, C., Park, J., and Lee, J. N.(2017). "Smart tourism: Traveler, business, and organizational perspectives". *Information and Management*. 54(6): 683-836.

Koo, C., Shin, S., Gretzel, U., Hunter, W. C., and Chung, N.(2016). "Conceptualization of Smart Tourism Destination Competitiveness". *Asia Pacific Journal of Information Systems*. 26(4): 561-576.

Koo, C., Tussyadiah, I. P., and Hunter, W. C.(2017). Special issue on how technology-enhanced tourism is transforming societies, cultures and economies. *Technological Forecasting & Social Change*.

Li, Y., Hu, C., Huang, C., and Duan, L.(2017). "The concept of smart tourism in the context of tourism information services". *Tourism Management*. 58: 293-300.

Ling-Yun, Z., Nao, L., and Min, L.(2012). "On the Basic Concept of Smarter Tourism and Its Theoretical System". *Tourism Tribune*. 27(5): 66-73.

Lopez de Avila, A.(2015). *Smart destinations: XXI century tourism*. In ENTER 2015 conference on information and communication technologies in tourism. Switzerland: Lugano.

Moore, J. F.(1993). "Predators and Prey: A New Ecology of Competition". *Harvard Business Review*. May-June: 75-86.

Parker, G. G., Van Alstyne, M. W., & Choudary, S. P.(2016). *Platform revolution: How networked markets are transforming the economy-and how to make them work for you*. WW Norton & Company.

Petersen(2018). *Technology Used in Hospitality & Tourism. Chron,* https://smallbusiness.chron.com/technology-used-hospitality-tourism-31033.html

Porter, M., and Kramer, M.(2011). "Creating Shared Value: How to Reinvent Capitalism and Unleash a Wave of Innovation and Growth". *Harvard Business Review*. 89(1/2): 62-77.

Porter, M. E., and Kramer, M. R.(2011). Creating shared value: Redefining capitalism and the role of the corporation in society. *Harvard Business Review*. 89(1/2): 62-77.

Rijsdijk, S. A., Hultink, E. J., & Diamantopoulos, A.(2007). "Product intelligence: Its conceptualization, measurement and impact on consumer satisfaction". *Journal of the Academy of Marketing Science*. 35(3): 340-356.

Roberto, C., and Tiffany, M.(2017). "The Travel & Tourism Competitiveness Report 2017". The World Economic Forum.

Rudas, I. J., & Fodor, J.(2008). "Intelligent systems", *International Journal of Computers, Communications & Control*. 3(3): 132-138.

Samjong Insight(2018). 삼정KPMG경제연구원. 60: 21.

Sheller, M., and Urry, J.(2006). "The new mobilities paradigm, Environment and Planning". 38: 207-226.

Shelter(2016). How Can I Use RFID Technology for Travel? Eagle Creek. https://www.eaglecreek.com/blog/how-can-i-use-rfid-technology-travel

The World Economic Forum(2017). *The Travel & Tourism Competitiveness Report.*

Wang, X., Li, X. R., Zhen, F., & Zhang, J.(2016). "How smart is your tourist attraction?: Measuring tourist preferences of smart tourism attractions via a FCEM-AHP and IPA approach". *Tourism Management*. 54: 309-320.

Wass(2017). Travel technology – technological developments in travel & tourism. ForrestBrown. https://forrestbrown.co.uk/news/travel-technology-technological-developments-in-travel-tourism/

White(2017). '지리정보 그 이상' 지오펜싱의 이해. CIO. http://www.ciokorea.com/news/36136

World Economic Forum(2017). "The Travel & Tourism Competitiveness Report 2017: Paving the Way for a More Sustainable and Inclusive Future". World Economic Forum. Geneva.

World Travel, & Tourism Council(2015). Seven ways technology is changing the travel industry. Medium. https://medium.com/@WTTC/seven-ways-technology-is-changing-the-travel-industry-85cff79c1ece

Yang, S. B., Hlee, S., Lee, J., and Koo, C.(2017). "An empirical examination of online restaurant reviews on Yelp.com: A dual coding theory perspective". International Journal of Contemporary Hospitality Management. 9(2): 817-839.

웹사이트

Airbnb(2017). http://www.airbnb.co.kr/welcome/evacuees

Epochtimes(2015). http://www.epochtimes.co.kr/news/articleView.html?idxno=396

Europe 2020 reports about smart growth. http://ec.europa.eu/europe2020/europe-2020-in-a-nutshell/priorities/smart-growth/index_en.htm

QR Codes in Travel and Tourism. QRDecoder.net. http://www.qrdecoder.net/qr-codes/qr-codes-in-travel-and-tourism.php

구글검색 사전. https://www.google.co.kr/search?q=definition+of+smart&oq=definition+of+smart&aqs=chrome..69i57j0l5.4477j0j7&sourceid=chrome&ie=UTF-8

김흥순. [新문화관광]ICT 강국 맞니… 쉴 · 놀거리 없는 스마트관광. 아시아경제. http://www.asiae.co.kr/news/view.htm?idxno=2018031610150434952

바르셀로나 스마트 시티 홈페이지. URL: http://smartcity.bcn.cat/en/smart-city-areas.html

블룸버그 통신. 바르셀로나의 스마트 쓰레기통은 모바일 미래로 가는 길. 2014. 02.13. http://www.bloomberg.com/news/articles/2014-02-23/barcelona-s-smart-trash-cans-pave-way-for-mobile-future

위키백과. https://ko.wikipedia.org/wiki/%EC%8A%A4%EB%A7%88%ED%8A%B8

위키백과. https://ko.wikipedia.org/wiki/%EC%A0%84%EC%9E%AC

케임브리지 사전. http://dictionary.cambridge.org/ko

저자 약력

구철모

현재 경희대학교 스마트관광원 교수로 재직하고 있으며, 스마트관광원 학과장을 맡고 있다. 영국의 University of Surrey에서 방문연구원으로 활동하였다. 서강대학교 경영학 박사, University of Minnesota, MIS Research Center에서 포닥 연구원과 Marshall University 경영학과 MIS 전임교수, 조선대학교 경영학부에서 조교수로 재직하였다. 주요 관심분야인 스마트 관광 및 컨벤션 산업과 관련한 연구를 진행하고 있으며 주요 논문을 Journal of Travel Research, Tourism Management, International Journal of Hospitality Management, International Journal of Contemporary Hospitality Management, Information and Management, Informatics and Telematics, Computers in Human Behaviors, Electronic Markets, International Journal of Electronic Commerce 등에 게재하고 있다. 국내논문을 관광학연구, 경영학연구, 경영정보학연구, 그리고 경영과학지 등의 다양한 학술지에 게재하였다. 2016년 Electronic Markets로부터 올해의 논문상, 2016년 경희대 연구성과 부분으로 조인원 총장상, 2017 LG 연암문화재단 구본무 회장상, 그리고 2018년 그간의 업적을 인정받아 경희대학교 "경희 펠로우"에 선정되었으며 명예의 전당에 이름을 올렸다.

정남호

현재 경희대학교 스마트관광원 교수로 재직 중이며, 스마트관광연구소 소장을 맡고 있다. 영국의 University of Surrey에서 방문연구원으로 활동하였다. 성균관대학교 경영학과에서 경영정보학전공으로 박사학위를 취득하였으며 ㈜크레듀와 충주대학교 경영학부에 재직하였다. 주요 관심분야는 소비자의 정보시스템 사용과 지식공유활동이며 최근에는 연구분야를 호텔 및 관광분야로 확장하여 스마트 관광과 관련된 다양한 연구와 과제를 수행 중이다. 논문은 Journal of Travel Research, Tourism Management, International Journal of Contemporary Hospitality Management, Information & Management, Computers in Human Behavior 등의 주요 학술지에 발표하였다. 2013년 그간의 업적을 인정받아 경희대학교 명예의 전당에 이름을 올렸다.

스마트 관광

2019년 1월 10일 초 판 1쇄 발행
2023년 8월 10일 제2판 2쇄 발행

지은이 구철모·정남호
펴낸이 진욱상
펴낸곳 (주)백산출판사
교 정 편집부
본문디자인 구효숙
표지디자인 오정은

등 록 2017년 5월 29일 제406-2017-000058호
주 소 경기도 파주시 회동길 370(백산빌딩 3층)
전 화 02-914-1621(代)
팩 스 031-955-9911
이메일 edit@ibaeksan.kr
홈페이지 www.ibaeksan.kr

ISBN 979-11-6567-267-6 93980
값 23,000원